Unser Weg in die Gegenwart – *neu*

1 Urzeit und Altertum

bearbeitet von Harro Brack,
Franz Josef Brandhofer, Erhard Meissner,
Alexander Raubold und Emil Wanek

C. C. BUCHNERS VERLAG · BAMBERG

Unser Weg in die Gegenwart — **Neu**
für das 6. Schuljahr der Gymnasien

Bearbeitet von Dr. Harro Brack, Dr. Franz Josef Brandhofer, Dr. Erhard Meissner, Dr. Alexander Raubold und Emil Wanek, unter Mitarbeit der Verlagsredaktion

1. Auflage 1 $^{3\,2\,1}$ 1995 93 92
Die letzte Zahl bedeutet das Jahr dieses Druckes.
Alle Drucke dieser Auflage sind, weil untereinander unverändert, nebeneinander benutzbar.

© C.C. Buchners Verlag, Bamberg 1992. Das Werk und seine Teile sind urheberrechtlich geschützt. Jede Verwertung in anderen als den gesetzlich zugelassenen Fällen bedarf deshalb der vorherigen schriftlichen Einwilligung des Verlages.

Auf dem Einband: Der Wagenlenker (Teilabbildung). Bronzestatue um 475. Museum Delphi.
Zeichnungen: Alfred H. Kettmann, Bamberg und Reinhard Rüger, Bischberg
Reproduktion, Druck- und Bindearbeiten: H. Stürtz AG, Würzburg

ISBN 3 7661 **4611** 4

INHALTSVERZEICHNIS

Einführung in die Geschichte

Was ist Geschichte?	5
Zeitmessung der Geschichte	6
Quellen der Geschichte	7

Aus der Frühzeit der Menschen

Wie alt ist der Mensch?	10
Urmenschenfunde	10
Der Mensch als Sammler und Jäger	12
Der Jetztmensch	13
Begegnung mit der Steinzeit heute	16
Aus Sammlern und Jägern werden Bauern und Viehzüchter	17
Wie verändert die neue Wirtschaftsform das Leben der Menschen?	17
Die jungsteinzeitliche Bauernkultur	18
Grabstätten in der Jungsteinzeit	20
Bronze- und Eisenzeit	21

Der Aufstieg zur Hochkultur: das alte Ägypten

Ägypten, ein Geschenk des Nils?	24
Das fruchtbare Niltal	24
Der Nil stellt den Menschen große Aufgaben	25
Der erste Kalender und Anfänge der Feldmeßkunst	26
Staat und Gesellschaft im alten Ägypten	27
Das Werden des Pharaonenreiches	27
Der Gott-König	27
Die arbeitsteilige Gesellschaft	28
Von den Berufen im alten Ägypten	29
Die Hieroglyphenschrift	30
Städte entstehen	31
Die Religion der Ägypter	31
Frühe Hochkulturen in Mesopotamien	36
Die Israeliten	38

Griechenland — das Fundament Europas

Griechische Frühzeit	40
Das Land der Griechen	40
Das Werden des griechischen Volkes	41
‚Ilias' und ‚Odyssee', historische Quellen der griechischen Frühzeit?	42
Die Polis als griechische Staatsform	44
Die griechische Kolonisation	44
Die kulturelle Einheit der Griechen	46
Sprache und Schrift	46
Die Religion der Griechen	46
Festspiele — Gottesdienst und Wettkampf	49
Sparta und Athen	52
Sparta, ein Militärstaat	52
Athens Weg zur Demokratie	54
Das Leben in Athen	57
Griechen und Perser	59
Das Reich der Perser	59
Der Freiheitskampf der Griechen	60
Die Glanzzeit Athens unter Perikles	63
Die Vollendung der attischen Demokratie unter Perikles	63
Athen als Handelsmacht	65
Athen, die Stadt der Künste	66
Baukunst, Malerei und Plastik	66
Das Theater	68
Philosophie und Wissenschaft	70
Was wäre Europa ohne die Griechen?	72

Das Zeitalter des Hellenismus

Makedonien erringt die Vorherrschaft in Griechenland	73
Bürgerkrieg um die Vorherrschaft in Griechenland	73
Der Aufstieg Makedoniens	73
Alexander erobert das Perserreich	74
Alexander als Herrscher	75
Die Nachfolgestaaten des Alexanderreiches	76
Der Hellenismus	77

Das Weltreich der Römer

Aus der Frühzeit der römischen Geschichte	80
Italien und seine Völker	80
Die Anfänge Roms — Wirklichkeit und Sage	80

Gesellschaft und Verfassung der römischen Republik	82
Patrizier und Plebejer	82
Die Zeit der Ständekämpfe	82
Die Verfassung der Republik	83
Bedeutung von Familie und Religion für das Zusammenleben im Staat	85
Die altrömische Familie	85
Die Religion	85
Vom Stadtstaat zum Weltreich	87
Rom erringt die Vorherrschaft über Italien	87
Der Kampf mit Karthago um die Vorherrschaft im westlichen Mittelmeer	87
Die Unterwerfung des hellenistischen Ostens	90
Folgen der Weltmachtpolitik	91
Urteile über den Aufstieg Roms	93

Übergang von der Republik zur Diktatur

Krisen und Bürgerkriege	94
Soziale Krise	94
Reformversuche der beiden Gracchen	94
Die Heeresreform des Gaius Marius	96
Der Bundesgenossenkrieg (91–88 v.Chr.)	96
Der erste Bürgerkrieg (88–82 v.Chr.)	97
Der Aufstieg des Pompeius	98
Caesars Weg zur Alleinherrschaft	98
Der Kampf um Caesars Erbe	100

Das römische Kaiserreich

Augustus begründet den Prinzipat	102
Augustus als Friedensherrscher	104
Sicherung der Grenzen des Reiches nach außen	105
Dichter und Geschichtsschreiber preisen das neue Zeitalter	106
Die Nachfolger des Augustus im 1. und 2. Jh. n.Chr.	106
Rom, die Stadt der Kaiserzeit	107
Der Ausbau Roms	107
Freizeitgestaltung	110
Ein Bildbericht aus Pompeji	112
Wirtschaft und Handel im Kaiserreich	114
Romanisierung der Provinzen	117
Süddeutschland unter römischer Herrschaft	119

Die Krisen des Römischen Reiches im 3. Jahrhundert	122
Die Bedrohung der Reichsgrenzen	122
Niedergang der Wirtschaft und Geldentwertung	122
Der Zwangsstaat Diokletians	122
Ende der Tetrarchie und Teilung des Reiches	123
Krisen und Lösungsversuche	124
Das Römische Reich wird ein christlicher Staat	125
Die Religion im Kaiserreich	125
Aus der Frühzeit des Christentums	125
Die Verfolgung der Christen	126
Das Christentum auf dem Weg zur Staatsreligion	127
Das Christentum zwischen Verfolgung und Anerkennung	127

Zerfall der Mittelmeerwelt

Völkerwanderung und Reichsgründungen germanischer Stämme	129
Woher kamen die Germanen?	129
Der Hunnensturm	129
Germanenreiche auf weströmischem Boden	130
Das Ostgotenreich Theoderichs des Großen in Italien	132
Das Oströmische Reich	134
Konstantinopel, das neue Rom	134
Versuch der Wiederherstellung des alten Römerreiches unter Justinian (527–565)	134
Das Corpus Juris Civilis	134
Die Kirchenpolitik des Kaisers Justinian	135
Im Westen setzen sich die Päpste durch	135
Byzantinische Kultur	136
Ostrom und Slawen	138

Der Islam – eine neue Weltreligion 139

Arabien vor Mohammed	139
Geburt des Islams	139
Die Ausbreitung des Islams	142
Die Kultur des Islams	144
Muslimische Gastarbeiter in Deutschland	147

Zeittafel 149
Grundwissen 152
Namens- und Stichwortverzeichnis 155
Lektüretips 158

Einführung in die Geschichte

Was ist Geschichte?

Alles, was geschehen ist und damit der Vergangenheit angehört, bezeichnen wir als Geschichte. Das kannst du an dir selbst feststellen.

Deine Geschichte beginnt mit deiner Geburt und wird täglich ein kleines Stück länger. Vieles, was du erlebt hast, war bedeutungslos und hast du mit Recht vergessen. Anderes – Gutes und Schlechtes, Erfolge und Mißerfolge – lebt weiter in deiner Erinnerung. Deine Eltern, Groß- und Urgroßeltern haben ein größeres Stück Vergangenheit miterlebt und mitgestaltet. Von ihnen wissen wir, daß noch vor einigen Jahrzehnten vieles anders war als heute. Die Menschen kleideten sich anders, besaßen weder Radio noch Fernsehen.

Wie sah aber die Welt aus, als es noch keinen Ackerbau und keine Städte gab und als nur wenige 100000 Menschen die Erde bevölkerten?

Auf diese Frage will das Unterrichtsfach Geschichte Antwort geben. Du wirst erfahren, wie die Menschen in früheren Zeiten gelebt, welche technischen Fertigkeiten sie sich allmählich angeeignet haben und welche Kunstwerke sie geschaffen haben. Du wirst hören von Kriegen und Revolutionen, von Staatsmännern und Religionsstiftern und von Lebensbedingungen vergangener Zeiten.

Die Geschichte bewahrt und enthüllt, wozu der Mensch im Guten wie im Bösen fähig ist. Sie zeigt dir, wie die Welt, die du heute vorfindest, geworden ist. Stets haben die Nachgeborenen von den Vorfahren gelernt: Wir verdanken den Römern unschätzbar viel, die Römer wiederum den Griechen und die Griechen ihrerseits den Völkern des Orients. Wer Geschichte lernt, nimmt an den Erfahrungen früherer Generationen teil. Aus der Vergangenheit wird die Gegenwart verständlicher. Deshalb heißt unser Buch auch ‚Unser Weg in die Gegenwart'.

Arbeitsvorschläge

1. Welche bedeutenden Ereignisse hast du miterlebt, welche deine Eltern, Groß- und Urgroßeltern?
2. Sammle ältere Ansichten von deiner Heimatstadt, und vergleiche sie mit dem heutigen Aussehen! Stelle Änderungen fest und frage nach Ursachen!

B 1

B 2

B 3

Zeitmessung der Geschichte

Auch die Erde hat ihre Geschichte. Sie ist nahezu 5 Milliarden Jahre alt. Vor 3 Milliarden Jahren entwickelten sich im Wasser die ersten pflanzlichen und tierischen Einzeller. Vor 400 Millionen Jahren gab es die ersten Fische, vor 300 Millionen drang die Pflanzenwelt auf das Land vor. Es entstanden Farne und Schachtelhalme von riesenhaftem Wuchs. Zwischen 200 Millionen und 60 Millionen Jahren lebten riesige Dinosaurier und fliegende Reptilien. Die ersten Säugetiere waren noch ganz klein und primitiv.

In der nachfolgenden Periode entfaltete sich die Pflanzenwelt und es entwickelten sich immer neue Arten von Säugetieren. Der Mensch als eines der letzten Glieder in der Entwicklung des Lebens erschien vor drei Millionen Jahren. Welch verschwindend kurzer Zeitraum das ist, veranschaulicht die Erdzeituhr: Wir setzen das Erdzeitalter von fünf Milliarden Jahren mit 12 Stunden gleich. Dann betritt der Mensch etwa 15 Sekunden vor 12 Uhr die Erde.

Die untere Zeitleiste B 5 veranschaulicht die letzten 100 000 Jahre der Geschichte des Men-

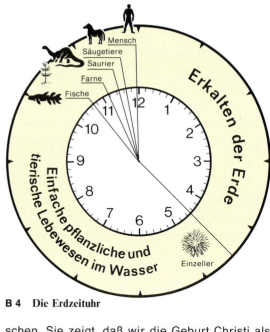

B 4 Die Erdzeituhr

schen. Sie zeigt, daß wir die Geburt Christi als Zeitwende ansehen. Wir teilen daher die Geschichte in die Zeit vor Christi Geburt und in die Zeit nach Christi Geburt. Von der Zeitwende an beginnen wir jeweils die Jahre vor Christi und nach Christi zu zählen.

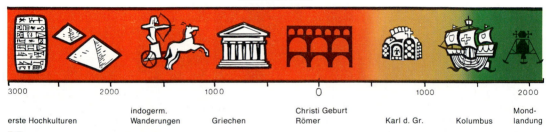

B 5

Beachte: Die beiden Zeitleisten sind in unterschiedlichen Maßstäben abgebildet: Oben: 10000 Jahre = 1,5 cm — Unten: 500 Jahre = 1,4 cm

Quellen der Geschichte

Woraus schöpft die Geschichte ihr Wissen um die Vergangenheit? Es stammt aus den verschiedenartigsten **„Quellen"**. Darunter verstehen wir alle Formen der Überlieferung.

Dazu zählen: Verträge, Urkunden, Chroniken, Biografien, Aufzeichnungen über landwirtschaftliche Erträge und handwerkliche und industrielle Produktion, über die Zahl der Bevölkerung und ihre berufliche Gliederung — aber auch Bauwerke, alte Städteansichten, Ortspläne, Arbeitsgeräte, Waffen, Möbel, Münzen und Kunstgegenstände.

Über die früheste Menschheitsgeschichte geben uns allein **Funde** Auskunft: Reste von Menschen- und Tierknochen, Feuerstellen und Geräten, die als Werkzeuge und Waffen benutzt wurden. Aus diesen Bodenfunden können Wissenschaftler erkennen und erklären, wie sich die Menschheit entwickelt hat.

Den Zeitraum, aus dem nur Bodenfunde vorliegen, bezeichnen wir als **Vor-** oder **Frühgeschichte.** Da die Menschen der Vorgeschichte ihre Werkzeuge vorwiegend aus Stein fertigten, verwenden wir auch den Begriff **Steinzeit**.

Am wertvollsten sind für den Forscher **schriftliche Quellen**. Freilich enthalten sie nicht alles, was wir wissen möchten. Über den Alltag wurde wenig oder nichts geschrieben. Deshalb sind auch für die Zeiten schriftlicher Überlieferung Fundstücke aus alter Zeit von Bedeutung.

Die Erfindung der Schrift kennzeichnet den Übergang von der Vorgeschichte zur **Geschichte**. Er vollzieht sich nicht überall gleich: In Mesopotamien und Ägypten etwa um 3000 v.Chr., in China und Griechenland um 1500 v.Chr., in Italien um 600 v.Chr. und nördlich der Alpen erst nach Christi Geburt.

Arbeitsvorschläge

1. *Erkundigt euch, ob in euerer Heimat frühgeschichtliche Funde gemacht wurden!*
2. *Viele bayerische Städte besitzen Museen, in denen geschichtliche Überlieferungen aufbewahrt werden. Besichtige dort Fundstücke aus alter Zeit, und ergänze dein Wissen über das Leben deiner Vorfahren!*

B 6 Eine vorgeschichtliche Siedlung wird ausgegraben. Gegenstände, die vor vielen Jahrtausenden in den Boden gelangt sind, befinden sich in einem sehr schlechten Zustand. Viele müssen von Restauratoren aus vielen Bruchstücken wieder zusammengesetzt werden.

B 7 Handgeschriebene Urkunde aus dem Mittelalter

Aus der Frühzeit des Menschen

Wie alt ist der Mensch?

| Frühmensch | Heidelberg-Mensch | Neandertaler | Jetztmensch |
| (ca. 3 000 000 v.Chr.) | (seit 500 000 v.Chr.) | (seit 150 000 v. Chr.) | (seit 40 000 v.Chr.) |

B 8 Menschentypen der Frühgeschichte

Urmenschenfunde

Vorfahren der Menschen. Wann die Entwicklung zum Menschen begann, ist immer noch ungewiß. Sicher ist dagegen, daß Jahrmillionen nötig waren, bis in kleinen und kleinsten Schritten sich die Menschwerdung vollzog.

Die weitaus meisten Schädel- und Knochenfunde der ältesten menschlichen Vorfahren stammen aus Süd- und Ostafrika. Sie weisen ein Alter von ca. drei Millionen Jahren auf. Diese Frühmenschen waren etwa 1,30 m groß, konnten aufrecht gehen, besaßen Greifhände und ein deutlich vergrößertes Gehirn. Funde weisen darauf hin, daß sie bereits einfache Holz- und Knochengeräte und Steinwerkzeuge in Form von Faustkeilen verwendet haben. Manche Wissenschaftler behaupten, daß sich damit der Mensch endgültig von der Tierwelt abgesondert hat. Aber noch ein weiteres entscheidendes Merkmal kennzeichnet den Menschen als höchstentwickeltes Lebewesen. Er allein erwarb die Fähigkeit zu sprechen. Zuerst verständigte er sich wohl nur durch bestimmte Laute und Zeichen. Je weiter sich seine geistigen Fähigkeiten entwickelten, desto stärker vervollkommnete sich auch die menschliche Sprache.

Der Heidelberg-Mensch. Zwischen 800 000 und 500 000 v.Chr. entwickelte sich ein neuer Menschentypus. Seine Knochen und Gliedmaßen sind von denen der Jetztmenschen kaum zu unterscheiden. Mit seinem flachen Schädel und der fast völlig fehlenden Stirn, mit dem breiten Nasenbein und dem massiven Unterkiefer ähnelte er aber noch mehr einem Menschenaffen. Die Lebensverhältnisse dieser Menschen waren infolge der starken Klimaschwankungen, die das Eiszeitalter (ca. 600 000–10 000 v.Chr.) mit sich brachte, sehr unterschiedlich.

Damals schob sich von Norden her über Europa und Asien eine gewaltige, bis zu 1 000 m dicke Eisdecke; auch das Alpenvorland war von riesigen Gletschern überdeckt. In dem dazwischenliegenden Gebiet herrschte ein Landschaftstyp vor, wie wir ihn heute noch in Lappland, Sibirien und Kanada vorfinden; die arktische Kältesteppe oder Tundra. Vier solcher Eiszeiten lassen sich unterscheiden; jede dauerte zehntausende von Jahren. Dazwischen aber lagen warme Zeiten (Zwischeneiszeiten), in denen die Gletscher

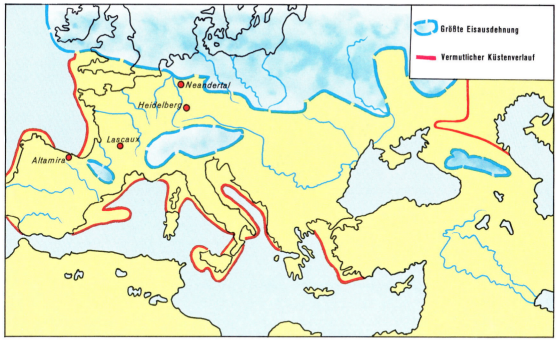

B 9 Europa zur Zeit der größten Vereisung

schmolzen und in Mitteleuropa wieder gemäßigtes, zeitweise sogar etwas wärmeres Klima als heute herrschte. Diesen Klimaschwankungen paßte sich die Pflanzen- und Tierwelt an; die Steppe mit Mammut, Ren und Wisent wurde abgelöst von dichtem Laubwald mit Nashorn, Hirsch und Altelefant.

Aus der ersten Zwischeneiszeit stammt ein plumper Unterkiefer, der 1907 in der Nähe von Heidelberg im Sand des Neckars gefunden wurde. Nach dem Fundort des Kiefers erhielt dieser Menschentyp den Namen Heidelberg-Mensch. Er dürfte ein Alter von mindestens 500 000 Jahren haben. Reiches Fundmaterial aus vielen Teilen der Welt beweist, daß dieser Menschentyp weit verbreitet war. Verkohlte Knochen und Reste von Holzkohlen an den Fundstätten in China (Peking-Mensch) und auf der Insel Java (Java-Mensch) zeigen, daß diese Menschen bereits das Feuer zu nutzen verstanden. Es diente als Wärmequelle und ermöglichte es dem Menschen, Fleisch zu braten. Gleichzeitig war es ein wirksamer Schutz gegen die gefährlichsten Feinde des Menschen, die großen Raubtiere.

Der Neandertaler. In der letzten Zwischeneiszeit zwischen 150 000 und 50 000 v. Chr. trat ein Menschentyp auf, der seinen heutigen Namen nach dem ersten Fundort im Neandertal bei Düsseldorf erhielt: der **Neandertaler.** Die Männer waren durchschnittlich etwa 1,60 m groß, die Frauen etwas kleiner. Den auffallendsten Unterschied zum heutigen Menschen zeigt der Schädel. Der Neandertaler besaß über den Augenhöhlen stark ausgeprägte Knochenwülste, während die Stirn flach nach hinten floh; das Kinn fehlte noch völlig. Auch im übrigen Europa, in Asien und Afrika war dieser Menschentyp verbreitet.

Funde aus diesen Zeiten geben uns Auskunft über ihre Werkzeuge und Jagdgeräte. Vor allem aus dem leicht zu bearbeitenden Feuerstein fertigten die Neandertaler Faustkeile, Spitzen, Schaber und Messer. Von den zahlreichen Geräten aus Holz und Knochen, die vielleicht wichtiger waren, sind uns aber nur wenige erhalten.

Der Mensch als Sammler und Jäger

Wie die Frühmenschen lebten die Neandertaler von dem, was sie sammelten oder erjagten. Sie waren deshalb ständig auf der Wanderschaft. Sie mußten dorthin ziehen, wo eßbare Pflanzen (Wurzeln, Knollen, Pilze und Beeren) und Kleintiere zu finden waren oder Wasserstellen, wo sie Fische fingen.

Um größere Fleischmengen zu beschaffen, mußten die Jäger dem Großwild auf ihren Weideplätzen folgen. Die Hauptwaffe der Neandertaler war die hölzerne Lanze, deren Spitze im Feuer gehärtet war. Da ein einzelner mit seinen leichten Geräten Mammut, Höhlenbär, Wildpferd, Urrind und Rentier nicht erjagen konnte, zogen die Männer gemeinsam auf die Jagd. Auch legten sie auf den Wildpfaden sorgfältig getarnte Fallgruben an, in denen sie das Großwild fingen.

Als Wohnplätze benutzten sie Felsvorsprünge und Eingänge in Höhlen, die sie vor den Witterungsunbilden schützten. In Gegenden, die solche natürlichen Unterschlüpfe nicht boten, errichteten sie Schutzhütten aus Stangen und Knochen oder überdachte Erdgruben, die sie mit Baumrinde und Fellen abdeckten.

Ihre Toten bestatteten die Neandertaler in Gruben, wobei sie ihnen Nahrungsmittel, Werkzeuge und Schmuck mitgaben. Das deutet darauf hin, daß sie an ein Weiterleben nach dem Tod glaubten.

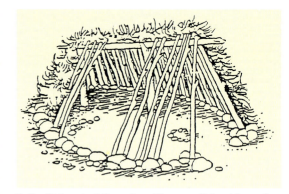

B 10 Rekonstruktion der ältesten Schutzhütte (ca. 300 000 v.Chr.) auf einem Siedlungsplatz bei Nizza (Frankreich)

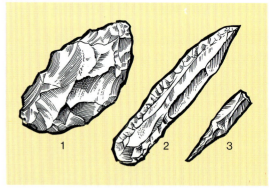

B 11 **Die ältesten Geräte der Menschen aus Quarz und Feuerstein:** Faustkeil (1), Schaber (2) und Messer (3).

Überlege: a) Welche Arbeiten können mit den abgebildeten Gegenständen ausgeführt werden?
b) Welche können als Waffen benutzt werden?

Der Jetztmensch

In der letzten Eiszeit, vor etwa 40000 Jahren, finden wir in Europa die ersten Spuren der Jetztmenschen (lat. homo sapiens), die wahrscheinlich aus Asien eingewandert sind. Mit ihrer hohen Stirn und dem ausgebildeten Kinn unterschieden sie sich schon deutlich vom Neandertaler. Die bekanntesten Funde stammen aus Cro-Magnon in Südfrankreich, weshalb die Wissenschaftler den neuen Menschentyp als Cro-Magnon-Menschen bezeichnen.

Auch die Cro-Magnon-Menschen lebten noch als Jäger und Sammler. Sie besaßen jedoch wesentlich spezialisiertere Werkzeuge und wirksamere Jagdwaffen. Mit Pfeil und Bogen konnten sie das Großwild aus größeren Entfernungen erlegen. Die Wurflanzen wurden mit harpunenartigen Spitzen versehen, um das Herausrutschen der Waffe bei den getroffenen Tieren zu verhindern. Für den Fischfang benutzten sie Netze, Angelhaken und Harpunen.

Die häufigste Form der Jagd war die Treibjagd, bei der das Feuer eine wichtige Rolle spielte. Von den Hochebenen trieben die Jäger das Wild über steile Felsklippen, wo es sich in Panik zu Tode stürzte, und in Sümpfe, wo sie selbst Elefanten und Bisons mit ihren Wurfspeeren leichter erlegen konnten. Die erbeuteten Tiere lieferten ihnen nicht nur große Mengen Fleisch und Fett für die Nahrung, sondern auch Felle und Häute für Kleidung, Decken und Zeltplanen.

Zahlreiche Fundreste lassen erkennen, daß die Menschen ihre Wohnhöhlen und Standlager über längere Zeit bewohnten.

Ein Fundbericht. Bei Gönnersdorf am Neuwied-Becken im Mittelrheingebiet gruben Archäologen solch ein Standlager aus. Auf einer Fläche von fast 600 qm stellten sie anhand der gefundenen Pfostenlöcher die Grundrisse von fünf Behausungen fest. Diese Pfostenlöcher deuten darauf hin, daß hier Rundzelte mit einem Durchmesser von fünf und acht Metern standen. Der Boden zwischen den Pfostenlöchern war anscheinend mit Schieferplatten gepflastert. In der Mitte befanden sich die Feuerstellen; darauf deuten Gruben mit Holzkohlenresten und Asche hin. Gefunden wurden außerdem zahlreiche Knochen- und Steingeräte. Die Archäologen schließen daraus, daß mehrere Familien, Männer, Frauen und Kinder in einer Horde zusammenlebten und hier ihr Lager für ein oder zwei Sommer aufgeschlagen hatten.

B 12   Jäger auf der Hirschjagd. Spanische Felszeichnung um 7000 v.Chr.

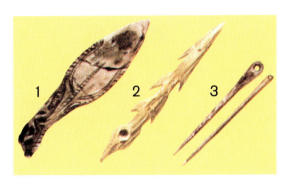

B 13   1. Pfeilspitze – 2. Harpunenspitze – 3. Nadeln

B 14   Rekonstruktion eines in Gönnersdorf gefundenen Rundzeltes. Das Gestell aus Holzstangen und großen Mammutknochen wurde mit Häuten und Fellen abgedeckt.

B 15 Bison aus der Höhle von Altamira (Spanien)
Die Künstler entwarfen zunächst die Zeichnungen auf Knochenstücke, skizzierten sie dann auf die Wände und füllten die Umrißzeichnungen mit Farbe aus. Diese wurde mit Pinseln aufgetragen, bisweilen auch durch Röhrenknochen auf die feuchten Wände gespritzt.

Der Cro-Magnon-Mensch als Künstler. Einen einzigartigen Einblick in die geistige Welt der Cro-Magnon-Menschen gewähren uns zahlreiche Malereien, Ritzzeichnungen und Kleinplastiken, die in südfranzösischen und spanischen Höhlen entdeckt worden sind.

Bis heute sind 120 Höhlen mit Malereien, Gravierungen und Skulpturen in Horn und Elfenbein bekannt: in Frankreich 74, in Spanien 40 und in Italien drei. Auch in Deutschland sind Kunstgegenstände ausgegraben worden. Eine wichtige Fundstelle ist die Vogelherdhöhle bei Stetten im Lohnetal in der Nähe von Ulm.

Die Höhlenmalereien dienten dem Jagdzauber. In magischen Zeremonien wurde im geheimnisvoll flackernden Licht des Kienspans der Jagderfolg beschworen, um die im Bild gebannten Tiere anzulocken. Zugleich sollte aber auch der Schöpfer der Tiere besänftigt werden, weil ihm bei der Jagd seine Tiere genommen wurden.

Über die Entdeckung der Höhle von Altamira: Angeregt durch urgeschichtliche Funde hatte der spanische Graf Don Marcelino de Santuola in einer von seinem Jäger aufgefundenen Höhle 1879 zu graben begonnen. Bald fand er dort Werkzeuge aus Stein und bearbeitete Knochen.

Eines Tages nahm er seine vierjährige Tochter mit. Bei ihren Spielen sah sie plötzlich an Decken und Wänden Bilder eiszeitlicher Künstler. Sie zeigte diese ihrem Vater, der aber zunächst das Alter der Bilder bezweifelte. Wie sollten auch die primitiven Menschen der Eiszeit solche vollendete Hirschkühe und Bisons gemalt haben. Aber außer ihm und dem Jäger hatte bisher niemand die Höhle betreten. Er wandte sich an den Geologieprofessor Vilanova von der Madrider Universität. Dieser untersuchte die Schichten und gelangte zu der Überzeugung, daß die Bilder der Eiszeit zugehören müßten. Die Fachgelehrten betrachteten die Funde aber als Fälschungen. Sie wollten nicht glauben, daß es schon in der Eiszeit Menschen gegeben haben sollte, die mit den ausgestorbenen Tieren gelebt und sie gezeichnet und gemalt hätten. Erst 1902, als inzwischen weitere Höhlen mit Malereien von ausgestorbenen Tieren entdeckt worden waren, entschlossen sich zwei Fachgelehrte, das vergessene Altamira in Spanien wieder aufzusuchen. Sie bestätigten die Echtheit der Bilder und leiteten damit die endgültige Anerkennung der Eiszeitkunst ein.
(nach H. Kühn, Vorgeschichte der Menschheit, Band 1, 1962, S. 77ff.)

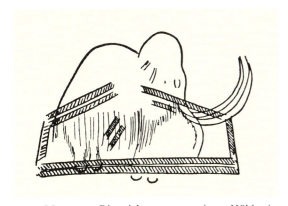

B 16 Mammut. Ritzzeichnung aus einer Höhle in Frankreich

B 17 Plastik eines Wildpferdes aus Mammutelfenbein aus der Vogelherdhöhle

B 18 Links: Zauberer, der tanzend und Flöte blasend die Tiere beschwört. Rechts: Höhlenbär

B 19 Die Honigsucherin. Spanische Felszeichnung

Arbeitsvorschläge

1. Lege eine Zeitleiste über die Menschheitsgeschichte an, und vergleiche die Dauer der einzelnen Entwicklungsstufen!
2. Die Jäger der Altsteinzeit haben nur einfache Jagdwaffen. Welche Jagdmethoden wenden sie an, um auch größere Tiere zu erlegen?
3. Vergleiche die auf Seite 12 und 13 abgebildeten Werkzeuge und Waffen! Welche Entwicklung kannst du feststellen?

Begegnung mit der Steinzeit heute

„Lange Zeit glaubte man, daß die Sammler und Jäger der Steinzeit ein kärgliches Leben führten. Gründliche Studien über das Leben des Stammes der Kung in der Kalahari-Wüste in Afrika, die dort seit mindestens 10 000 Jahren nahezu unverändert leben, haben ein ganz anderes Bild ergeben.

Da ist zunächst die Tatsache, daß die Jagd keineswegs die Hauptnahrungsquelle der Kungs darstellt. Sie leben zu zwei Dritteln von pflanzlicher Nahrung. Sie haben das besondere Glück, in einer Gegend zu leben, wo die Mongongo-Nuß in großen Mengen wächst. Sie essen pro Tag etwa 300 Nüsse und kommen damit auf 1260 Kalorien. Diese Nüsse, die trotz der Trockenheit gedeihen, bilden somit eine ebenso sichere wie dauerhafte Nahrungsquelle... Der Rest ihrer pflanzlichen Nahrung setzt sich aus einer Mischung von Früchten, Beeren, Melonen, Wurzeln und Pflanzenknospen zusammen. Ihren Fleischbedarf decken sie meist durch Warzenschweine, Antilopen, Steinböcke, Gnus, Springhasen, Perlhühner und verschiedene Vogelarten. Im Durchschnitt gehen die Männer nur an etwa $2^{1}/_{2}$ Tagen der Woche zur Jagd, und da jeder Arbeitstag nach sechs Stunden schon beendet ist, kommen sie auf eine 19-Stunden-Woche. Wenn die Frauen zum Sammeln losgehen, bringen sie ausreichend Nahrung für etwa drei Tage mit und haben dadurch reichlich Zeit, sich zu besuchen, zu schwatzen und Handarbeiten zu machen.

Der Stamm der aus einigen hundert Menschen besteht, lebt während der Regenzeit in Gruppen verteilt. Während der Trockenzeit, die von Mai bis Oktober anhält, sammelt er sich an acht Wasserlöchern, die fast alle Trockenzeiten überstehen. Während dieser Zeit verbringt ein Kung gut ein Drittel seiner Zeit damit, Besuche zu machen, ein weiteres Drittel empfängt er Besuche oder verbringt sie gesellig mit seiner eigenen Familie."

(nach: R.E. Leakey/R. Lewin, Wie der Mensch zum Menschen wurde, 1978, S. 169ff., gekürzt)

B 20 Jagender Buschmann in der Kalahari-Wüste (Südafrika)

Arbeitsvorschlag

Auch heute gibt es noch Menschen, die wie in der Steinzeit als Sammler und Jäger leben. Sammle Zeitungsausschnitte darüber und stelle fest, in welchen Gegenden sich solche befinden!

Die ältesten menschlichen Vorfahren leben vor etwa drei Millionen Jahren. Zwischen den Frühmenschen und den Jetztmenschen, die erstmals vor 40 000 Jahren auftreten, gibt es einige Übergangsformen.

Millionen Jahre leben diese Menschen als Sammler und Jäger. Sie beherrschen das Feuer und stellen ihre Werkzeuge und Jagdgeräte aus Holz, Knochen und Stein her. Grabbeigaben deuten auf einen Jenseitsglauben hin. Die aufgefundenen Höhlen mit Malereien und Ritzzeichnungen zeigen den Cro-Magnon-Menschen bereits als Schöpfer einer bedeutenden Kunst.

Neue Begriffe: Steinzeit* − Frühmensch − Heidelberg-Mensch − Neandertaler − Jetztmensch (Cro-Magnon-Mensch)

Aus Sammlern und Jägern werden Bauern und Viehzüchter

B 21 Rekonstruktion des jungsteinzeitlichen Dorfes in Aichbühl, Baden-Württemberg

Wie verändert die neue Wirtschaftsform das Leben der Menschen?

Gegen Ende der Steinzeit — etwa um 8000 v.Chr. in der sogenannten Jungsteinzeit (Neolithikum) — ging der Mensch zuerst in den regenreichen und fruchtbaren Gebieten Vorderasiens zum Anbau von Pflanzen über. Angebaut wurden zunächst Knollen- und Wurzelpflanzen. Bald erkannten die Menschen aber auch, daß sie Samenkörner von Wildgetreide, die sie bisher gesammelt und verzehrt hatten, aussäen und ernten konnten. Sie züchteten allmählich Getreidesorten, die größere Körner trugen als die Wildpflanzen: Hirse, Gerste und Emmer (frühe Weizenart). Mit der Zeit lernten die Menschen, daß gewisse Böden sich für den Anbau besonders eigneten und daß es nützlich war, die Böden vor der Aussaat mit der Hacke aufzulockern und zu bewässern. Das geerntete Getreide wurde zwischen Steinen zu Mehl zermahlen und daraus Brei gekocht, der ein wichtiger Bestandteil der Nahrung wurde.

Diese Entdeckungen veränderten die Lebensweise jener Menschen grundlegend. Während sie früher dem wandernden Wild folgten oder dahin zogen, wo eßbare Pflanzen zu finden waren, zwang sie nunmehr der Pflanzenanbau, seßhaft zu werden. Aus Flechtwerk, Holz und Lehm errichteten sie Hütten und Vorratsspeicher. Vielfach schlossen sich die Bauern in Dorfgemeinschaften zusammen.

Etwa zur gleichen Zeit erkannten die seßhaft gewordenen Bauern, daß es unter den eingefangenen Jungtieren Arten gab, die sich zähmen ließen. Neben dem Hund waren Schweine, Ziegen, Schafe und Rinder die ersten Haustiere. Sie lieferten Fleisch, Wolle und Milch. Die Zähmung der Pferde erfolgte in den Steppengebieten Osteuropas erst gegen Ende des 4. Jahrtausends.

Nicht alle Menschen wurden Bauern. Sie blieben Jäger oder wurden Hirtennomaden, die zur Züchtung großer Viehherden übergingen. Die Rentierhaltung in den Tundren war wohl die älteste Form des Herdenbesitzes. Später wurden weiter südlich auch Ziegen, Schafe und Rinder gezüchtet. Weil das Land damals noch gemeinsamer Besitz war, wurde der Reichtum einer Familie nach der Größe der Herde gemessen.

Mit dem Schritt vom Sammler und Jäger zum Ackerbauern und Viehzüchter — das heißt von der aneignenden zur erzeugenden Wirtschaft — war eine grundlegende Veränderung im Leben der Menschen eingetreten. Man nennt deshalb diesen Schritt, mit dem die Menschen zum erstenmal ihre Abhängigkeit von der Natur verringerten, die „neolithische Revolution". All das, was uns heute Kultur und Zivilisation bieten, gründet auf diesem Schritt.

Diese Veränderungen vollzogen sich nicht überall zur gleichen Zeit. Erst ab dem 5. Jahrtausend besiedelten Ackerbauern Südosteuropa und drangen dann über die Flußgebiete der Donau nach Mitteleuropa vor.

Arbeitsvorschlag
Welche Auswirkungen hat die erzeugende Wirtschaft
a) auf die Ernährung der Menschen,
b) auf ihre Wohnweise,
c) auf ihr Zusammenleben?

Die jungsteinzeitliche Bauernkultur

In dieser Zeit begann eine Reihe der bedeutenden Erfindungen der Menschheit. Aus durchgekneteten Lehmklumpen wurden mit den Händen **Tongefäße** geformt und an der Sonne getrocknet oder im Feuer gebrannt. Damit gewannen die Menschen Gefäße zum Kochen, zur Aufbewahrung ihrer Vorräte und von Flüssigkeiten.

Seit dem 5. Jt. verzierten die Menschen ihre Tongefäße, indem sie Bänder und geflochtene Schnüre in den noch ungebrannten Ton drückten oder mit einem spitzen Holzstab Ornamente einritzten. Neue und kompliziertere Formen, die gegen Ende der Jungsteinzeit auf der Töpferscheibe gedreht wurden, deuten darauf hin, daß sich die Töpferei zu einem eigenen Berufszweig entwickelte.

Je nach der Gestaltung und den unterschiedlichen Verzierungen sprechen wir von *Bandkeramik, Schnurkeramik* und *Glockenbecher*. Diese Merkmale wurden von den Historikern auch zur Bezeichnung ganzer Völkerschaften der Jungsteinzeit benutzt. Sie unterscheiden zwischen **Bandkeramikern**, den **Schnurkeramikern** und den **Glockenbecherleuten**.

Auch Spindel und Webstuhl werden erfunden. Aus Flachs und Schafwolle wurden lange dünne Zwirnsfäden gedreht, die auf Webstühlen zu Leinen- und Wollstoffen verarbeitet wurden. Kleider und Röcke aus Leinen und Wollstoff verdrängten in zunehmendem Maße die Fell- und Lederkleidung der Altsteinzeit.

Für die Herstellung von Werkzeugen und Waffen blieb der Stein der wichtigste Grundstoff. Aber die Steine waren nun mit Sand und Wasser geschliffen und poliert. Bei Ausgrabungen fand man kunstvolle Steingefäße, Messer, Speer- und Pfeilspitzen. Viele Steinwerkzeuge waren durchbohrt, so daß sie nun mit einem Holzstiel versehen werden konnten.

Bedeutsame Neuerungen brachten die Erfindung des **Pfluges**, des **Rades** und damit des **Wagens**. Anfangs wurde der Pflug von Menschen gezogen. Später wurde an dessen Ende ein Stein als Pflugschar befestigt und vor diesen Pflug ein Rind gespannt. Größere Felder konnten nun bearbeitet werden und machten die Ernährung sicherer.

B 22 Beile aus geschliffenem Felsgestein, gefunden in Nieder- und Oberbayern (ca. 3000 bis 1800 v.Chr.).

B 23 Steinbohrapparat

Ein Experiment. Ein Forscher wollte wissen, wie lange ein Steinzeitbauer arbeiten mußte, um eine Steinaxt zu durchbohren. Mit einem ‚Holzbohrer', einem Stock aus hartem Eschenholz, und mit einem Schleifmittel aus Sand und Wasser benötigte er zwei Stunden, um eine 0,3 mm tiefe Mulde zu bekommen.

Wir müssen daher annehmen, daß es bereits in der Jungsteinzeit Spezialisten gab, die sich ausschließlich mit der Herstellung solcher Geräte und Waffen befaßten.

Arbeitsvorschlag

Die Erfindungen der Jungsteinzeit bewirken einen grundlegenden Wandel im Leben der Steinzeitmenschen. Stelle in einer Übersicht zusammen, welche Vorteile sie mit sich brachten!

B 24 Von den Fingerabdrücken, die in die Wände vieler Gefäße eingebrannt sind, wissen wir, daß Töpfern zunächst Aufgabe der Frauen war.

B 27 Tongefäße: Bandkeramik und Glockenbecher

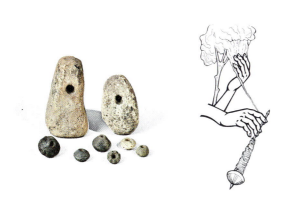

B 25 Spinnwirteln und Webgewichte; Spindel

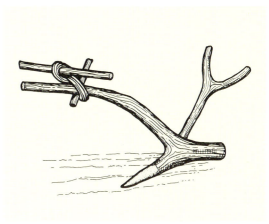

B 28 Hakenpflug

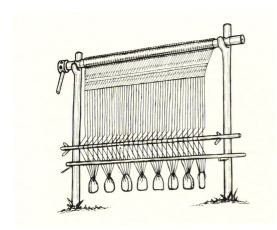

B 26 Rekonstruktion eines Webstuhls

B 29 Oben: Rekonstruktion eines Wagens der Jungsteinzeit mit Vollscheibenrädern.

Grabstätten in der Jungsteinzeit

B 30 Hünengrab bei Fallingbostel in der Lüneburger Heide
Der Erdhügel, der die Grabanlage bedeckte, ist durch Regen und Wind abgetragen worden. Die Steinblöcke am Rande sollten ein Abrutschen der Erde verhindern.

Seitdem die Menschen in Dörfern siedelten, begannen sie, ihre Toten in gesonderten Friedhöfen zu bestatten. Zunächst waren es Einzelgräber, in denen den Toten Waffen, Geräte und Gefäße mit Speise und Trank mitgegeben wurden. In Westeuropa, Skandinavien und in der norddeutschen Tiefebene entwickelte sich der Brauch, die Toten in Großsteingräbern beizusetzen. Gewaltige Steinblöcke, die von den Gletschern der Eiszeit zurückgeblieben waren, wurden zu Grabkammern zusammengefügt und mit einem Erdhügel überdeckt. Gänge, die in die Kammern führten, deuten darauf hin, daß ganze Dorfgemeinschaften die Grabstätten viele Generationen lang benutzten. Im Volksmund wurden die aufgefundenen Grabanlagen „Hünengräber" genannt, weil man glaubte, nur Hünen (Riesen) wären imstande gewesen, solche tonnenschweren Steinblöcke zu bewegen. Seit dem 13. Jh. v.Chr. setzte sich allmählich die Verbrennung der Toten durch; ihre Asche wurde in Urnen beigesetzt.

B 31 Frauenskelett aus einem jungsteinzeitlichen Gräberfeld bei Straubing, um 3000 v.Chr. Die Frau trug eine Kette aus Donauschnecken in ihrem Haar, das mit einem Kamm zusammengehalten war.

Bronze- und Eisenzeit

Schon in der Steinzeit war dem Menschen Kupfer bekannt. Aber erst als es gelang, Kupfer und Zinn im Verhältnis 9:1 zusammenzuschmelzen, war ein neuer nützlicher Werkstoff gefunden: **die Bronze.** Viele Arbeiten ließen sich mit Bronzegeräten besser und schneller durchführen. Zugleich erhielten die Männer mit den Bronzeschwertern eine neue Waffe, mit denen sie allen Feinden, die noch mit Steinwaffen kämpften, überlegen waren.

Der Beginn der Bronzeverarbeitung ist in den verschiedenen Verbreitungsgebieten sehr unterschiedlich. So kann man für die **Bronzezeit** keinen allgemeingültigen Zeitraum angeben. Das neue Metall war in Vorderasien und Ägypten bereits Ende des vierten Jahrtausends bekannt; in Europa wurde Bronze erst zwischen 1800 und 800 v.Chr. verwandt.

Im Vergleich zur Jungsteinzeit war das Leben nun freilich komplizierter geworden. Viele Arbeitsgänge waren nötig, um das Kupfererz aus dem Gestein zu holen, zu schmelzen und zu verarbeiten. So entstanden zahlreiche Spezialberufe: Bergleute, Schmelzer, Gießer, die das flüssige Metall in Formen gossen, und Schmiede, welche die gegossenen Werkstücke bearbeiteten und mit Verzierungen versahen. Ihre begehrten Erzeugnisse ließen sich mit Nahrungsmitteln, Salz, Bernstein und manchmal auch mit Gold bezahlen. Da Geräte aus Kupfer und Bronze auch dort begehrt waren, wo Metallager fehlten, nahm der Fernhandel einen großen Aufschwung. Kaufleute sorgten nicht nur für den Verkauf der fertigen Geräte, sie besorgten auch die Rohstoffe, denn Kupfer und Zinn gab es selten an einem Ort.

B 32 Gürtelplatte und Halsringe aus Bronze (800–400 v.Chr.)

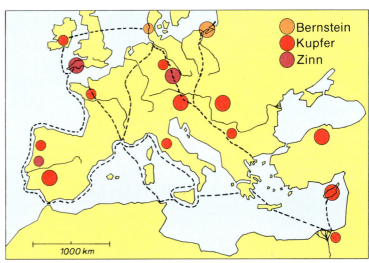

B 33 Handelswege in der Bronzezeit

Aus Grabbeigaben kann man erkennen, daß sich in der Bronzezeit soziale Unterschiede zwischen den Menschen herausbildeten. Es entstand eine Oberschicht, die über größeren Grundbesitz verfügte, Bronzegeräte und häufig auch kostbaren Goldschmuck besaß.

In der ersten Hälfte des 2. Jt. v.Chr. lernten die Menschen ein neues Metall aus Erz zu schmelzen, das **Eisen**. Zunächst war es weicher als gehämmerte Bronze. Erst als es gelang, Eisen durch Erhitzen mit Holzkohle und Hämmern von der Schlacke zu befreien und durch Abschrecken mit Wasser zu härten, war es härter als Bronze. Durch Schmieden ließ sich glühendes Eisen in jede Form bringen. So wurden die Bronzegeräte und Waffen durch solche aus Eisen ersetzt. Nach 1200 v.Chr. verbreitete sich die Eisenverarbeitung von Kleinasien aus über die Randländer des Mittelmeeres nach Mittel- und Nordeuropa.

Die geschicktesten Eisenschmiede waren zunächst die Kelten, die seit dem 8./7. Jh. in Mitteleuropa nachweisbar sind. In Bayern finden wir noch Reste keltischer Siedlungen auf dem Michelsberg bei Kelheim und bei Manching, nahe Ingolstadt. Bei Ausgrabungen in der früheren Keltenstadt Manching wurden bisher mehr als eine Million Fundstücke geborgen: eiserne Schwerter, Speerspitzen, Messer, Zangen, Ketten, Pflugscharen und Sicheln.

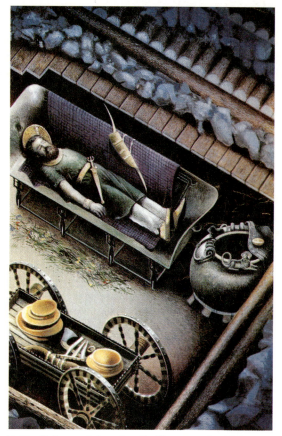

B 34 Rekonstruktion der Grabkammer des Keltenfürsten von Hochdorf, in der Nähe von Ludwigsburg.
Der Fürst, der auf einer Bank aus Bronze ruht, trug Hals- und Armschmuck aus Gold. Rechts ein Bronzekessel, der mit Met gefüllt war. Der Wagen mit eisenbeschlagenen Rädern war beladen mit Bronzegeschirr.

Arbeitsvorschläge
1. Welche neuen Berufe entstehen in der Jungstein-, Bronze- und Eisenzeit?
2. Überlege, welche Vorteile sich aus der Spezialisierung und Arbeitsteilung für den Menschen ergeben!

Vor etwa 10000 Jahren v.Chr., in der sogenannten Jungsteinzeit, lernen die Menschen, sich von Ackerbau und Viehzucht zu ernähren. Damit ist der Übergang von der aneignenden zur produzierenden Wirtschaft vollzogen. Der Mensch ist nun seßhaft. Als Ackerbauer verändert er die Natur und baut sich feste Häuser; in den Dörfern bilden sich dauerhafte Gemeinschaften. Er stellt fein geschliffene Steinbeile her, kann spinnen und weben und Tongefäße aus gebranntem Lehm herstellen. Mit dem Pflug und der Nutzung tierischer Arbeitskraft kann er größere Felder bestellen, erzielt damit höhere Getreideernten und macht die Ernährung der Menschen sicherer. Die Erfindung von Rad und Wagen erleichtert das Einbringen der Ernte und den Transport von Lasten.

Als die Menschen lernen, aus Kupfer und Zinn Bronze herzustellen und aus Eisenerzen Eisen zu gewinnen und zu verarbeiten, beginnt die Metallzeit. Der Stein wird als Material für Werkzeuge und Waffen abgelöst.

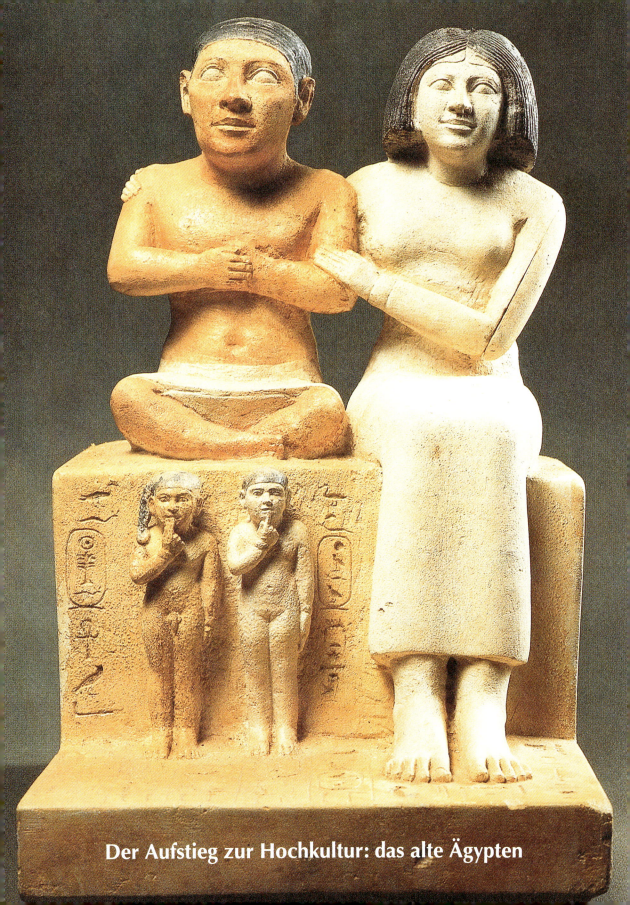

Der Aufstieg zur Hochkultur: das alte Ägypten

Ägypten, ein Geschenk des Nils?

Jahrtausendelang hatten Jäger und Hirtennomaden in den Grassteppen der Sahara leicht ihre Nahrung gefunden. Mit dem Ende der Eiszeit veränderte sich aber das Klima. In Nordafrika regnete es immer seltener, weite Gebiete wurden allmählich zur Wüste.

Da wanderten viele Jäger und Hirten in regenreichere Gebiete ab, wo es genügend Wild und Weideplätze für ihre Herden gab. Andere dagegen zogen in das Tal des wasserreichen Nils und wurden dort zu seßhaften Bauern.

Das fruchtbare Niltal

In der Nähe des Äquators entspringt der Nil, dessen Wasserreichtum aus einer Sandwüste eine fruchtbare Flußoase hervorzaubert. Nach den tropischen Sommerregen im Quellgebiet und im Hochland Äthiopiens überschwemmte der Fluß Mitte Juni das 1000 km lange Tal zwischen Libyscher und Arabischer Wüste. Wenn er sich im Oktober in sein Bett zurückzog, waren die beiden Flußufer mit einer fruchtbaren Schlammschicht bedeckt.

Auf diesen schmalen Uferstreifen legten die ersten Siedler Äcker und Viehweiden an. Sie rodeten die dichten Uferwälder, legten Sümpfe trocken und warfen bereits kleine Dämme auf, damit das Hochwasser ein bis zwei Monate länger auf ihren Feldern stehen blieb. Schon nach wenigen Monaten brachten sie reiche Ernte ein. So konnten bereits in frühester Zeit auf engem Raum viele Menschen ernährt werden.

Der griechische Geschichtsschreiber Herodot, der um 450 v.Chr. Ägypten bereiste, berichtet darüber:
„Es gibt kein Volk auf der Erde, wo die Früchte des Bodens so mühelos gewonnen werden wie hier (im Nildelta). Sie haben nicht nötig, mit dem Pfluge Furchen in den Boden zu ziehen, ihn umzugraben und die anderen Feldarbeiten zu machen, mit denen die übrigen Menschen sich abmühen. Sie warten einfach ab, bis der Fluß kommt, die Äcker bewässert und wieder abfließt. Dann besät jeder sein Feld und treibt die Schweine darauf, um die Saat einzustampfen, wartet ruhig die Erntezeit ab, drischt das Korn mit Hilfe von Schweinen aus und speichert es auf."

(Herodot 2, 14)

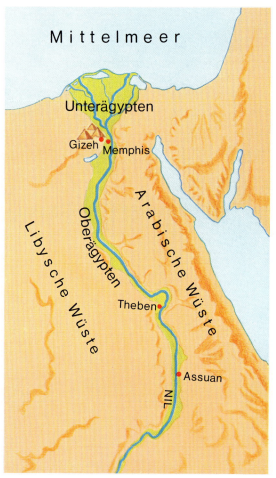

B 1 Der Nil zählt mit seinen 6670 km zu den längsten Strömen der Erde. Der fruchtbare Uferstreifen des ägyptischen Niltals schwankt zwischen 1 und 20 km. Etwa 150 km vor seiner Mündung teilt er sich in zwei Arme. Dieses Mündungsgebiet, das eine Breite bis zu 250 km erreicht, ist besonders fruchtbar. Zugleich ist der Nil eine natürliche Verkehrsader, die den Norden mit dem Süden des Landes verbindet.

Arbeitsvorschläge

1. Vergleiche die angegebene Länge des Nils mit der des Rheins und der Donau! Schlage im Lexikon nach!
2. Wie unterscheidet sich nach Herodot die Landarbeit in Ägypten von der in anderen Ländern?
3. Welche Staaten liegen heute am Nil? Verwende den Erdkunde- oder Geschichtsatlas dazu!

Der Nil stellt den Menschen große Aufgaben

B 2 Das Niltal bei Elephantine

Die Überschwemmung (Achet)	Zeit der Saat (Peret)	Zeit der Ernte (Schemu)
15. Juni – 15. Oktober	15. Oktober – 15. Februar	15. Februar – 15. Juni

B 3 Nach dem Steigen und Fallen des Nils teilten die Ägypter das Jahr in drei Abschnitte ein: Die Zeit der Überschwemmung, der Saat und der Ernte.

So mühelos wie Herodot berichtet, war das Leben der ägyptischen Bauern aber keineswegs. Wenn das Hochwasser abfloß, mußten sie dafür sorgen, daß die Felder, die nicht unmittelbar am Fluß lagen, künstlich bewässert wurden; denn in dem regenarmen Klima trocknete der Schlamm schnell aus, und die jungen Getreidepflanzen drohten abzusterben. Dies zwang die Bewohner des Niltales zum Bau eines **umfangreichen Bewässerungssystems:**

Sie zogen Gräben und Kanäle, um den fruchtbaren Uferstreifen zu verbreitern,

- legten große Bassins an, um das Wasser zeitweise zu stauen,
- schütteten Dämme auf, welche die Dörfer vor Überschwemmungen schützten,
- erfanden Schöpfwerke, mit denen sie das Nilwasser auf die höhergelegenen Gärten hoben.

Aber nicht jedes Jahr wurden reiche Ernten erzielt. Es kam vor, daß die Flutwelle zu hoch war und auf den Feldern große Verwüstungen anrichtete. Wenn sie zu niedrig war, blieben weite Teile des Landes trocken und konnten nicht bebaut werden. Die Folge waren niedrige Ernten. Nur die in den guten Erntejahren in den Speichern gesammelten Vorräte verhinderten eine Hungersnot.

In unserer unmittelbaren Gegenwart wurde der Wasserstand des Nils durch den Bau des Staudamms bei Assuan reguliert. Durch das Ausbleiben der Nilschwemme wird aber nicht wie früher fruchtbarer Schlamm auf die Felder abgelagert. Er muß heute durch teuren Dünger ersetzt werden.

Der erste Kalender und Anfänge der Feldmeßkunst

Um den Eintritt der Nilschwelle genauer bestimmen zu können, beobachteten die Ägypter über einen langen Zeitraum hinweg den Lauf der Gestirne. Bald erkannten sie, daß die Sonne und die Sternbilder innerhalb von 365 Tagen ihre Bewegungen am Himmel wiederholten. Danach stellten sie einen **Kalender** auf, der aus 12 Monaten zu 30 Tagen bestand. Die fünf Tage am Schluß des Jahres waren Festtage. Sie erkannten auch, daß die Nilflut unmittelbar bevorsteht, wenn der Sirius, der hellste Stern am südlichen Himmel, nach langer Pause wieder kurz vor Sonnenaufgang in der Morgendämmerung erschien. Der ägyptische Kalender wurde später von den Römern übernommen und dem Sonnenjahr von $365^{1}/_{4}$ Tagen angepaßt, indem alle vier Jahre ein sechster Tag hinzugefügt wurde (Schaltjahre).

Jedes Hochwasser verwischte die Grenzen zwischen den Feldern. Deshalb mußte Jahr für Jahr das Ackerland neu vermessen und aufgeteilt werden. Man benutzte dazu Meßschnüre, in die in gleichen Abständen Knoten geknüpft waren. Die meistbenutzte Längeneinheit war eine Elle*. Aus diesem einfachen Vermessungsverfahren entwickelten die Ägypter im Laufe der Zeit eine immer vollkommenere **Feldmeßkunst**, die sie befähigte, genaue Berechnungen von Flächen vorzunehmen.

B 4 **Mit Hilfe eines von einem Rind angetriebenen Wasserrades schöpft ein Bauer Wasser aus dem Nil, um die höher gelegenen Felder zu bewässern.** Dieses Verfahren ist heute noch in Gebrauch.

B 5 **Ein Landvermesser vermißt in Begleitung von Bauern ein Getreidefeld vor der Ernte.**

Arbeitsvorschläge
1. Welche Aufgaben stellt der Nil den Menschen?
2. Warum kann man sagen: Ägypten, ein Geschenk des Nils, aber auch ein Werk des Menschen?
3. Warum begünstigt das Niltal die Entstehung einer staatlichen Ordnung?

Staat und Gesellschaft im alten Ägypten

Das Werden des Pharaonenreiches

Die Aufgaben, die der Nil stellte, waren nur zu bewältigen, wenn viele Menschen nach einem Plan zusammenarbeiteten. Unter tatkräftigen Führern schlossen sich daher die Nilanwohner zu großen Arbeitsgemeinschaften zusammen. Bald galten die Anführer als oberster Eigentümer des Landes. Sie sorgten für Recht und Ordnung in ihren Gebieten und schützten die Bewohner des Niltales vor Überfällen räuberischer Wüstennomaden. Einige dieser Anführer erweiterten — meist mit Gewalt — ihre Herrschaftsgebiete und so entstanden die ersten staatsähnlichen Gebilde.

Schließlich bildeten sich zwei Reiche: **Oberägypten** am Oberlauf des Nils und **Unterägypten** am Mündungsgebiet. Um 2900 v.Chr. vereinigte der Überlieferung nach der oberägyptische König Menes beide Länder zu einem Reich. Von Wüsten umgrenzt und im Norden durch das Mittelmeer geschützt, konnte sich die ägyptische Kultur fast ungestört entfalten und blieb im wesentlichen 3000 Jahre erhalten.

Der Gott-König

Für die Ägypter war ihr König ein Gott, der menschliche Gestalt angenommen hatte. Erst war er der Himmelsgott *Horus*, später der Sohn des Sonnengottes *Re*. Ihm war es zu verdanken, wenn der Nil die Felder überschwemmte und die Ernte ertragreich war. Seinen Befehlen war unbedingter Gehorsam zu leisten. Seine Untertanen scheuten sich sogar, seinen Namen auszusprechen und nannten ihn nach seinem Palast (per aa = großes Haus) **Pharao**.

Von den Göttern war den Pharaonen die Pflicht auferlegt, für das Wohlergehen der Untertanen zu sorgen und ihnen ein gerechter Herrscher zu sein. Über ihre Taten mußten sie den Göttern Rechenschaft ablegen. Ein König gab deshalb um 2150 v.Chr. seinem Sohn folgende Ratschläge:

„Ahme deine Väter nach, die vor dir dahingingen. Sieh, ihre Worte stehen in der Schrift verzeichnet; schlage sie auf, lies und ahme ihr Wissen nach…

B 6 Goldmaske des jungen Königs Tut-Ench-Amun, 1358–1350 v.Chr.
Als Herrscher der beiden Reichsteile Ober- und Unterägypten trägt er auf einem gestreiften Kopftuch einen Geier- und einen Schlangenkopf. Der geflochtene Bart gilt als Zeichen der Göttlichkeit. Krummstab und Geißel sind die alten Machtabzeichen der beiden Teilreiche.

Sei nicht böse, freundlich sein ist gut. Mache dir in der Liebe, die man zu dir hat, ein Denkmal für die Dauer… Ehre die Großen und tu deinen Leuten wohl… Mache deine Räte vermögend, damit sie nach deinen Gesetzen handeln, denn wer reich ist in seinem Gut, ist nicht parteiisch… Tu du als König das Rechte, solange du auf Erden weilst. Beruhige den Weinenden, quäle keine Witwe, verdränge keinen Mann von der Habe seines Vaters und enthebe die Räte nicht ihrer Stellen. Hüte dich davor, ungerechterweise zu strafen…"

(Geschichte in Quellen, Altertum, S. 24)

Arbeitsvorschläge

1. Wie sah das Volk den Pharao?
2. Welche Eigenschaften wurden ihm zugesprochen?
3. Berichte anhand der Quelle, welche Grundsätze ein Pharao bei seiner Herrschaft beachten soll!

Die arbeitsteilige Gesellschaft

B 7 *1. Kann man in der oberen Bildleiste eine Rangordnung erkennen? 2. Welche Geräte benutzten die Bauern bei ihrer Feldarbeit? 3. Welche Arbeiten werden auf der unteren Bildleiste dargestellt?*

Für die zentrale Verwaltung des Staates benötigte der Pharao zahlreiche **Beamte**. An ihrer Spitze stand der Stellvertreter des Königs, der **Wesir**. Sendboten gaben seine Aufträge und Befehle an die Statthalter der einzelnen Provinzen weiter und nahmen deren Berichte entgegen.

Die Provinzstatthalter hatten die Aufsicht über die örtlichen Beamten. Diese überwachten den Bau und Unterhalt der Bewässerungsanlagen, zählten Haushaltungen und Viehbestand, schätzten die Ernteerträge und berechneten danach die Abgaben.

Eine einflußreiche Stellung im Staat besaßen die **Priester**. Sie betreuten die riesigen Tempelanlagen und brachten den Göttern die Opfer dar. Dafür erhielten sie vom Pharao große Ländereien und waren von allen Abgaben befreit.

Die große Masse der Bevölkerung waren **Bauern**. Sie bearbeiteten das Land, das dem Pharao gehörte, und die Landgüter der Priester und hohen Beamten, die der König diesen geschenkt hatte. Den größten Teil ihrer Ernte mußten sie an ihre Herren und vor allem an die staatlichen Vorratsspeicher abliefern: Getreide, Bohnen, Datteln, Feigen, Wein und Vieh. Aber sie behielten genug für den Lebensunterhalt ihrer Familie.

Wenn der Fluß über seine Ufer trat und die Bauern wenig zu tun hatten, wurden sie zum Bau von Palästen, Tempeln und Pyramiden herangezogen. Während dieser Zeit erhielten sie ihre Nahrung und Kleidung aus den Vorratshäusern.

Durch die von den Bauern erzielten Nahrungsüberschüsse konnte sich ein Teil der Bevölkerung anderen Tätigkeiten zuwenden. Ein vielseitiges **Handwerk** entstand. Es gab Bäcker, Schlächter, Brauer, Weber, Färber, Töpfer, Tischler, Kupferschmiede, Goldarbeiter, Maler und Bildhauer. Sie arbeiteten unter der Aufsicht von Beamten, ihren Lohn erhielten sie in Naturalien.

Der **Handel** mit dem Ausland war dem König vorbehalten. Alles was in Ägypten fehlte, wurde von seinen Beauftragten eingeführt: Holz aus dem Libanon, Kupfer aus Zypern, Öl aus Kreta, Pferde aus dem vorderen Orient. Handelskarawanen, die in das Innere Afrikas vordrangen, versorgten das Land mit Gold und Elfenbein.

Im Warenaustausch lieferten die Ägypter dafür Getreide, Leinengewebe, Papyrus und Schmuck. Später wurde der Wert einer Ware auch nach einem bestimmten Gegengewicht in Gold, Silber und Kupfer berechnet.

Von den Berufen im alten Ägypten

B 8 Hockender Schreiber, der eine Papyrusrolle auf seinen Knien hält.

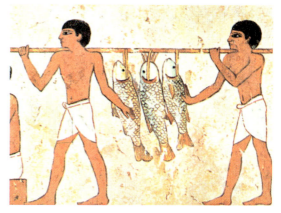

B 9 Maurer und Ziegelhersteller beim Bau eines Hauses

Lob des Schreiberberufs:
„Das Schreiben ist nützlicher für den, der es recht versteht, als jeder andere Beruf... Der Töpfer steckt in seinem Lehm. Er beschmiert sich mehr als ein Schwein, bis er seine Töpfe gebrannt hat. Seine Kleidung ist steif vor Lehm. Wenn der Weber den Tag verbracht hat, ohne zu weben, wird er mit 50 Peitschenhieben geschlagen. Dem Schuster geht es sehr schlecht, er ist ewig unter seinen Gerbebottichen, alles, was er beißt, schmeckt nach Leder. Der Wäscher wäscht auf dem Uferdamm, sein Nachbar ist das Krokodil!"

„Denkst du nicht, wie es dem Bauern geht, wenn man die Steuer von seiner Ernte fordert? Der Wurm hat die Hälfte des Kornes geholt, und das Nilpferd hat das andere gefressen, der Mäuse sind viele auf dem Felde, und die Heuschrecke ist eingefallen – wehe über die Bauern. Dem Überrest, der auf der Tenne liegt, dem machen die Diebe ein Ende. Das Gespann stirbt beim Dreschen und Pflügen. Der Schreiber landet am Damm und will die Ernte aufschreiben, seine Wächter haben Stöcke und die Neger, die ihn begleiten, Palmruten. Sie sagen: „Gib Korn her!" ‚Es ist keines da!' Sie schlagen den Bauern lang ausgestreckt, er wird gebunden und in den Graben geworfen. Der Schreiber leitet die Arbeit aller Leute. Für ihn gibt es keine Abgabe, er zinst mit Schreiben, und es gibt keine Steuer für ihn. Wenn du Verstand hast, werde Schreiber."
(Nach: F.W. von Bissing, Altägyptische Lebensweisheit, 1955, S. 57ff. und 62ff.)

B 10 Fischer mit ihrer Beute aus dem Nil. Neben Getreide, Fleisch und Obst war Fisch ein Hauptnahrungsmittel.

Arbeitsvorschläge

1. Welche Bevölkerungsschichten gibt es in Ägypten? Nenne ihre Aufgaben und berichte, welcher Rang ihnen in der Gesellschaft zugewiesen wird!
2. Welche Berufe werden in den Texten auf den Seiten 29/30 aufgeführt? Fertige eine Liste an!
3. Mit welchen Gründen werden in der Quelle alle anderen Berufe gegenüber dem des Schreibers abgewertet?

Die Hieroglyphenschrift

Die alten Ägypter waren eines der ersten Völker, die eine Schrift entwickelten. Sicherlich hat die Notwendigkeit, alle Vorräte und Abgaben zu registrieren, zu ihrer Erfindung beigetragen.

Die ägyptische Schrift ist eine Mischung von **Bildzeichen** für Menschen, Tiere, Pflanzen und Gegenstände, und von **Lautzeichen**. Die Lautzeichen geben ein, zwei oder drei Konsonanten wieder, Vokale bleiben unberücksichtigt. Zur näheren Bestimmung eines Worten werden **Deutzeichen** eingefügt, die nicht gesprochen werden. Die Griechen, die später solche Schriftzeichen eingemeißelt oder gemalt an den Wänden der Tempel, auf Gräbern und Steintafeln fanden, glaubten, daß diese nur religiöse Bedeutung hätten, und nannten sie daher **Hieroglyphen** (Heilige Zeichen).

Beamte und Schreiber schrieben ihre Berichte und Listen über Vorräte mit Tinte aus Ruß und Rohrfedern auf Papyrus, daher der Name Papier. Die Stengel der Papyrusstaude wurden enthäutet und in Stücke geschnitten. Jedes Stück wurde dann in möglichst feine und breite Streifen zerlegt, in zwei Schichten aufeinandergepreßt und an der Sonne getrocknet. Die so hergestellten Papyrusblätter konnten anschließend zu langen Buchrollen zusammengeklebt werden. Beschrieben wurden sie mit einer von den Hieroglyphen abgeleiteten Schreibschrift, der *hieratischen Schrift*. Eine Weiterentwicklung war die *demotische Schrift*, die im 7. Jh. v.Chr. aufkam.

Später wußte niemand mehr, was die Schriftzeichen der Ägypter bedeuteten. Erst als Napoleon einen Feldzug nach Ägypten unternahm (1798/99) und einer seiner Soldaten den Stein von Rosette fand, gelang es dem Franzosen *Champollion* 1822, die Hieroglyphen zu enträtseln. Der auf dem Stein enthaltene Text war in drei Fassungen wiedergegeben: in Hieroglyphen, in demotischer und in griechischer Sprache. Mit Hilfe des Griechischen und ausgehend von den Namen des Königs Ptolemaios und der Königin Kleopatra gelang Champollion die Entschlüsselung.

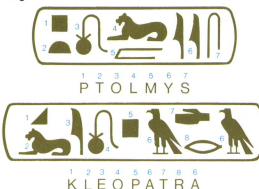

B 11 Der Schlüssel zur Enträtselung der ägyptischen Schrift

Champollion schildert in einem Brief vom 22.9.1822, wie er den Schlüssel zu der bisher unbekannten Schrift fand:
„Das erste Zeichen des Namens KLEOPATRA, das den Buchstaben K darstellen müßte, dürfte im Namen PTOLEMÄUS nicht vorkommen, und das ist tatsächlich auch der Fall. Das zweite Zeichen, ein ruhender Löwe, das dem L entsprechen müßte, ist völlig gleich dem vierten Zeichen des Namens PTOLEMÄUS, das auch ein L ist… Das vierte Schriftzeichen von KLEOPATRA, das eine Blüte mit gekrümmtem Stiel darstellt, würde dem O entsprechen. Es ist tatsächlich das dritte Schriftzeichen des Namens PTOLEMÄUS. Das fünfte Zeichen des Namens KLEOPATRA, das die Form eines Parallelogramms hat und das P bezeichnen soll, ist gleichzeitig das erste Zeichen des Namen PTOLEMÄUS…."

B 12 Ägyptische Hieroglyphen

B 13   Ruinen des Tempels von Luxor mit Tortürmen und Säulenhallen

Städte entstehen

Im 3. Jahrtausend entstanden in Ägypten die ersten Städte mit planmäßig angelegten Straßen, Palästen, Speichern und Wohnvierteln für Priester, Beamte, Offiziere, Handwerker und Händler. Alle Häuser wurden aus luftgetrockneten Lehmziegeln erbaut.

Die Häuser der Handwerker bestanden in der Regel nur aus einem Wohnraum mit einer kleinen Küche und einem Schlafgemach. Die prächtigen, oft zweistöckigen Villen des ägyptischen Adels standen dagegen inmitten schattiger Gärten, die von hohen Mauern umgeben waren. Dort gab es Empfangshallen mit farbigen Wandmalereien, Baderäume und sanitäre Anlagen, die mit fließendem Wasser gespeist waren. In Nebengebäuden waren die Wohnräume für die Dienerschaft, zahlreiche Vorratskammern, Ställe und Abstellräume untergebracht.

Die Religion der Ägypter

Die ägyptische Religion kannte eine Vielzahl von Göttern (**Polytheismus**). Als höchste Gottheiten galten Horus, der Himmelsgott, Re (später *Amun-Re*), der Sonnengott, und *Osiris*, der Herrscher der Unterwelt.

Ihren Göttern errichteten die Ägypter große Tempel. Durch ein Tor und mehrere Innenhöfe gelangte man in das ,,Allerheiligste'', wo das Götterbild aufgestellt war. Das Volk durfte das Allerheiligste nicht betreten. Es nahm in den Innenhöfen an den Opferhandlungen der Priester teil. Tempelwände und Säulen waren mit Reliefs, Hieroglyphen und Malereien geschmückt. Vor den Tempeleingängen standen Obelisken. Dies waren hohe, schmale Granitpfeiler, die dem Sonnengott geweiht waren. An den Tempelstraßen stellte man als steinerne Wächter Sphinxe (Steinbilder in Löwengestalt mit Menschenkopf) auf.

Im 14. Jh. v.Chr. unternahm Pharao *Amenophis IV.* den revolutionären Versuch, die Vielgötterei abzuschaffen und durch den Glauben an einen einzigen Gott, den Sonnengott *Aton*, zu ersetzen. Aton wurde nicht mehr wie früher als Mensch mit einem Tierkopf, sondern als Scheibe mit wohltätigen Strahlen dargestellt. Als Prophet des neuen Glaubens nannte sich der König fortan *Echnaton*, der ‚Aton wohlgefällig ist'. Er verlegte seine Residenz von Theben nach Tell el-Amarna und nannte sie Achet-Aton („Horizont des Aton"). Aber sein Versuch, den Glauben an einen Gott einzuführen (**Monotheismus**), scheiterte. Nach seinem Tod (1352) erreichte die alte Priesterschaft, daß sein Nachfolger wieder nach Theben zurückkehrte, den Atonkult abschaffte und die Ägypter wieder zu den angestammten Göttern zurückkehrten.

Aus dem Sonnengesang des Echnaton:
„Du erscheinst so schön im Lichtberge des Himmels, du lebendige Sonne, die zuerst zu leben anfing. Du bist fern, und doch sind deine Strahlen auf der Erde. ... Du hast die Erde geschaffen nach deinem Herzen, du einzig und allein, mit Menschen, Herden und allem Getier. ... Wenn du davon gegangen bist und wenn alle Augen schlummern ..., so bist du doch noch in meinem Herzen."
(Geschichte in Quellen, Altertum, S. 39)

B 14 König Echnaton mit seiner Gattin Nofretete und seinen Töchtern bei der Auszeichnung eines Beamten. Der Befehlshaber der Streitwagengruppe Eje wird mit dem Ehrengold als Belohnung für seine Dienste beschenkt. Über der Familie die Sonnenscheibe des Gottes Aton.
Die Abbildung gibt gleichzeitig einen guten Einblick in den Aufbau der ägyptischen Gesellschaft.

Weiterleben nach dem Tode. Für die Ägypter bedeutete der Tod nicht das Ende eines Menschenlebens. Sie glaubten, daß die Seele eines Menschen fortlebe, allerdings nur so lange, wie der Leib des Toten erhalten bliebe. Deshalb ließ man die Leichen einbalsamieren, um sie vor der Verwesung zu schützen. Auch sorgte man für ein sicheres Grab, damit die Seele jederzeit in den mumifizierten Körper zurückkehren konnte.

Im Jenseits hatte der Verstorbene die gleichen Bedürfnisse und Wünsche wie im Leben. Deshalb wurden ihm Speise und Trank, Kleider, Schmuck, Geräte und Waffen mit ins Grab gegeben. Zusätzlich ließen die Reichen ihre Gräber mit Wandmalereien versehen. Szenen mit Opfergaben der Hinterbliebenen oder aus der Landwirtschaft hatten den Zweck, ihre Versorgung auf ewig sicherzustellen.

Allerdings war das Weiterleben im Jenseits nur dann gesichert, wenn der Mensch rechtschaffen gelebt hatte. Deshalb mußte sich jeder Verstorbene vor dem Totengericht verantworten. Um die bevorstehende Prüfung bestehen zu können, wurden den Verstorbenen vielfach Totenbuchrollen mitgegeben.

Aus dem Totenbuch eines Schreibers, 13. Jh. v.Chr.:
Anrede an Osiris:
„Preis dir, du großer Gott! Ich bin zu dir gekommen, mein Herr; ich werde herbeigeführt, um deine Schönheit zu schauen. Ich kenne dich, ich kenne den Namen der 42 Götter[1], die bei dir sind... Siehe, ich bin zu dir gekommen. Ich habe dir die Wahrheit gebracht und habe das Unrecht vor dir vertrieben."

Es folgt das negative Bekenntnis:
„Ich habe nicht Unrecht getan gegen die Menschen,
Ich habe nicht (Opfer)-rinder geschlachtet,...
Ich habe nicht getan, was der Gott verabscheut,
Ich habe keinen Diener bei seinem Vorgesetzten schlecht gemacht,
Ich habe nicht hungern lassen,
Ich habe nicht weinen gemacht,
Ich habe nicht getötet,
Ich habe nicht zu töten befohlen,
Ich habe gegen niemanden schlecht gehandelt,
Ich habe die Opferspeisen in den Tempeln nicht verringert,...
Ich habe nicht Ehebruch begangen,...
Ich habe das Kornmaß weder vergrößert noch verringert,
Ich habe das Feldmaß nicht verringert,
Ich habe keine Herden von den Tempelgütern verscheucht,
Ich habe keinem Gotte gewehrt bei seinen Prozessionen,
Ich bin rein, ich bin rein, ich bin rein, ich bin rein."

Bitte an die Totenrichter, Fürsprecher bei Osiris zu sein:
„Ich habe getan, was die Menschen (loben),
Und womit die Götter zufrieden sind,...
Ich habe dem Hungernden Brot gegeben
Und dem Dürstenden Wasser
Und dem Nackenden Kleider
Und dem Schifflosen eine Fähre,
Ich habe den Göttern Opfer dargebracht
Und den Verklärten Totenopfer, –
Rettet mich doch, schützt mich doch,
Und zeugt nicht wider mich vor dem großen Gott!
Ich bin reinen Mundes und reiner Hände,
Einer, zu dem ‚Willkommen' gesagt wird
Von denen, die ihn sehen."

(Geschichte in Quellen, Altertum, S. 52)

[1] Die 42 Totenrichter entsprechen den 42 Gauen Ägyptens.

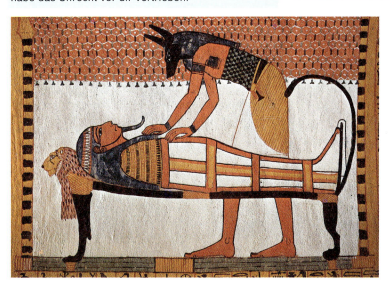

B 15 Einbalsamierung
Priester in der Verkleidung des schakalköpfigen Totengottes Anubis bereitet den Leichnam für das Begräbnis vor.

B 16 Das Totengericht
Der Tote wird vom Gott Anubis zum Gericht geführt. Dort wiegt er das Herz des Verstorbenen. Wenn sich die Waage im Gleichgewicht befindet, so zeigt dies, daß der Verstorbene ein gutes Leben geführt hat. Wenn die Waage sich senkt, wird das Herz von einem krokodilköpfigen Ungeheuer verschlungen. Damit ist der Tote ausgelöscht. Der vogelköpfige Gott Thot, der Gott der Schreibkunst, schreibt das Ergebnis der Prüfung auf. Hat der Mensch rechtschaffen gelebt, führt ihn der falkenköpfige Gott Horus vor den Thron von Osiris, der den Verstorbenen in sein Totenreich aufnimmt.

Die Pharaonen ließen sich schon zu Lebzeiten riesige Grabmäler erbauen, die Pyramiden. Im Innern der Pyramide wurde der Pharao in einer Grabkammer beigesetzt. Die größten sind die um 2500 v.Chr. errichteten Pyramiden bei Gizeh in der Nähe von Kairo. An den Straßen, die auf die Pyramiden zuliefen, lagen die niedrigen Grabbauten der hochgestellten vornehmen Ägypter. Auch im Jenseits wollte der Pharao seine Priester und Beamten in seiner Nähe wissen, damit sie ihm Dienste leisten konnten.

Den Pharaonen wurden große Gold- und Silberschätze mitgegeben. Vermauerte Zugänge, Falltüren und Irrgänge sollten das Eindringen von Grabräubern in das Innere der Pyramiden verhindern. Trotz dieser Vorsichtsmaßnahmen wurden fast alle Pharaonengräber schon im Altertum erbrochen und ausgeplündert. Unversehrt blieb lediglich die Grabkammer des jungen Pharao *Tut-Ench-Amun*, die der Archäologe *Howard Carter* 1922 entdeckte. Die reichen Funde sind heute im Ägyptischen Museum in Kairo aufbewahrt.

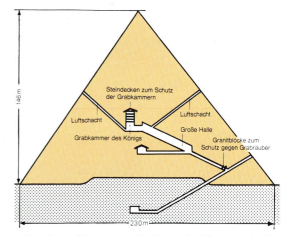

B 17 Pyramidenquerschnitt. In der Grabkammer im Innern der Pyramide wurde der Pharao beigesetzt.

Arbeitsvorschläge
1. Warum lassen die Ägypter ihre Toten einbalsamieren?
2. Wie mußte ein Ägypter leben, damit er vor den Totenrichtern bestehen konnte? Inwieweit stimmt der Text aus dem Totenbuch mit unseren 10 Geboten überein?
3. Welche Götter hast du bei der Beschreibung des Totengerichts kennengelernt?

B 18 Die Pyramiden von Gizeh. Sie sind 4500 Jahre alt. Davor ein Löwe mit menschlichem Kopf (Sphinx).
Die größte Pyramide, die des Königs Cheops, ist 146 m hoch und hat eine Seitenlänge von 230 m. Sie ist aus 2 Millionen Kalksteinblöcken zusammengefügt. Die Steine wurden auf Holzschlitten und unterlegten Rollen mühsam herantransportiert. Da Kräne noch unbekannt waren, mußten die Steinblöcke dann auf Rampen hinaufgeschleppt und auf den vorgeschriebenen Platz gesetzt werden.

Die alten Ägypter leben in einem wohlorganisierten Staat zusammen. An der Spitze steht ein Gottkönig, der das Land mit Hilfe von Beamten verwaltet.

Die Erfindung der Schrift ermöglicht eine geordnete Verwaltung.

Durch die von den Bauern erzielten Nahrungsüberschüsse können sich Teile der Bevölkerung anderen Tätigkeiten zuwenden. Es entsteht eine arbeitsteilige, sozial abgestufte Gesellschaft. Jedem Stand sind besondere Pflichten zugewiesen.

Die ersten Städte entstehen mit Tempeln, Palästen und Wohnvierteln für Gewerbetreibende.

Die Ägypter glauben an ein Weiterleben nach dem Tode. Ihr irdischer Lebenswandel entscheidet über ihr Schicksal im Jenseits. Für ihren Gottkönig errichten sie riesige Grabdenkmäler, zuerst Pyramiden, später unterirdische Anlagen im Tal der Könige.

Neue Begriffe: Hochkultur*, Kalender, Hieroglyphen*, Papyrus*, Staat, Pharao*, Arbeitsteilung*, Polytheismus*, Monotheismus*, Pyramide*

Frühe Hochkulturen in Mesopotamien

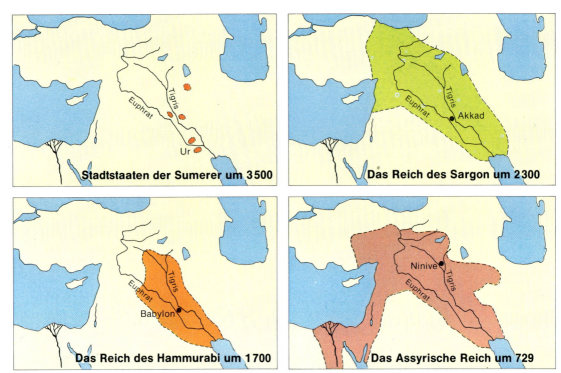

B 19 Die ältesten Staaten an Euphrat und Tigris. Im Gegensatz zu Ägypten war dieses Land nicht durch natürliche Grenzen geschützt. Immer wieder wurden die Bergvölker des Nordens oder kriegerische Nomadenstämme Arabiens von der reichen, fruchtbaren Ebene zu Beutezügen oder Eroberungen angelockt. Deshalb verlief die Geschichte des Landes sehr wechselvoll.

Ähnlich wie in Ägypten entstanden frühe Hochkulturen vor allem in Gebieten mit großen Strömen: in Mesopotamien, das bei dem regenarmen Klima seine Fruchtbarkeit ausschließlich den beiden Flüssen Euphrat und Tigris verdankt, und in Indien und China in den großen Stromtälern des Indus und Hwangho.

In **Mesopotamien** entstand schon seit 3500 v.Chr. die früheste uns bekannte Hochkultur der Sumerer. Sie wohnten bereits in mauergeschützten Städten. In jedem Staat regierte ein König, der gleichzeitig oberster Priester war. Früher als in Ägypten hatten sie eine eigene Schrift entwickelt, die sog. Keilschrift. Alle Völker, die im Laufe der Zeit in Mesopotamien herrschten, haben diese Schrift übernommen.

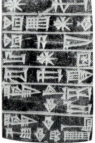

B 20 Tontäfelchen
Links: Sumerische Bilderschrift, um 3000 v.Chr. – Rechts: Sumerische Keilschrift, um 2000 v.Chr. Wichtige Gesetze wurden in Stein gemeißelt.

Um 2300 v.Chr. unterwarfen semitische Nomadenstämme aus Arabien die sumerischen Stadtstaaten. Ihr König Sargon faßte von seiner Hauptstadt Akkad aus zum erstenmal ganz Mesopotamien zu einem Reich zusammen. Er und seine Nachfolger dehnten ihre Herrschaft bis zum Mittelmeer aus. Doch nach 200 Jahren zerfiel das Reich von Akkad wieder in eine Reihe von Kleinstaaten.

Seit 1850 v.Chr. drangen neue semitische Nomadenstämme in Mesopotamien ein. Ihrem König Hammurabi (1728–1688 v.Chr.) gelang es, von Babylon aus ganz Mesopotamien unter seine Herrschaft zu bringen. Er war der erste namentlich genannte Gesetzgeber der Geschichte. In seiner berühmten in Stein gemeißelten Gesetzesordnung sorgte er durch strenge Bestimmungen für Recht, Sicherheit und Ordnung im ganzen Land.

Aus der Gesetzesordnung des Königs Hammurabi:

„Gesetzt, ein Bürger hat einen anderen des Mordes beschuldigt, ohne es zu beweisen, so wird der, der den anderen beschuldigt hat, getötet.
Gesetzt, ein Bürger hat einen Raub begangen und wird ergriffen, so wird dieser Bürger getötet.
Gesetzt, jemand hat einem Angehörigen des Patrizierstandes ein Auge zerstört, so wird man ihm ein Auge zerstören.
Gesetzt, er hat jemandem einen Knochen gebrochen, so wird man ihm einen Knochen brechen.
Gesetzt, er hat einem Freigelassenen ein Auge zerstört oder einem Freigelassenen einen Knochen gebrochen, so soll er eine Mine Silber darwägen.
Gesetzt, er hat jemandes Sklaven ein Auge zerstört oder jemandes Sklaven einen Knochen gebrochen, so soll er die Hälfte seines Wertes darwägen.
Gesetzt, ein Bürger hat seinen Deich nicht befestigt und die Flur vom Wasser weggeschwemmt wird, so ersetzt der Bürger das Getreide, das dadurch vernichtet wird. Wenn er das Getreide nicht zu ersetzen vermag, so verkaufe man ihn und seine Habe und teile den Erlös (auf die Geschädigten).
Gesetzt, ein Baumeister hat einem Bürger ein Haus gebaut, sein Werk aber nicht überprüft und es stürzt eine Wand ein; so baut dieser Baumeister diese Wand aus eigenen Mitteln wieder solide auf."

(Nach Guggenbühl, Quellen zur allgemeinen Geschichte, Band 1, S. 9ff.)

Arbeitsvorschläge
1. „Auge um Auge, Zahn um Zahn!" ist der Grundsatz des babylonischen Rechts. Werden die aufgeführten Vergehen heute in gleicher Weise bestraft?
2. Vor dem Gesetz sind heute alle Bürger gleich. Wurde nach diesem Grundsatz schon damals gerichtet?

B 21 Der obere Teil der Gesetzessäule des Hammurabi
Stehend empfängt der König die Gesetze von dem Sonnengott Schamasch. Dieser Stein, eine 2,25 m hohe Säule, wurde zu Beginn unseres Jahrhunderts von französischen Archäologen in Susa gefunden. Insgesamt sind 282 Paragraphen in den unteren Teil der Säule eingemeißelt.

Seit 1100 v.Chr. gelang es den semitischen Assyrern, die in den Berggebieten am oberen Tigris siedelten, ihre Herrschaft immer weiter auszudehnen. Der steile Aufstieg des Assyrerreiches begann aber erst mit der Eroberung Syriens und Babylons (729 v.Chr.), Ostkleinasiens und Ägyptens (671 v. Chr.).

Hauptstadt des Assyrischen Reiches war das prächtige Ninive mit riesigen Tempeln und Palästen. Hier legte der mächtige König *Assurbanipal* (um 650 v.Chr.) eine umfangreiche Bibliothek an. 20000 Tontafeln wurden zusammengetragen, auf denen die Werke der babylonischen Dichtung und Wissenschaft aufgezeichnet waren.

Den Babyloniern gelang es schließlich, mit Hilfe der Meder, eines indoeuropäischen Reitervolkes, das um 1500 v.Chr. im iranischen Hochland eingewandert war, das verhaßte assyrische Joch abzuschütteln. 612 v.Chr. wurde Ninive zerstört, das Reich der Assyrer aufgeteilt.

Die Isrealiten

B 22   B 23

Wie das alte Testament berichtet, wanderte um 1800 v.Chr. ein semitischer Nomadenstamm unter Führung *Abrahams* von Ur am Euphrat nach Kanaan am Mittelmeer. Mit ihren Herden zogen sie von Weideplatz zu Weideplatz und gelangten auf ihren weiten Wanderungen nach Ägypten. Dort wurden sie auch zur Zwangsarbeit beim Pyramidenbau eingesetzt.

Um 1250 v.Chr. nahmen die Juden ihre Wanderung wieder auf. Unter der Führung von *Moses* zogen sie wieder als Nomaden durch die Wüstensteppen der Halbinsel Sinai. Dort verkündete ihnen Moses die Zehn Gebote. In zähen Kämpfen eroberten sie anschließend Kanaan und teilten es unter die zwölf israelitischen Stämme auf. Hier wurden sie zu Ackerbauern und lebten in Dörfern und Städten.

Nach 1100 v.Chr. versuchten die in der Küstenebene wohnenden Philister, ganz Kanaan zu unterwerfen. Nach ihnen wurde das Land Palästina genannt. Angesichts dieser Gefahr schlossen sich die zwölf Stämme unter Saul zu einem Königreich zusammen. Aber erst sein Nachfolger David besiegte die Philister, eroberte Jerusalem und machte es zu seiner Hauptstadt. Dorthin holte er das höchste Heiligtum der Israeliten, die Bundeslade, in der die steinernen Tafeln mit den Zehn Geboten lagen. Im Gegensatz zu allen Nachbarsvölkern verehrten die Juden nur **einen** Gott, den sie „Jahwe" nannten. Der Name bedeutet: „Ich bin, der für euch da ist". Die Israeliten machen sich kein Bild von diesem Gott. Er ist für sie unsichtbar und unvorstellbar. Er hat sie zu seinem Volk auserwählt und schützt sie in Not und Gefahr.

Unter König Salomo, dem Sohn Davids zerfiel das Reich in das Nordreich Israel und in das Südreich Juda (daher der Name Juden).

Das Nordreich wurde 722 v.Chr. von den Assyrern erobert. 587 v.Chr. unterlag auch das Südreich Juda den Babyloniern, die den von König Salomo errichteten Tempel in Jerusalem zerstörten und die führende Schicht der Bevölkerung in die ‚Babylonische Gefangenschaft' führten. Als der Perserkönig *Kyros* Babylon eroberte (539 v.Chr.), ließ er die Juden in ihre Heimat zurückkehren. Der jüdische Staat blieb aber weiter unter der Fremdherrschaft der Perser, Griechen und Römer, die nach zwei Aufständen (70 und 135 n.Chr.) den Großteil der Bevölkerung aus Palästina vertrieben. Seitdem lebten die Juden als Minderheit unter fremden Völkern. Doch bewahrten sie ihren Glauben an den einen Gott und blieben seinen Geboten treu. Keinem anderen Volk der Weltgeschichte gelang es unter solchen Bedingungen, seine religiöse Eigenständigkeit über Jahrhunderte hinweg zu bewahren. So konnte es geschehen, daß — nach 1800 Jahren — sich 1948 in Palästina wieder der unabhängige Staat Israel bildete.

Arbeitsvorschlag

Vergleiche die Religion der Israeliten mit der ägyptischen, und erkläre die Begriffe „Monotheismus" und „Polytheismus".

Griechenland – Das Fundament Europas

Griechische Frühzeit

Das Land der Griechen

B 1

Der Lebensraum der alten Griechen war zunächst der südliche Teil der Balkanhalbinsel. Zahlreiche Gebirgszüge teilen das Land in einzelne, schwer zugängliche Landschaften. Das Meer dringt in Buchten tief in das Land ein, so daß kein Punkt Mittel- und Südgriechenlands mehr als 90 km vom Meer entfernt ist. Starke Höhenunterschiede prägen das Klima; der fast 3000 m hohe Olymp ist meist mit Schnee bedeckt, während an der Küste der Sommer heiß und trocken ist und nur im Winter starke Niederschläge fallen.

Auf dem fruchtbaren Ackerland der Ebenen und der Küstenniederungen konnten die Griechen Getreide anbauen; auch Weinstöcke, Öl- und Feigenbäume gediehen. Die steinigen und kargen Böden des Hochlandes und der Berghänge nutzten Schafe und Ziegen als Weiden.

Arbeitsvorschläge
1. Vergleiche die wichtigsten geographischen Merkmale der Balkanhalbinsel mit denen von Ägypten!
2. Wie wirken sich die geographischen Verhältnisse aus
   a) auf die Verkehrswege?
   b) auf die landwirtschaftliche Nutzung?
   c) auf die Besiedlung des Landes?

Das Werden des griechischen Volkes

Seit 2000 v.Chr. drangen Völker, die wir wegen ihrer Sprachverwandtschaft den **Indoeuropäern** zurechnen, aus den weiten Steppen Südrußlands in Kleinasien und in die Balkanhalbinsel ein. Ein Teil von ihnen setzte sich im Nordwesten Griechenlands fest, die Stämme der Ionier, Achäer und Äoler wanderten weiter nach Mittelgriechenland und stießen bis zur Südspitze der Peloponnes vor. Im Laufe der Zeit vermischten sie sich mit der Urbevölkerung; daraus entstand das Volk der Frühgriechen.

Die mykenische Zeit (1600–1200 v.Chr.). Die Fürsten der eingewanderten Achäer errichteten mächtige Burgen, von denen aus sie das umliegende Land beherrschten. Ihre Mauern waren ohne Mörtel errichtet, so daß man sie später als das Werk von Riesen ('Kyklopen' – 'Kyklopische Mauern') ansah. Hier sammelten die Fürsten ihre adligen Krieger um sich, die als Streitwagenkämpfer in den Kampf zogen. Bald fuhren die Achäer auch zur See. Mit ihren schnellen Segelschiffen plünderten sie Kreta und die kleinasiatische Küste. Um 1200 v.Chr. scheinen sie einen Feldzug gegen Troja geführt zu haben, den in Homers „Ilias" verewigten Trojanischen Krieg.

Den Reichtum dieser Herrscher zeigen die kostbaren Schätze, die in den Schacht- und Kuppelgräbern der Burgen gefunden wurden: kunstvoll verzierte bronzene Schwerter, goldene und silberne Trinkgefäße, Armreife, Ringe, kostbarer Kopf- und Halsschmuck, Masken aus Goldblech, die einst die Gesichter der toten Fürsten bedeckten.

Der mächtigste der achäischen Fürsten war der König von Mykene, der die Landschaft Argolis beherrschte. Deshalb nennen wir heute die Kultur der Achäer „mykenisch", weil sie in Mykene ihren bedeutendsten Mittelpunkt hatte. Sie wurde von Anfang an von der kretischen Kultur stark beeinflußt.

Auf der Insel Kreta hatte sich seit der zweiten Hälfte des 3. Jahrtausends die **erste europäische Hochkultur** entwickelt. Zwischen 2000 und 1600 v.Chr. erreichte sie unter dem sagenhaften König *Minos* ihren Höhepunkt. Um die weiten Innenhöfe der Paläste von Knossos und Phaistos waren Prunksäle und Wohnräume in mehreren Stockwerken angeordnet. Prachtvolle Malereien schmückten die Wände. In den Kellerräumen wurden in riesigen Tongefäßen Getreide, Wein und Öl aufbewahrt. Die Städte waren unbefestigt, eine mächtige Flotte schützte die Insel. Mehrere Erdbeben zerstörten die Macht Kretas, das um 1450 von den Achäern erobert wurde.

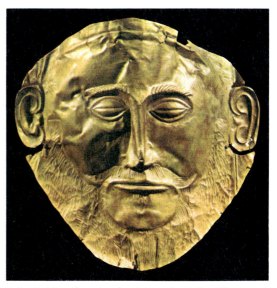

B 2   Das Löwentor der Burgmauer von Mykene. Die beiden Löwen mit der Säule über dem Tor stellen ein heiliges Zeichen zum Schutz der Burg dar.

B 3   Goldene Totenmaske eines mykenischen Fürsten aus dem 14. Jh. v.Chr.

Die Dorische Wanderung (nach 1200 v.Chr.). Ausgelöst durch eine neue Völkerwanderung, die weite Teile des Mittelmeerraumes erfaßte, gerieten die Nordwest-Griechen in Bewegung. Die kriegerischen Dorier (= Speerwerfer) waren der bedeutendste Stamm; nach ihnen erhielt die ganze Wanderung ihren Namen. Im Laufe ihres Zuges setzten sich Teile der Dorier in Mittelgriechenland und später auf der Halbinsel Peloponnes fest. Die mykenischen Burgen wurden zerstört, die ansässigen Achäer unterworfen oder verdrängt. Attika, das von der Dorischen Wanderung nicht berührt wurde, blieb Siedlungsgebiet der Ionier.

Teile der bedrängten Achäer und Äoler suchten sich auf den benachbarten Inseln und an der Westküste Kleinasiens eine neue Heimat. Aber auch die Dorier ergriffen von den vorgelagerten Inseln und Teilen der kleinasiatischen Küste Besitz. Die Ägäis wurde dadurch zu einem griechischen Meer.

Die Wanderungszeit, die sich über etwa 150 Jahre erstreckte, führte zu einem kulturellen Verfall in allen Lebensbereichen. Es gab keine Steinbauten mehr und keine Schrift; auch viele technische Fertigkeiten gingen verloren. Man nennt deshalb diesen Zeitabschnitt, über den es keine schriftlichen Quellen gibt und über den nur Bodenfunde Auskunft geben, die ‚dunklen Jahrhunderte‘.

‚Ilias‘ und ‚Odyssee‘, historische Quellen der griechischen Frühzeit?

Die mykenische Kultur war so vollständig vernichtet worden, daß die Erinnerung daran verschwand. Allein in mündlich überlieferten Sagen lebte sie weiter. Im 8. Jh. entstanden daraus die beiden Heldengedichte (Epen) ‚Ilias‘ und ‚Odyssee‘, als deren Verfasser Homer gilt. Die ‚Ilias‘ schildert das zehnte und letzte Kriegsjahr im Kampf um Troja. Beide Epen zählen zu den bedeutendsten Werken der Weltliteratur.

Paris, ein Sohn des Königs *Priamos* von Troja, hat *Helena,* die schönste Frau Griechenlands und Gattin des spartanischen Königs *Menelaos* geraubt. Dieser hat daraufhin die tapfersten Helden Griechenlands zum Rachefeldzug aufgerufen. *Agamemnon,* der Bruder des Menelaos und König von Mykene, ist der Führer des griechischen Heeres geworden. Zehn Jahre hat es erfolglos die Festung Troja belagert.

Da greift *Odysseus* zu einer List. Auf seinen Rat bauen die Griechen ein riesiges hölzernes Pferd, in dessen Innern sich Odysseus mit einigen Kämpfern versteckt. Die Flotte der Griechen fährt ab und verbirgt sich hinter einer nahen Insel. Am verlassenen Strand finden die erstaunten Trojaner das hölzerne Pferd vor. Trotz der Warnungen ihres Priesters *Laokoon* schlagen die Trojaner eine große Bresche in die Stadtmauer und ziehen das Pferd als Weihegeschenk für ihre Götter in die Stadt. In der Nacht steigt Odysseus mit seinen Gefährten aus dem Bauch des Pferdes, ruft durch ein Feuerzeichen die griechische Flotte zurück und öffnet die Stadttore. Im Kampf werden die Trojaner getötet, Frauen und Kinder auf die Sieger verteilt. Die Stadt wird niedergebrannt.

Die ‚Odyssee‘ berichtet von der abenteuerlichen Rückkehr des Odysseus. Vom Zorn des Meeresgottes *Poseidon* verfolgt, irrt er zehn Jahre mit seinen Gefährten umher, bis er schließlich allein seine Heimat Ithaka erreicht. In seiner Heimatstadt hat seine Ehefrau *Penelope* die Hoffnung auf seine Rückkehr nicht aufgegeben. Alle Freier, die sie bedrängen und ihren Besitz verprassen, weist sie zurück. Als Bettler verkleidet, nimmt Odysseus an ihnen Rache. Mit seinen Pfeilen streckt er alle nieder und gibt sich anschließend seiner Frau zu erkennen.

Jahrhundertelang glaubte man, daß der Trojanische Krieg reine Dichtung sei. Erst *Heinrich Schliemann* entdeckte durch seine Ausgrabungen in Hissarlik vermutlich die Trümmer der zerstörten Stadt Troja.

Heinrich Schliemann (1822–1890), der Sohn eines Pfarrers aus Mecklenburg, hatte als Kaufmann große Reichtümer erworben. Überzeugt von dem historischen Kern der Ilias, begann er mit 50 Jahren seine Ausgrabungen auf einem Hügel nahe der Meerenge der Dardanellen, den er nach den Schilderungen Homers als die Stelle des alten Troja erkannte. Dabei stieß er auf die Ruinen von neun Städten. In der zweiten Schicht von unten glaubte er Troja entdeckt zu haben. Hier fand er neben den Spuren eines riesigen Brandes einen reichen Schatz aus Gold und Silber, den er für den Schatz des Königs Priamos von Troja hielt. Erst nach seinem Tod ergab sich, daß sich das gesuchte Troja in der 6. oder 7. Schicht von unten befand.

Später ist Schliemann von Archäologen der Vorwurf gemacht worden, daß er aus Unwissenheit wichtige Funde zerstört habe. Das ändert aber nichts an der Tatsache, daß er durch seine Ausgrabungen in Troja und später in Mykene und Tiryns die bis dahin völlig unbekannte mykenische Kultur wiederentdeckt hat.

Als historische Quellen sind Ilias und Odyssee nur mit Einschränkungen zu betrachten. Neben einigen Erinnerungen an die mykenische Zeit überliefern sie uns vor allem ein Bild aus der Adelswelt des 8. Jh.s. Die von Homer beschriebenen Helden hat es in Wirklichkeit jedoch wohl nicht gegeben.

Archäologische Forschung heute. Viele Funde werden zufällig gemacht, die meisten sind aber das Ergebnis gezielter, sorgfältiger Grabungen. Flache Erhebungen, aber auch Veränderungen der Vegetation, die nur durch Luftbilder zu erkennen sind, geben den Archäologen die ersten Hinweise, wo sie Funde aus unserer Vergangenheit finden können.

Die Grabungsfläche wird zunächst vermessen und in Quadrate eingeteilt. Innerhalb der Quadrate wird dann die Erde Schicht für Schicht abgetragen. Dazwischen werden Stege stehengelassen, so daß beim allmählichen Tiefergehen ein Profil entsteht, auf dem die Abfolge der einzelnen Schichten sichtbar ist. Die Funde werden maßstäblich gezeichnet und fotografiert.

Ist die Grabung beendet, gilt es, die einzelnen Funde zu datieren, d.h. ihr Alter festzustellen. Dazu gibt es verschiedene Methoden.

Eine davon ist die Schichtenfolge der einzelnen Funde und Befunde im Boden. Im allgemeinen liegen ältere Funde tiefer im Boden als jüngere. Geologen helfen dabei, das Alter der Erd- bzw. Gesteinsschichten zu bestimmen.

Eine neuere Methode, das Alter von Funden festzustellen, ist die sog. C 14-Methode. Alle Lebewesen, auch Pflanzen, speichern während ihrer Lebenszeit Kohlenstoff, darunter auch radioaktiven Kohlenstoff (C-14). Nach ihrem Absterben beginnt sich der radioaktive Kohlenstoff zu zersetzen. Nach etwa 5730 Jahren ist die Hälfte des C-14 (Halbzeitwert) zerfallen, nach nochmals 5730 Jahren ist nur noch ein Viertel vorhanden, usw. Mit Hilfe eines Geigerzählers wird die noch verbliebene Menge gemessen und daraus der Zeitpunkt des Absterbens errechnet.

Botaniker errechnen das Alter eines Holzstückes nach seinen Wachstumsringen. Aus aufgefundenen winzigen Blütenstaubkörnern stellen sie fest, welche Bäume, Sträucher, Gräser und Blumen in der jeweiligen Zeit wuchsen.

Doch trotz einer Vielzahl wissenschaftlicher Möglichkeiten bleiben auch heute noch viele Ergebnisse ungenau und rätselhaft.

B 4   Schnitt durch den Hügel von Troja.

Die Polis als griechische Staatsform

Zur Zeit der Einwanderung waren die Griechen in Stämmen zusammengeschlossen. An ihrer Spitze standen Könige, die zugleich oberste Priester und Richter waren.

In den einzelnen, von Gebirgen umgebenen Landschaften Griechenlands zerfielen bald die ursprünglichen Stammesgemeinschaften. Die Könige verloren nach und nach ihre Vorrangstellung und wurden den anderen adeligen Geschlechtern gleichgestellt. Die Adeligen (griech. *áristoi* = die ,,Besten''), denen die größten und ertragreichsten Landlose zugefallen waren, traten nun als Führer hervor. Die Bauern suchten bei ihnen Schutz und unterwarfen sich ihrem Richterspruch. Die **Aristokratie** (Adelsherrschaft) hatte die **Monarchie** (Königsherrschaft) verdrängt.

Ursprünglich siedelten die Griechen in Dörfern und Einzelhöfen. Seit dem 9. Jh. bildeten sich allmählich städtische Siedlungen. Im Mittelpunkt der Siedlung stand vielfach eine Burg, die Handwerkern, Kaufleuten und Bauern im Kriegsfall als Zufluchtsort diente. Die Bürger dieser Stadtsiedlung und die Bewohner des Umlandes wuchsen zu einer politischen und religiösen Gemeinschaft zusammen, für deren Freiheit und Unabhängigkeit sie große Opfer brachten. Die Engräumigkeit der Landschaften führte zu einer Vielzahl selbständiger Gemeindestaaten, von den Griechen **Poleis** genannt.

Das gemeinsame Kennzeichen einer Polis war, daß in ihrem Staatsgebiet eine einzige städtische Siedlung lag, die dem ganzen Kleinstaat den Namen gab. Jede Polis hatte ihre eigenen Gesetze. Sie war zumeist auch wirtschaftlich unabhängig (autark), denn fast alles, was zum Leben gebraucht wurde, lieferten Bauern, Fischer und Handwerker.

Die Polis prägte fortan das gesamte politische, wirtschaftliche und kulturelle Leben in Griechenland. Da sie eine überschaubare Größe in ihrer Ausdehnung und in der Zahl ihrer Bürger hatte, wurde in ihr die Vorstellung wirksam, daß jeder Bürger zur Gemeinschaft beitragen und das politische Leben mitgestalten sollte.

Arbeitsvorschlag
Wie kommt es zur Entstehung der Polis?

Die griechische Kolonisation

Die starke Bevölkerungszunahme und der Mangel an Ackerland führten 750 v.Chr. zu einer verstärkten Auswanderung. Anders als bei der ersten Landnahme wurden diesmal **Kolonien** von einzelnen Städten Griechenlands angelegt. Innerhalb von 200 Jahren saßen die Griechen an allen Küsten des Mittelmeeres und des Schwarzen Meeres.

Die ersten griechischen Kolonien waren Ackerbausiedlungen in Küstennähe. Doch bald wurden auch Handelsstützpunkte gegründet. Wein, Öl und Fertigwaren (Tongefäße, Stoffe, Werkzeuge aus Bronze und Waffen aus Eisen) aus dem Mutterland wurden hier gegen Getreide, Felle, Rohstoffe und Waren vor allem aus dem Orient eingetauscht.

Zu einem festgefügten Reich hat die weit ausgreifende Kolonisation der Griechen nicht geführt. Die Tochterstädte waren selbständig.

Die Gründung der Stadt Kyrene in Libyen:
,,Nun blieb aber sieben Jahre lang der Regen in Thera aus; während dieser Zeit verdorrten alle Bäume auf der Insel. Da befragten die Theraier das Orakel von Delphi, und die Pythia ermahnte sie an das Gebot des Gottes Apollo, eine Kolonie in Libyen zu gründen. Die Theraier beschlossen, daß aus allen sieben Gemeinden der Insel immer einer von zwei Brüdern auswandern sollte. Zum Führer der Auswanderer wurde Battos bestimmt... Daufhin fuhren sie mit zwei Fünfzigruderern in Richtung Libyen ab. Da sie aber keinen günstigen Wind hatten, kehrten sie wieder nach Thera zurück. Die Theraier aber schossen auf sie und ließen sie nicht landen.

Notgedrungen fuhren sie wieder zurück und ließen sich auf der Insel Platea vor der libyschen Küste nieder. Hier wohnten sie zwei Jahre, aber es ging ihnen auch hier schlecht, und so fuhren sie unter Zurücklassung eines einzigen Mannes nach Delphi. Dort befragten sie das Orakel und sagten, sie hätten sich in Libyen angesiedelt, aber es ginge ihnen darum um kein Haar besser.

Daraufhin erteilte ihnen die Pythia folgenden Orakelspruch:
,Wenn du das herdengesegnete Libyen, ohne es gesehen zu haben, besser kennst als ich, muß ich deine Weisheit bewundern.'

Als Battos und seine Schar das hörten, fuhren sie wieder zurück, denn der Gott bestand so lange auf der Auswanderung, bis sie nach Libyen selbst gingen. Sie segelten nach der Insel, nahmen den Zurückgelasse-

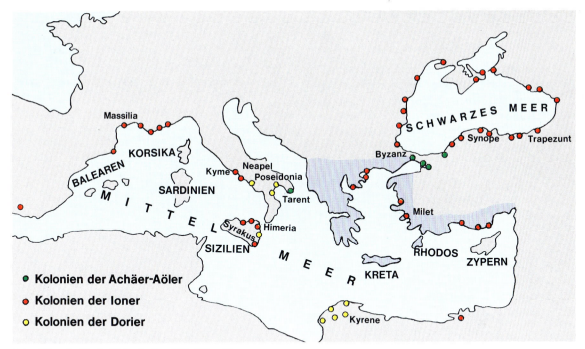

B 5 Die griechische Kolonisation 750–550 v.Chr.

● Kolonien der Achäer-Äöler
● Kolonien der Ioner
● Kolonien der Dorier

nen an Bord und gingen gegenüber jener Insel in Libyen an Land. An dieser Stelle wohnten sie sechs Jahre. Dann führten die Libyer sie weiter nach Westen an einen noch schöneren Ort. Dort gründeten sie die Stadt Kyrene.

Fast sechs Jahrzehnte blieb Kyrene die einzige Ansiedlung in Libyen. Aber als ein neuer Orakelspruch der Pythia alle hellenischen Städte aufforderte, ebenfalls griechische Kolonisten nach Libyen auszusenden, kam eine große Menge Volks in Kyrene zusammen, und sie nahmen den benachbarten libyschen Stämmen einen großen Teil ihres Landes weg. Die beraubten und vergewaltigten Libyer schickten nach Ägypten und stellten sich unter den Schutz des Königs von Ägypten. Als es zum Kampf mit den Ägyptern kam, blieben die Kyrenaier Sieger."

(Gekürzt, nach Herodot IV, 151 ff.)

Arbeitsvorschläge

1. Welche Gründe zwingen die Griechen zur Auswanderung? Lies dazu Text und Quelle!
2. Wenn du die Quelle gelesen hast, kannst du sicherlich erklären, was ein Orakel ist.
3. Wie gestaltet sich das Verhältnis zwischen Einwanderern und eingeborener Bevölkerung?

Seit 2000 v.Chr. wandern indoeuropäische Völker in mehreren Wellen in Griechenland ein, zunächst Ionier, Achäer und Äoler, vom 12. Jh. v.Chr. an die Dorier. Sie setzen sich auch auf den Ägäischen Inseln und an der Westküste Kleinasiens fest.

Die kleinräumigen, durch Gebirge und Meer abgeschlossenen Täler Griechenlands begünstigen die Entstehung zahlreicher selbständiger Stadtstaaten. An die Stelle der Königsherrschaft tritt meist die Herrschaft des Adels.

Die wachsende Bevölkerung und der karge Ertrag des Bodens zwingen die Griechen seit 750 v.Chr. neues Siedlungsland zu suchen. An den Küsten des Mittelmeeres und des Schwarzen Meeres gründen sie zahlreiche Ackerbau- und Handelskolonien.

Neue Begriffe: Ionier – Achäer – Äoler – Dorier – Archäologie* – Monarchie* – Aristokratie* – Polis* – Autarkie – Kolonisation*

Die kulturelle Einheit der Griechen

Sprache und Schrift

Die Griechen waren nie politisch geeint. Trotzdem verband sie ein ausgeprägtes Gemeinschaftsbewußtsein. Es beruhte vor allem auf der gemeinsamen **Sprache**, wenngleich die einzelnen Stämme sehr unterschiedliche Dialekte sprachen. Die Griechen verehrten zudem die gleichen Götter.

Die Kolonisationszeit verstärkte noch das Zusammengehörigkeitsgefühl der Griechen. Wer anders sprach als sie, galt als **Barbar**, Stammler, der nur „brbr", also Unverständliches redet.

Sie selbst nannten sich seit dem 8. Jh. v. Chr. **Hellenen** und ihr Land **Hellas**. Unsere Bezeichnung „Griechen" geht auf die Römer zurück, die die Hellenen „Graeci" nannten.

Zum gemeinsamen Besitz der Griechen gehörte auch ihre **Schrift**. Nachdem die Schrift der mykenischen Zeit in den dunklen Jahrhunderten vergessen worden war, übernahmen die Griechen im 8. Jh. v.Chr. die Konsonantenschrift der Phöniker, die damals den Handel im Mittelmeerraum beherrschten. Indem sie auch den Vokalen eigene Zeichen gaben, schufen sie ein neues Alphabet (mit 24 Buchstaben). Die Beherrschung der Schrift verbreitete sich zunehmend. Götter- und Heldensagen konnten aufgezeichnet werden und wurden dadurch vor Vergessenheit und Veränderungen geschützt, die bei einer mündlichen Übertragung unvermeidlich sind.

Von den Griechen haben die Römer die Buchstabenschrift übernommen. Das lateinische Alphabet, das von ihnen geschaffen wurde, verwenden wir noch heute.

Phönikisches Alphabet		Griechisches Alphabet		Lateinisches Alphabet
ca. 1000 v. Chr.	Bedeutung	ca. 800 v. Chr.	Bedeutung	ca. 500 v. Chr.
∍	r	*P*	R(ho)	R
⋋	k	*K*	K(appa)	K
⋌	'	*A*	A(lpha)	A
△	d	*Δ*	D(elta)	D
⋺	h	*E*	E(psilon)	E
ϟ	m	*M*	M(y)	M
ϟ	n	*N*	N(y)	N
○	'	*O*	O(mikron)	O
w	š	*Σ*	S(igma)	S

B 6 Die Entwicklung des Alphabets

Arbeitsvorschlag

Vergleiche, wie sich aus den phönizischen Schriftzeichen über das griechische Alphabet die lateinische Schrift entwickelt hat!

Die Religion der Griechen

Ein anschauliches Bild von der griechischen Götterwelt gibt uns Homer. Nach ihm haben die Götter die Gestalt von Menschen und fühlen wie sie Liebe, Haß und Leid. Ewige Jugend und Unsterblichkeit unterscheiden sie von den Menschen. Die Götter sind weder allmächtig noch allwissend. Sie haben auch nicht die Welt geschaffen, beanspruchen aber die Herrschaft über sie. Ihr Wohnsitz ist der Olymp.

Die 12 Olympischen Götter:

Zeus, der Vater der Götter, schützt Ordnung und Recht. Er schleudert den Blitz gegen seine Feinde und sendet Regen und Sonnenschein.

Seine Gemahlin ist **Hera**, die Schutzgöttin der Ehe. Alle, die die heiligen Gesetze der Ehe brechen, trifft ihre Strafe.

Seine Tochter **Athene** ist die Göttin der besonnenen Kriegsführung, die Göttin der Weisheit und Wissenschaft und Schutzgöttin Athens.

B 7 Zeus, Bronze   **B 8** Athene, Bronze   **B 9** Poseidon, Bronze

Sein Sohn **Apollon** ist der Gott des Lichtes, der alles sieht und alles weiß. Er gilt aber auch als Gott der Dichtung und Musik; seine Begleiterinnen sind die neun Musen, die Göttinnen der einzelnen Künste.

Seine Schwester **Artemis** ist die Göttin der Jagd.

Hephaistos ist der Gott des Feuers, des Handwerks und der Schmiedekunst.

Seine Gemahlin ist **Aphrodite**, die Göttin der Schönheit und der Liebe.

Hermes, der Götterbote, geleitet die Seelen der Verstorbenen in die Unterwelt. Er kennt alle Wege und Straßen und ist deshalb auch der Gott der Reisenden und der Kaufleute.

Ares ist der Gott des blutigen, zerstörenden Krieges.

Demeter ist die Göttin der Fruchtbarkeit. Sie lehrte den Menschen den Ackerbau.

Hestia ist die Herrin des häuslichen Herdfeuers.

Poseidon, ein Bruder des Zeus, herrscht über die Meere. Auf einem mit weißen Rossen bespannten Wagen fährt er über das Meer, wühlt es mit seinem Dreizack auf und läßt die Erde beben.

Die Unterwelt. Hades (Pluton), ein Bruder des Zeus, herrscht in der finsteren Unterwelt. Dort halten sich auch die Erinnyen auf, die Göttinnen der Rache. Diese schrecklichen Frauen mit Schlangenhaaren verfolgen die Verbrecher und lassen ihnen nirgends Ruhe. Sie sind das Sinnbild des schlechten Gewissens, das den Menschen überall verfolgt.

In der Unterwelt, deren Ausgang von dem dreiköpfigen Hund Kerberos bewacht wird, führen die Seelen von Verstorbenen ihr Dasein. Sie werden von Hermes in das Schattenreich geleitet und von dem Fährmann Charon über den reißenden Fluß Styx gesetzt. Als Fährgeld ist ein Obolus zu entrichten. (Man legte deshalb den Toten eine Münze auf die Zunge.) Drei Totenrichter prüfen den Lebenslauf der Verstorbenen. Wer sich weder durch gute noch durch schlechte Taten hervorgehoben hat, bleibt im Reich des Hades. Wer ein besonders gutes Leben geführt hat, gelangt, nachdem er vom Wasser des Flusses Lethe Vergessenheit getrunken hat, ins Elysion (Land der Seligen).

„Dort umwehen die Inseln der Seligen Lüfte des Okeanos (Ozeans) und goldene Blüten flammen da, einige auf dem Land an herrlichen Bäumen, andere nährt das Wasser... Dort liegen vor ihrer Stadt Wiesen mit purpurnen Rosen, beschattet vom Weihrauchbaum und schwer beladen mit goldenen Früchten. Einige freuen sich an Rossen und am Ringkampf, andere am Brettspiel, wieder andere an der Leier, und jede Art von Glück blüht bei ihnen in segensreicher Fülle."

(Pindar, Olympien II, 77 ff.)

Wer gegen die Götter gefrevelt hat, kommt in den Tartaros, den Ort der ewigen Qualen.

„Und Tantalos* sah ich in harten Schmerzen, stehend in einem See, der aber schlug ihm bis ans Kinn. Und er gebärdete sich, als ob ihn dürste und konnte ihn doch nicht erreichen, um zu trinken. Denn so oft sich der Alte bückte, um zu trinken, so oft verschwand das Wasser, und um seine Füße wurde die schwarze Erde sichtbar ... Und hochbelaubte Bäume gossen ihm Frucht über das Haupt herab: Birnen, Granaten und Apfelbäume mit glänzenden Früchten, so viele Feigen, süße und Oliven in vollem Saft. Doch so oft der Greis sich aufrichtete, um sie mit den Händen zu ergreifen, riß sie ein Wind zu den schattigen Wolken."

(Odyssee 11, 582 ff.)

* (Tantalos, Gast beim Mahle der Götter, hatte versucht, die Allwissenheit der Götter zu prüfen, und hatte sie mit dem Fleisch seines eigenen Sohnes Pelops bewirtet. Demeter, in Trauer um ihre Tochter, aß ein Stück von der Schulter, die übrigen Götter aber entdeckten den Betrug.)

Tempel und Orakel. Ihren Göttern erbauten die Griechen als Wohnstätte Tempel. In dem ummauerten Tempelraum befand sich meistens auch ihr Standbild. Für den Gottesdienst waren die Tempel nicht bestimmt. Die Gläubigen versammelten sich um den Altar, der vor dem Tempel stand. Dort wurden bei feierlichen Anlässen die Opfer vollzogen, um die Götter gnädig zu stimmen. Eingeweide, Fett und Knochen der Opfertiere wurden verbrannt, das gebratene Fleisch diente Priestern und Volk als Opfermahl.

Von besonderer Bedeutung waren die **Orakelstätten**. Aus den Eingeweiden der Opfertiere, dem Rauschen heiliger Eichen und dem Vogelflug suchten dort die Griechen vor wichtigen Entscheidungen den Willen der Götter zu erforschen: bei Rechtsstreitigkeiten, Gründung von Kolonie und Entscheidungen über Krieg und Frieden. In Delphi offenbarte eine Priesterin, die ,,Pythia", den Willen des Gottes Apollo in Versform. Ein ,,Prophetes", der ihr die Fragen gestellt hatte, verkündete die Antwort.

Diese Orakelsprüche waren oft sehr vieldeutig. So erhielt der König der Lyder auf die Frage, ob er einen Krieg gegen die Perser wagen könne, die Antwort: ,,Wenn du den Halysfluß überschreitest, wirst du ein großes Reich zerstören." Er wagte den Krieg und verlor ihn. Damit hatte er ein großes Reich zerstört, nämlich sein eigenes.

Heroen und Mythen. Geringer als die Götter, aber weit über die Menschen hinausragend waren die vielen Helden (Heroen). Sie waren halb

B 10 Befragung der Pythia in Delphi.
Attische Trinkschale aus dem 5. Jh. v.Chr.

göttlicher und halb menschlicher Abstammung und besaßen übermenschliche Kraft und Stärke. Sie wurden von den Griechen als Halbgötter verehrt und lebten in Mythen (Sagen aus alter Zeit) fort. *Herakles, Prometheus, Theseus* und *Achill* waren einige der berühmtesten Helden.

Prometheus war ein Freund der Menschen. Als Zeus ihnen das Feuer nahm, stahl es Prometheus im Olymp und gab es den Menschen zurück. Hart wurde er dafür bestraft. Zeus kettete Prometheus an einen Felsen; ein Adler nagte ohne Unterlaß seine Leber, die in jeder Nacht wieder neu wuchs. Erst Herakles befreite ihn von seiner Qual und söhnte ihn mit Zeus aus.

Herakles. Als Sohn des Zeus und der Alkmene geboren, erregte Herakles die Eifersucht der Hera, die ihn von seiner Geburt an verfolgte. Sie schickte zwei Schlangen, die ihn in der Wiege töten sollten. Er aber packte sie hinter dem Kopf und erwürgte sie. Als erwachsenen Mann schlug ihn Hera mit Wahnsinn, so daß er seine Frau und seine Kinder tötete. Als er in Delphi Rat suchte, wie er sich von der Schuld reinigen könne, erhielt er die Weisung, zwölf Jahre dem König Eurystheus in Tiryns zu dienen. Wenn er alle Aufgaben, die Eurystheus ihm stelle, löse, werde er unsterblich. Im Auftrag dieses Königs hat Herakles seine berühmten zwölf Taten vollbracht:

Zuerst mußte Herakles mit dem nemeischen Löwen kämpfen, dessen Fell unverwundbar war. Herakles traf ihn mit seiner Keule und erwürgte ihn. Dann zog er ihm das Fell ab und legte es sich als Panzer um. Den Rachen stülpte er sich als Helm über. Nachdem er

B 11 Herakles, bekleidet mit seinem enganliegenden Löwenfell, ist im Begriff, Kerberos in Ketten zu legen. Rechts Athene, die ihn zu seiner Tat ermuntert.

noch weitere Ungeheuer auf der Peloponnes erledigt hatte, wurde er in alle vier Himmelsrichtungen geschickt, wo er gefährliche Abenteuer bestand. Schließlich mußte er sogar in die Unterwelt, um den Höllenhund Kerberos heraufzuholen. Um sich seine Liebe zu erhalten, hat seine zweite Frau Deianeira das Hemd des Herakles mit dem Blut des getöteten Kentauren Nessos getränkt. Als es Herakles anzog, fraß es sich in das Fleisch ein. Um den unerträglichen Schmerzen zu entgehen, ließ Herakles sich auf einem Scheiterhaufen verbrennen. Sein Leib wurde so zerstört, er selbst aber stieg zum Himmel auf und wurde dort mit Hera versöhnt.

Arbeitsvorschlag

Ergänze dein Wissen über Götter und Helden! In eurer Schülerbücherei findest du bestimmt Bücher mit den schönsten Sagen des Altertums.

Festspiele: Gottesdienst und Wettkampf

Höhepunkt im religiösen Leben der Griechen waren Festspiele, die zu Ehren einer Gottheit abgehalten wurden. Sie begannen mit Opfer und Gebet, dann folgten die sportlichen Wettkämpfe der Athleten und der Wettstreit der Dichter und Sänger.

Am berühmtesten waren die zu Ehren des Zeus abgehaltenen Spiele zu Olympia in Elis. Sie fanden seit 776 v.Chr. alle vier Jahre statt. Mit diesem Jahr begann auch die griechische Zeitrechnung nach Olympiaden. Während der Festspiele herrschte Frieden in der gesamten griechischen Welt. Alle Streitigkeiten zwischen den griechischen Staaten mußten in dieser Zeit ruhen. Als Wettkämpfer wurden nur freie Griechen zugelassen. Barbaren und Sklaven durften zuschauen, verheiratete Frauen aber nicht.

Die Festspiele dauerten im 5. Jh. v.Chr. fünf Tage. Nach der feierlichen Eröffnung am Altar des Zeus mußten alle Athleten und mit ihnen ihre Väter und Brüder sowie ihre Lehrer über einem Eberopfer schwören, daß sie sich keinen Verstoß gegen die Kampfregeln zuschulden kommen lassen würden.

Vom zweiten bis fünften Tag fanden die Wettkämpfe statt: Wettlauf, Fünfkampf (Weitsprung, Lauf, Diskuswurf, Speerwurf und Ringen). Hinzu kamen der Faustkampf und die mit besonderer Spannung verfolgten Wagenrennen.

Die Sieger wurden mit einem Zweig vom heiligen Ölbaum bekränzt. Sie erhielten das Recht, ihr Standbild in Olympia aufzustellen. In ihrer Heimat wurden die Sieger nochmals geehrt. In manchen Städten erhielten sie beträchtliche Geldgeschenke oder wurden auf Lebenszeit kostenlos verpflegt.

Über die Bedeutung der Festspiele
„Mit Recht lobt man diejenigen, welche die Festversammlungen eingeführt und uns diese Sitte überliefert en. Denn ihnen verdanken wir es, daß wir uns nach Verkündung des Gottesfriedens und nach Beilegung der schwebenden Feindschaften an einem Ort zusammenfinden und den Göttern gemeinschaftliche Gebete und Opfer darbringen. Dabei erinnern wir uns der bestehenden Verwandtschaft, verbessern für die Zukunft das gegenseitige Verständnis, erneuern die alten Gastfreundschaften und knüpfen neue an."

(Isokrates, Panegyrikos 43)

Der Philosoph Xenophanes und der Sport:
„Wer einen Sieg sich erringt im Lauf mit hurtigen Füßen... oder im Fünfkampf, im Ringen, im Faustkampf..., der genießt höchstes Ansehen bei seinen Mitbürgern... Dennoch verdient er es so nicht wie ich. Denn unsere Weisheit ist edler als die Stärke von Mann und Roß. Darum halte ich es für ungerecht, die Kraft über das Wissen zu stellen, denn so ein Sieg in Olympia bringt der Stadt wenig Nutzen."
(Nach Hermann Diels, Die Fragmente der Vorsokratiker, 1957, S. 17f.)

Arbeitsvorschläge
1. Welche Absichten verfolgen die Griechen mit der Abhaltung der Festspiele? Zähle die einzelnen Ziele auf, die Isokrates nennt!
2. Bei den 90. Olympischen Spielen durfte das kriegführende Sparta nicht teilnehmen. Werden auch heute noch Länder aus politischen Gründen von den Spielen ausgeschlossen?
3. Nicht alle Griechen teilen die Begeisterung für die sportlichen Wettkämpfe. Wie begründet Xenophanes seine Kritik?
4. Vergleiche die Abbildungen auf der gegenüberliegenden Seite! Was hat sich verändert?
5. Welche weiteren Wettkampfarten werden heute bei Olympischen Spielen ausgetragen?

1000 Jahre fanden in ununterbrochener Folge Olympische Spiele statt, bis sie gegen 400 n.Chr. von einem christlichen römischen Kaiser als heidnisches Treiben verboten wurden.

Erst 1500 Jahre später erweckte sie der Franzose Coubertin zu neuem Leben. Die ersten Olympischen Spiele der Neuzeit fanden 1896 in Athen statt. Seither trafen sich wieder alle vier Jahre — ausgenommen 1916 im Ersten Weltkrieg und 1940/44 im Zweiten Weltkrieg — die besten Sportler aus aller Welt zum Wettkampf. Die fünf olympischen Ringe sind das Sinnbild der fünf Erdteile. Sie sollen die völkerverbindende Bedeutung des Sports ausdrücken.

Trotz der staatlichen Zersplitterung fühlen sich die griechischen Stämme als ein Volk. Ihr Gemeinschaftsbewußtsein beruht auf der gemeinsamen Sprache, der Verehrung der gleichen Götter und den großen religiösen Festen, bei denen sportliche und musische Wettkämpfe stattfinden.

Neue Begriffe: Barbaren — Hellenen — Schrift* — Olympische Götter — Elysion — Hades — Mythen — Orakel — Olympische Spiele*

Olympische Disziplinen in der Antike und in München 1972

B 12 **Läufer,** Vasenmalerei

B 13 100-m-Lauf der Männer: 10,14 Sekunden benötigte Valeri Borsow, UdSSR, bis zum Ziel.

B 14 **Weitsprung aus dem Stand.** Zwischen 1,5 und 4,5 kg schwere Gewichte aus Stein, Blei oder Eisen verstärken den Vorwärtsschwung.

B 15 Mit nur einem Zentimeter Vorsprung vor der Zweitplazierten errang Heide Rosendahl mit 6,78 m die Goldmedaille.

B 16 **Speerwerfer,** Innenbild einer Schale

B 17 Klaus Wolfermann holte sich mit 90,48 m den Sieg.

Sparta und Athen

Im Laufe der Zeit gewannen zwei Stadtstaaten immer mehr Einfluß und Ansehen: **Sparta** auf der südlichen Peloponnes und **Athen** auf der Halbinsel Attika.

Sparta, ein Militärstaat

Als die Dorier in der Peloponnes eindrangen, waren sie nicht zahlreich genug, um ihr späteres Staatsgebiet in einem Kriegszug zu erobern. Sie mußten mehrere Generationen kämpfen, bis sie die alteingesessene Bevölkerung unterworfen hatten. Ein Teil von ihnen siedelte in der Ebene des Eurotastals im südlichen Teil der Peloponnes. Sie gründeten fünf Dörfer, die sich jedoch zusammenschlossen, um sich bei kriegerischen Auseinandersetzungen besser schützen zu können. So entstand die Polis **Sparta**. Nur die Bewohner dieser Siedlung, die sogenannten **Spartiaten**, waren Vollbürger, die alle Rechte im Staat für sich in Anspruch nahmen. Auch den fruchtbarsten Teil des Landes hatten sie unter sich verteilt; er blieb aber Eigentum des Staates und durfte nicht verkauft werden.

In den weniger fruchtbaren Randgebieten des Eurotastals und an den Gebirgshängen siedelten die **Periöken** (Umwohner). Sie waren Bauern, Handwerker und Händler und gehörten wie die Spartiaten zu den eingewanderten Doriern. Obgleich sie Kriegsdienst leisteten, hatten sie kein Mitbestimmungsrecht im Staat.

Die Nachkommen der unterworfenen Achäer und der Urbevölkerung hießen **Heloten**. Sie arbeiteten auf den Feldern der Spartiaten und mußten einen Teil ihrer Erträge an sie abliefern. Jeder Gewalttat ihrer Herren waren sie schutzlos ausgeliefert. Nur töten durfte ihr Herr sie nicht, denn sie waren Eigentum des Staates und waren auf Lebenszeit den einzelnen Spartiaten zugeteilt.

Als das Eurotastal nicht mehr ausreichte, um die wachsende Zahl der Spartiaten mit Landbesitz auszustatten, eroberten sie in langwierigen Kriegen das Nachbarland Messenien; seine Bewohner wurden ebenfalls zu Heloten gemacht.

Auf weitere Eroberungen gingen die Spartiaten nicht aus. Sie schlossen vielmehr mit fast allen übrigen Staaten der Peloponnes Bündnisverträge. So entstand um 550 der **Peloponnesische Bund**. Im Krieg hatten die Bundesgenossen Truppen zu stellen und Geldbeiträge zu leisten. So errang Sparta die Vorherrschaft auf der Peloponnes und beanspruchte die Führung (Hegemonie) bald in ganz Griechenland. Athen wurde erst Jahrzehnte später ein ebenbürtiger Staat.

Die Staatsverfassung

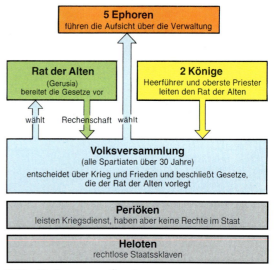

B 18 Verfassung von Sparta

Fünf Ephoren, die von der Volksversammlung für ein Jahr gewählt wurden, führten die Aufsicht über die Verwaltung des Staates. Sie sorgten dafür, daß die Beschlüsse der Volksversammlung durchgeführt wurden. Der ‚Rat der Alten' bestand aus 28 erfahrenen Männern, die über 60 Jahre alt waren. Seine Mitglieder wurden von der Volksversammlung auf Lebenszeit gewählt. Der Rat bereitete Gesetze vor, über die in der Volksversammlung nur mit ja oder nein abgestimmt werden konnte. Über die eingebrachten Vorlagen zu diskutieren war nicht gestattet. Eine Besonderheit Spartas war das Doppelkönigtum, das in zwei angesehenen Familien vererbt wurde. Beide Könige gehörten dem ‚Rat der Alten' an; im Kriegsfall führten sie den Oberbefehl.

B 19 Schlachtenreihe mit Schwerbewaffneten (Hopliten)
Im Kampf schlossen sich die schwerbewaffneten Krieger zu einer festen Phalanx (Walze) zusammen, in der niemand von seinem Platz weichen durfte, damit keine Lücke entstand. Fiel ein Mann, so trat aus dem hinteren Glied ein anderer an seine Stelle. Wer im Kampf vor dem Feind floh oder sich ergab, galt als ehrlos und wurde aus der Gemeinschaft der Spartiaten ausgestoßen.

Lebensweise und Erziehung. Die große Zahl der Heloten (um 700 v.Chr. etwa 150000) war eine ständige Gefahr für den Staat. Wiederholt versuchten die Versklavten, ihre Freiheit zurückzugewinnen. Die wenigen tausend Spartiaten (um 700 v.Chr. etwa 9000 bis 10000) mußten daher ständig kriegsbereit sein. Deshalb war Kriegstüchtigkeit oberstes Ziel der spartanischen Erziehung.

Mit 21 Jahren wurden die jungen Spartiaten in die Reihe der Krieger aufgenommen. Sie lebten getrennt von ihren Familien in Zeltgenossenschaften und mußten regelmäßig an den gemeinsamen Männermahlzeiten teilnehmen. Nur Krieg, Jagd und Sport galten bei ihnen als ehrenvolle Beschäftigung. Gewerbe oder Handel zu treiben war ihnen verboten. Eiserne Münzen dienten als Geld, das nur in Sparta verwendet werden konnte. Fremde sah man in Sparta ungern; die Spartiaten durften ohne staatliche Genehmigung auch nicht ins Ausland reisen, damit sie von fremden Einflüssen verschont blieben. Sogar von den Olympischen Spielen zog man sich zurück.

Über die Erziehung in Sparta:
„...Die Knaben gaben die Spartaner nicht in die Hand von gekauften oder gemieteten Pädagogen; auch erlaubten sie keinem Vater, seinen Sohn nach eigenem Belieben zu erziehen und zu unterrichten. Vielmehr nahm der Staat die Knaben, wenn sie sieben Jahre erreicht hatten, unter seine Aufsicht und teilte sie in Horden ein, in denen sie miteinander aufwuchsen und erzogen wurden. Als Führer der Horde wählten sie sich denjenigen, der sich durch Klugheit und Kampfesmut auszeichnete. Auf ihn blickten sie, hörten auf seine Befehle und unterwarfen sich seinen Strafen, so daß die Erziehung eine Schule des Gehorsams wurde...
Lesen und Schreiben lernten sie nur so viel, wie sie brauchten. Der ganze übrige Unterricht zielte darauf ab, daß sie pünktlich gehorchten, Strapazen ertragen und im Streit siegen lernten...
Auch die jungen Mädchen wurden durch Laufen, Ringen, Diskus- und Speerwerfen trainiert, damit sie einmal gesunde Kinder bekommen..."
(Plutarch, Lykurgos, 14, 16 f.)

Arbeitsvorschläge
1. Welche Bevölkerungsschichten bilden die spartanische Gesellschaft? Wie unterscheiden sie sich in ihrem Rechtsstand?
2. Worauf legt die spartanische Erziehung besonderen Wert? Wie urteilst du darüber?

Athens Weg zur Demokratie

Von der Königsherrschaft zur Adelsherrschaft. Der Sage nach hat König *Theseus* um 1000 v.Chr. ganz Attika zu einer politischen Gemeinschaft zusammengeschlossen. Im 7. Jahrhundert v.Chr. löste der Adel den König in der Herrschaft ab. Dessen Aufgaben als Heerführer, Priester und Richter wurden auf neun oberste Beamte, die **Archonten** (griech. archein = herrschen) verteilt. Nach einjähriger Amtszeit bildeten die ehemaligen Archonten den **Adelsrat**; nach dem Tagungsort auf dem Hügel Ares nannte man ihn später Areopag. Er überwachte die Amtsführung der Archonten und war oberste Gerichtsinstanz. So stand Athen vom 7. Jh. an unter einer Adelsherrschaft (Aristokratie).

Soziale Unruhen. Dem Adel gehörte der fruchtbarste Teil des Landes. Er ließ es von Sklaven bebauen oder verpachtete einen Teil davon an Kleinbauern, die gewöhnlich ein Sechstel der Erträge als Abgabe leisteten. Das änderte sich, als die Geldwirtschaft aufkam. Die Grundbesitzer verlangten nun von ihren zinspflichtigen Bauern die Abgabe in Geld. Bei schlechten Ernten mußten die Kleinpächter und mancher freie Bauer bei den reichen Grundbesitzern Schulden machen. Ein Schuldstein wurde dann auf den Acker des Bauern gesetzt; auf diesem stand die Höhe der Schuld verzeichnet.

Für die Schulden hafteten Bauern und Pächter nicht nur mit Haus und Hof, sondern auch mit ihrer Person. Wer seine Schulden nicht bezahlen konnte, verlor seine Freiheit und wurde Sklave des Gläubigers. Viele von ihnen wurden mit Frau und Kindern ins Ausland verkauft. Schutz vor den Härten des Schuldrechts fanden die Bauern nicht, da adelige Richter das mündlich überlieferte Recht zu ihren Ungunsten auslegten. Um die willkürliche Rechtsprechung zu unterbinden, ließ um 624 v.Chr. der Archont *Drakon* das Recht schriftlich aufzeichnen; das drückende Schuldrecht bestand aber fort.

Die mit ihrem Los unzufriedenen Bauern wollten dies nicht länger dulden. In zeitweilig blutigen Aufständen forderten sie Schuldenerlaß und Neuverteilung des Landes. Ihren Kampf gegen den Adel unterstützten die aufstrebenden Handwerker und Kaufleute. Seitdem schwerbewaffnete Fußtruppen (*Hopliten*) die adligen Einzelkämpfer abgelöst hatten, mußten sie die Masse des Heeres stellen, besaßen aber kein Mitspracherecht bei politischen Entscheidungen. Nun forderten sie entsprechend ihren militärischen Pflichten auch Beteiligung an der Regierung.

B 20 Hoplit. Zur Rüstung des Schwerbewaffneten gehörten Helm, Panzer, Beinschienen, Schild, Lanze und Schwert. Diese Bewaffnung machte die griechischen Hopliten allen anderen Soldaten überlegen.

Arbeitsvorschläge

1. Welche Bevölkerungsschicht hat den Nutzen von der Abschaffung der Königsherrschaft?
2. Wie bezeichnet man eine Herrschaftsform, bei der die Macht in Händen einer besonders bevorrechtigten Gruppe liegt?
3. Schildere die Ursachen der sozialen Unruhen!
4. Welche Forderungen stellen Bauern und Stadtbewohner?

Solons Reformen. Aus Furcht vor einem gewaltsamen Umsturz bestimmte der Adel 594 v.Chr. *Solon* zum Schiedsrichter zwischen den Ständen. Als weitgereister Kaufmann genoß er in Athen großes Ansehen.

Solon sorgte zunächst dafür, daß den Bauern alle Schulden erlassen wurden (sog. „Lastenabschüttelung"). Niemand durfte in Zukunft der Schulden wegen seine Freiheit verlieren. Bürger, die wegen Verschuldung als Sklaven verkauft waren, wurden vom Staat zurückgekauft.

Die Verfassung stellte Solon auf eine neue Grundlage. Nicht mehr die **Abstammung**, sondern das **Einkommen** bestimmte fortan Rechte und Pflichten des einzelnen Bürgers. Dazu teilte er die Bürger in vier Klassen ein:

Pflichten: Die **1. Klasse** der Großgrundbesitzer rüstete die Kriegsschiffe aus und hatte die Kosten für den Bau von Tempeln, Sportanlagen und Theateraufführungen zu tragen.

Die Ritter der **2. Klasse** zogen als Reiter in den Krieg.

Der starke Mittelstand aus Bauern, Handwerkern und Kaufleuten stellte als **3. Klasse** die schwerbewaffneten Hopliten.

Die Lohnarbeiter, Kleinbauern und Hirten der **4. Klasse** dienten als Leichtbewaffnete (mit Pfeil und Bogen oder Schleuder) oder als Ruderer auf den Schiffen.

Kaufleute und Handwerker wurden nach ihrem Einkommen in die einzelnen Klassen eingestuft. Die Ausrüstung (Pferd, Helm, Panzer, Schwert und Schild) mußte sich jeder selbst beschaffen.

Rechte: Alle Bürger hatten vom 20. Lebensjahr Zutritt zur **Volksversammlung**, welche alle Beamten wählte. Die **Archonten** mußten aus der 1. Klasse gewählt werden. Für den neuen **Rat der 400**, der die Tagesordnung der Volksversammlung vorbereitete und die Archonten überwachte, waren auch Angehörige der 2. und 3. Klasse wählbar. Die Angehörigen der 4. Klasse waren lediglich als Mitglieder der **Volksgerichte** wählbar.

Die **Volksversammlung** fand ursprünglich auf dem Marktplatz (Agorá) statt. Später wurde für die Zusammenkünfte auf einem Hügel im Westen Athens (Pnyx) eine Terrasse künstlich angelegt. Der ausgedehnte Halbkreis von 120 m Durchmesser faßte 20 000 Menschen.

Arbeitsvorschlag

Mit welchen Maßnahmen versucht Solon, Athen zu befrieden?

Die Tyrannis des Peisistratos. Solons neue Ordnung brachte dem Land nicht den erhofften Frieden. Unzufrieden waren sowohl die adligen Grundbesitzer, die sich durch die Tilgung der Schuldenlast auf den Bauernhöfen enteignet fühlten, als auch die Bauern, die eine völlig neue Verteilung des Bodens erhofft hatten.

Diese Unzufriedenheit nutzte *Peisistratos*, ein ehrgeiziger Adeliger aus: Mit einer Schar von Anhängern besetzte er um 560 v.Chr. die Akropolis und errichtete in Athen eine Tyrannis. Darunter wurde bei den Griechen eine Herrschaft verstanden, die wider das Gesetz entstand. Erst später bekam dieses Wort den Sinn eines strengen grausamen Herrschers. Peisistratos regierte aber mit kluger Mäßigung. Die armen Bauern unterstützte er mit Darlehen. Handwerkern und Tagelöhnern verschaffte er Arbeit beim Bau des ersten attischen Theaters und einer Wasserleitung, die die Stadt mit frischem Quellwasser versorgte. Als seine Söhne die Herrschaft übernahmen, hatten sie nicht das Glück ihres Vaters. Der jüngere wurde ermordet, der ältere vertrieben.

Arbeitsvorschläge

1. *Welche Umstände fördern die Entstehung einer Tyrannis?*
2. *Welche Bedeutung hat das Wort Tyrannis für die Griechen?*

Die Verfassung des Kleisthenes. Nach dem Sturz der Tyrannen wurde der Archont *Kleisthenes* beauftragt, eine neue Verfassung auszuarbeiten (508/507 v.Chr.). Seine Reformen bestimmten die weitere Entwicklung Athens zur **Demokratie**.

Kleisthenes teilte Attika in **drei Zonen** ein: die Stadt Athen, die Küste und das Binnenland. Dann schuf er zehn Wahlbezirke (Phylen genannt), die sich zu je $1/3$ aus Städtern, Küstenbewohnern und Bauern zusammensetzte. Durch die gemischte Zusammensetzung der attischen Bürger in den Phylen sollte der Einfluß des Adels zurückgedrängt und die einzelnen Stände zusammengeführt werden.

Der Rat wurde auf 500 Mitglieder erweitert; jeder Bürger konnte nun Ratsmitglied werden. Jede Phyle bestimmte durch Los 50 Vertreter für den Rat, die für $1/10$ des Jahres die Regierungsgeschäfte leiteten. Der Vorsitzende wechselte täglich. Die Volksversammlung bestimmte durch Los die Archonten und wählte je Phyle einen Strategen als Heerführer, der wiedergewählt werden konnte.

B 21 Verfassung des Kleisthenes 507 v.Chr.

Um die Wiederkehr eines Tyrannen zu verhindern, wurde 20 Jahre später das **Scherbengericht** (Ostrakismos) eingeführt. Dabei wurden die Bürger während einer Volksversammlung gefragt, ob ein Mann die Freiheit Attikas bedrohe. Waren 6000 dieser Meinung, so mußte derjenige, auf den die meisten Stimmen entfallen waren, für zehn Jahre Attika verlassen, behielt aber sein Vermögen.

B 22 Das **Scherbengericht** ist die erste schriftliche Abstimmung. Die Abbildung zeigt hier einen Tonscherben mit dem Namen des Mannes (hier Aristeides), über dessen Verbannung abgestimmt wird.

,,Als damals das Scherbengericht abgehalten wurde, soll ein Mann vom Lande, des Schreibens unkundig, dem Aristeides, der zufällig vorbeikam, die Tonscherbe gegeben und ihn aufgefordert haben, daß er ,,Aristeides'' darauf schreibe. Der war erstaunt und fragte, ob Aristeides ihm etwas Schlechtes getan habe. Da sagte er: ,,Nein, ich kenne den Mann nicht, aber es stört mich, daß ich überall höre, er sei der Gerechte.'' Als Aristeides dies gehört hatte, habe er nichts geantwortet, habe seinen Namen auf die Tonscherbe geschrieben und sie ihm zurückgegeben.''

(Plutarch, Aristeides 7)

Arbeitsvorschläge

1. Was hat sich in der Verfassung von Kleisthenes gegenüber der von Solon geändert?
2. Hältst du es für gut, daß fast alle Ämter durch das Los besetzt wurden? Warum war wohl das Strategenamt davon ausgenommen?
3. Wir bezeichnen die Staatsform Athens als Demokratie, d.h. als Herrschaft des Volkes. Wie übte das Volk seine Herrschaft aus?

Das Leben in Athen

B 23 Unterricht in Athen. Ein Junge lernt das Zitherspiel, ein zweiter trägt Verse aus der griechischen Dichtung vor. Gute Schüler kannten große Teile der Ilias und der Odyssee auswendig. Links ein Sklave, der den Schüler vor ihm begleitet hat; an der Wand verschiedene Musikinstrumente.

Sportliche Leistungen hielt man in Athen für nicht minder wichtig als in Sparta, doch legte man auch Wert darauf, daß die Jungen Lesen, Schreiben und Rechnen erlernten und in die großen Dichtungen eingeführt wurden. Eine Schulpflicht gab es allerdings nicht. Es war dem einzelnen Bürger überlassen, für die Ausbildung seiner Söhne zu sorgen. Den Unterricht erteilten Privatlehrer, die man bezahlen mußte. Auch der Musikunterricht wurde gepflegt. Die Instrumente, auf denen gespielt wurde, waren Kithara (Zither) und Flöte. Nach der Grundausbildung gingen die jungen Athener zu einem Handwerker in die Lehre. Wer nach einem Amt im Staate strebte, ging zu einem Lehrer der Redekunst, um später in der Volksversammlung mitdiskutieren zu können.

Die Männer weilten den größten Teil des Tages außerhalb ihres Hauses. Neben den Berufspflichten nahmen Volksversammlungen, Gerichtssitzungen, die Tätigkeit als Beamter und Richter viel mehr Zeit in Anspruch als in den heutigen Staaten. Auf dem Marktplatz, in den griechischen Städten ‚Agora' genannt, boten Handwerker, Kaufleute und Bauern ihre Waren an. Dort wurden auch die neuesten Ereignisse und politische Fragen lebhaft besprochen. Erst gegen Abend nahm man die Hauptmahlzeiten ein; dabei saß man nicht, sondern lag auf Polstern um kleine niedrige Tische. Brot und Käse, Oliven und Feigen, Gemüse und Fische waren die Hauptnahrung; Fleisch gab es für die meisten nur an den Opferfesten. Häufig kamen Gäste ins Haus. Wohlhabendere Bürger rechneten es sich zur Ehre an, Gelehrte und Künstler zu einem Trinkgelage zu laden. Frauen durften daran nicht teilnehmen.

Diese lebten zurückgezogen nur für ihre Familie. Sie besorgten das Hauswesen und unterrichteten ihre Töchter in allen häuslichen Arbeiten (Kochen, Spinnen und Weben). Schulbildung blieb ihnen im allgemeinen versagt. Oft schon mit 15 Jahren wurden die jungen Mädchen verheiratet. Ihre Wünsche wurden dabei nicht berücksichtigt. Die Heirat war ein Vertrag, der zwischen den Vätern ausgehandelt wurde. Auch in der Ehe unterstand die Frau der Vormundschaft ihres Mannes.

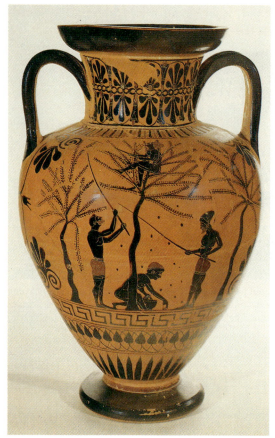

B 24 Olivenernte

B 25 Frauen beim Weben

B 26 Herstellung von Tonkrügen

Arbeitsvorschläge

1. Worin besteht der Unterschied zwischen der Erziehung in Athen und Sparta?
2. Vergleicht die Erziehung der athenischen Jungen und Mädchen mit euerer eigenen! Warum ist manches heute anders?
3. Öl und Tonkrüge sind wichtige Exportartikel Athens. Öl dient zur Zubereitung von Speisen aber auch zur Beleuchtung und Körperpflege. Wozu werden Tonkrüge verwendet?

> In Sparta führt die Herrschaft einer kleinen Herrenschicht über die große Zahl der unterworfenen Bevölkerung zur Ausbildung eines ausgeprägten Militärstaates. Bereits die Erziehung der Jugend ist darauf ausgerichtet, tüchtige Krieger heranzuziehen.
>
> In Athen wird die ursprüngliche Königsherrschaft zunächst von der Aristokratie abgelöst. Durch die Reformen von Solon (594 v.Chr.) und Kleisthenes (507 v.Chr.) entsteht die erste Demokratie der Geschichte. Fortan können alle freien Bürger über die öffentlichen Angelegenheiten mitbestimmen. Anders als in Sparta können die Menschen sich frei entfalten; auf Schulbildung wird großer Wert gelegt.
>
> **Neue Begriffe:** Spartiaten — Heloten — Periöken – Phalanx — Gerusia (Geronten) — Ephoren — Peloponnesischer Bund — Archonten — Areopag — Tyrannis* — Demokratie* — Phyle — Scherbengericht

GRIECHEN UND PERSER

Das Reich der Perser

B 27 Der persische Großkönig Darius I. empfängt ausländische Gesandte. Ein hoher Beamter stellt sie vor, hinter Darius sein Sohn Xerxes. Relief um 500 v.Chr.

Seit dem 6. Jh. v.Chr. hatten die Perser ein riesiges Weltreich aufgebaut. Auch die griechischen Städte an der Küste Kleinasiens standen unter ihrer Herrschaft. König Darius I. (521–485 v.Chr.) errichtete die ersten Stützpunkte auf der Balkanhalbinsel; so waren die Perser unmittelbare Nachbarn der Hellenen geworden.

Darius regierte sein Reich mit unumschränkter Gewalt. Ihn umgab ein strenges Hofzeremoniell. Wer sich ihm näherte, mußte sich vor ihm niederwerfen und mit dem Gesicht die Erde berühren. Um seinen Anspruch auf Weltherrschaft hervorzuheben, trug er den Titel ‚König der Könige'. Allerdings ließ sich Darius nicht wie die Pharaonen als Gott verehren. Auch den vielen Religionen seiner Völker begegnete er mit kluger Duldsamkeit.

Darius teilte sein Reich in 20 Provinzen (Satrapien) ein. Sie unterstanden einem Statthalter (Satrap), der für den König die Steuern erhob und im Kriegsfall die Truppen aufbot. Sondergesandte überwachten deren Amtsführung.

Vorzügliche Straßen verbanden die weit auseinanderliegenden Landesteile mit der Hauptstadt Susa. Durch einen häufigen Wechsel der Pferde konnten die Boten an einem Tag bis zu 300 km zurücklegen. Nur sieben Tage brauchte eine Botschaft auf der ca. 2000 km langen Königsstraße von Susa nach Sardes. Ein einheitliches Münzwesen förderte den Handel.

Auszug aus einer Felseninschrift des Perserkönigs:

„Ich (bin) Darius, der große König, König der Könige... 23 Länder fielen mir zu. Sie brachten mir Tribut. Was ihnen von mir gesagt wurde, das taten sie ... In diesen Ländern habe ich einen Mann, der umsichtig war, wohlgehalten; wer feindlich war, den habe ich streng bestraft..."

(Nach Guggenbühl, Altertum, S. 22/23)

Arbeitsvorschläge

1. Erläutere die Unterschiede zwischen den Herrschaftsformen im Perserreich, in der Polis Athen und im Reich der Pharaonen!
2. Welche Maßnahmen trifft Darius, um sein Reich besser verwalten zu können?

B 28 Das Perserreich unter Darius, 494 v.Chr.
Vergleiche das Reich der Perser mit dem Gebiet der verbündeten Griechen! Wie beurteilst du die Siegeschancen der Griechen im Falle eines Krieges mit den Persern?

Der Freiheitskampf der Griechen

Ionischer Aufstand (500–494 v.Chr.). Die griechischen Städte Kleinasiens waren keiner Satrapie zugeteilt. Sie mußten Günstlinge des persischen Königs als Tyrannen über sich dulden und Abgaben zahlen. Um ihre Freiheit wiederzugewinnen, kam es, von Milet ausgehend, zu einem allgemeinen Aufstand. Vergeblich warteten die Aufständischen auf die Hilfe des Mutterlandes. Sparta wollte sich nicht auf einen überseeischen Krieg einlassen; nur Athen und die Stadt Eretria (auf Euböa) entsandten einige Schiffe. So scheiterte der Aufstand. Die Perser zerstörten Milet und verschleppten viele Einwohner nach Mesopotamien.

Der Feldzug der Perser gegen Athen (490 v.Chr.). Für die Unterstützung der Griechen in Kleinasien sollte nun auch Athen bestraft werden. Eine persische Flotte mit ca. 20 000 bis 25 000 Fußsoldaten und Reitern segelte zunächst nach Euböa. Die Stadt Eretria wurde zerstört und ihre Bevölkerung in die Sklaverei verkauft. Dann landete das persische Heer in der Ebene von Marathon, 40 km von Athen.

Miltiades, einer von zehn athenischen Feldherrn, überzeugte die Volksversammlung, den Angriff der Perser nicht hinter den Mauern abzuwarten. Mit 10 000 Hopliten zog er den Persern entgegen und verschanzte sich an den Abhängen des Gebirges, das die Ebene von Marathon begrenzt. Wiederholt boten die Perser Miltiades die offene Feldschlacht an. Aber er lehnte ab, weil er die Hilfe der Spartiaten erwartete.
Erst als die Perser begannen, ihre Truppen einzuschiffen, um Athen auf dem Seeweg zu erreichen, wagte Miltiades den Angriff. Im Laufschritt stürmten seine schwer gepanzerten Hopliten gegen die persischen Bogenschützen vor, deren Pfeilhagel ihnen nur geringe Verluste beibrachte. Für den Nahkampf aber waren die Perser schlecht gerüstet. Ihre Lederpanzer und Tuchröcke boten gegen die schweren Waffen der Hopliten keinen Schutz, und für die Nahverteidigung besaßen sie lediglich einen Säbel und einen kurzen Speer. Nach kurzem Kampf retteten sich die Perser auf ihre Schiffe. Sie hatten etwa 6000 Mann verloren, während von den Athenern nur 192 gefallen waren.

Der Feldzug des Xerxes gegen Griechenland (480–479 v.Chr.). Der Tod des Darius hinderte die Perser daran, den Mißerfolg von Marathon zu rächen. Erst zehn Jahre später führte *Xerxes*, sein Sohn und Nachfolger, ein Heer von 60000 Mann über den Hellespont nach Griechenland. Eine riesige Flotte mit Kriegs- und Lastschiffen begleitete das Heer entlang der Küste.

Auch die Griechen hatten sich auf den Krieg vorbereitet. Etwa 30 griechische Stadtstaaten schlossen sich unter dem Oberbefehl Spartas zur gemeinsamen Abwehr der Perser zusammen. In Athen ließ *Themistokles* 180 Kriegsschiffe bauen. Für den Flottenbau verwendete er die Erträge der attischen Silberbergwerke, die bisher an die Bürger verteilt worden waren. Dabei mußte er den Widerstand vieler Gegner überwinden, die lieber das Landheer verstärkt hätten.

Am Engpaß der Thermopylen, der den Zugang nach Mittelgriechenland versperrte, versuchte ein kleines griechisches Heer unter dem spartanischen König *Leónidas*, die Perser aufzuhalten. Aber die Stellung war nicht zu halten, als ein Überläufer den Persern einen Gebirgspfad zeigte, der sie in den Rücken der Verteidiger führte. Leónidas ließ die Bundesgenossen abziehen; mit seinen 300 Spartiaten blieb er zurück und kämpfte bis zum letzten Mann.

Am Engpaß, wo Leónidas und seine Getreuen gefallen waren, errichteten die Spartiaten später ein Denkmal mit der Inschrift:
,,Wanderer, kommst du nach Sparta,
verkündige dorten,
du habest uns hier liegen gesehen,
wie das Gesetz es befahl.''

Für die Perser war der Weg nach Mittelgriechenland nun frei. Alle Städte, die ihnen nicht freiwillig die Tore öffneten, wurden erobert und verbrannt; auch Athen, das von den Bewohnern geräumt worden war. Themistokles hatte dies in der Volksversammlung durchgesetzt, um die Entscheidung in einer Seeschlacht zu suchen.

In der Meerenge zwischen der Insel Salamis und der Halbinsel Attika kam es zur entscheidenden Schlacht, die mit dem Sieg der Griechen endete. Xerxes, der vom Land aus die Niederlage seiner Flotte beobachtet hatte, kehrte nach Susa zurück. Sein Heer wurde im nächsten Jahr bei Plataä (479 v.Chr.) von den vereinten Griechen unter spartanischer Führung vernichtend geschlagen. Griechenland war frei.

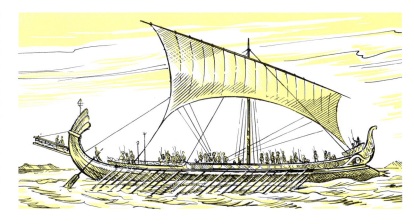

B 29 Attische Triere. Das Kriegsschiff war etwa 40 m lang und 5 m breit. Die Kampfbesatzung bestand aus zehn bis vierzehn Hopliten und vier Bogenschützen. Etwa 170 Ruderer saßen in drei Reihen übereinander. Bei günstigem Wind wurden die Ruderer durch Segel unterstützt. Im Gefecht versuchte man zunächst die Ruder der feindlichen Schiffe abzufahren, um dann den Gegner mit dem Rammsporn in den Grund zu bohren.

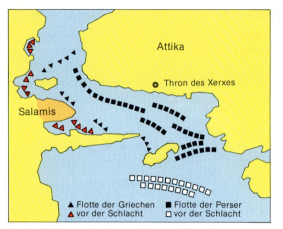

B 30 Die Seeschlacht von Salamis, 480 v. Chr.

Die Flotte der Perser betrug 1200 Schiffe, die der Griechen 300 Trieren. Die meisten Befehlshaber wollten ein Treffen nicht wagen. Themistokles griff zu einer List. Er sandte einen Sklaven zu Xerxes mit der Nachricht, die Griechen würden in der Nacht davonsegeln, und die Perser könnten dem nur entgegentreten, wenn sie die Flotte umzingelten. Es kam, wie Themistokles erwartet hatte. Als Xerxes den Befehl zum Angriff gab, behinderten sich in der engen Meeresstraße die persischen Schiffe gegenseitig, während die wendigen Trieren der Griechen durch schnelle Rudermanöver mit ihren eisenbeschlagenen Rammspornen viele feindliche Schiffe versenkten. Nach Stunden erbitterten Kampfes floh der Rest der persischen Flotte aus der Meerenge.

Der Ausgang der Perserkriege. Unter der Führung Athens gingen die Griechen nun zum Gegenangriff über. 477 v.Chr. schlossen sich die Inseln in der Ägäis und die griechischen Küstenstädte Kleinasiens zum **Attischen Seebund** zusammen.

Die Mitglieder des Bundes hatten Schiffe zu stellen oder einen Geldbetrag zu entrichten. Das gemeinsame Vermögen wurde in einer Bundeskasse im Apollontempel auf der Insel Delos aufbewahrt; dort hielt man auch die gemeinsamen Verhandlungen ab. Aber noch vor Beendigung der Perserkriege wandelten die Athener den Bund in ein Zwangsbündnis um. Die Geldzahlungen der Bundesgenossen wurden zu Tributen, die Bundeskasse wurde nach Athen gebracht. Versuche einzelner Mitglieder, aus dem Bund auszutreten, wurden mit Waffengewalt unterbunden.

449 war der persische Großkönig endlich zum Frieden bereit. Alle griechischen Küstenstädte in Kleinasien und die griechischen Inseln der Ägäis wurden frei. Außerdem durfte kein persisches Schiff in das östliche Mittelmeer einfahren.

Arbeitsvorschläge

1. Nenne Ursachen und Anlaß der Perserkriege!
2. Welchen Anteil haben die Athener, welchen die Spartaner an der Abwehr der Perser?
3. Welchen Zweck verfolgt ursprünglich der Attische Seebund? Wie verändert Athen später seine Zielsetzung?

Das Perserreich unter den Großkönigen Darius I. und Xerxes ist das bis dahin größte Weltreich der Antike. Als die Großkönige versuchen, ganz Griechenland zu unterwerfen, werden sie von den kleinen selbständigen griechischen Stadtstaaten geschlagen. Im Gegenangriff vertreiben die Griechen die Perser von den Ägäischen Inseln und aus den kleinasiatischen Küstenstädten. Den attischen Seebund, zunächst ein Bündnis gleichberechtigter Staaten, wandelt Athen in ein Zwangsbündnis um.

Neue Begriffe: Satrapie — Attischer Seebund

DIE GLANZZEIT ATHENS UNTER PERIKLES

Die Friedenszeit nach den persischen Kriegen bedeutete für Athen den Höhepunkt seiner Geschichte. Der führende Staatsmann dieser Jahrzehnte war *Perikles*. Nach ihm wurde diese Glanzzeit Griechenlands auch ‚Perikleische Zeit' genannt.

Die Vollendung der attischen Demokratie unter Perikles

Perikles war einer der adligen Staatsmänner Athens, die sich vor allem der breiten Masse des Volkes annahmen. Seit 443 v.Chr. wurde er bis zu seinem Tode (429 v.Chr.) jedes Jahr zum Strategen gewählt. Durch seine Beredsamkeit (Demagogie) gelang es ihm immer wieder, die Mehrheit der Volksversammlung für sich zu gewinnen.

Auf sein Betreiben hin wurde die Verfassung nochmals geändert. Der Areopag verlor alle Aufsichtsfunktionen. Ihm verblieb nur die Blutgerichtsbarkeit. Damit tatsächlich alle Bürger ein Amt übernehmen konnten, erhielten Beamte und Richter Tagegelder (Diäten) für den entstandenen Lohnausfall, später auch alle Bürger, welche die Volksversammlung besuchten. Die Mittel hierfür entnahm Perikles der Staatskasse. Erst durch diese Regelung wurde es Bauern, Handwerkern und Arbeitern möglich, auch tatsächlich von ihren politischen Rechten Gebrauch zu machen.

Die Volksversammlung entschied alle Fragen des öffentlichen Lebens: Sie beschloß die Gesetze, wählte und überwachte die Beamten, bestimmte die Außenpolitik, hatte die Aufsicht über Heer und Flotte und vergab öffentliche Aufträge. Im Laufe des Jahres wurden die Bürger mindestens vierzigmal aufgerufen, an Volksversammlungen teilzunehmen. Jeder Bürger hatte das Recht, sich an den Debatten zu beteiligen und Änderungsvorschläge zu den Vorlagen des Rates zu machen; Beschlüsse wurden durch Abstimmung mit einfacher Mehrheit gefaßt. Die Volksversammlung bestimmte auch die Richter für die Volksgerichte. Für das Amt des Richters konnte sich jeder Bürger, der das 30. Lebensjahr erreicht hatte, bewerben. 6000 wurden für

B 31 Perikles. Römische Kopie nach dem Kopf einer griechischen Statue. Der Helm ist das Zeichen der Feldherrnwürde.

ein Jahr gelost und auf die verschiedenen Gerichtshöfe verteilt.

Aber auch unter Perikles blieb die attische Demokratie die Herrschaft einer Minderheit, der Vollbürger. Nur 40–45000 freie Männer der Bevölkerung Attikas durften an den Volksversammlungen teilnehmen und konnten Beamte und Richter werden. Perikles setzte sogar noch durch, daß nur Männer Vollbürger waren, deren beide Elternteile nachweisbar attischer Abstammung waren.

Vom politischen Leben ausgeschlossen waren die **Frauen** der Bürger und die **Metöken**. Dies waren zugewanderte Fremde, sowohl Griechen als auch Barbaren. Gegen Zahlung einer Kopfsteuer genossen sie Rechtsschutz, mußten aber wie die Vollbürger auch Heeresdienst leisten. Da nur attische Bürger Grundbesitz erwerben durften, betätigten sie sich als Gewerbetreibende und Händler.

Rechtlos waren die **Sklaven**. Die meisten waren Kriegsgefangene, die auf den Sklavenmärkten gekauft wurden. Ein Teil von ihnen wurde im Haushalt beschäftigt und genoß manche Freiheiten. Auch die Sklaven in den Handwerksbetrieben und in der Landwirtschaft unterschieden sich in ihrer Lebensweise nicht sehr von den freien athenischen Arbeitern. Schlimm dagegen war das Los der Sklaven, die in den Silberbergwerken arbeiteten. Viele von ihnen starben frühzeitig.

Die Bevölkerung Attikas zur Zeit des Perikles	
Gesamtbevölkerung etwa	300 000
davon: Vollbürger	40–45 000
Familienmitglieder der Vollbürger	130 000
Metöken mit Familien	25 000
Sklaven	100 000

Perikles über die attische Demokratie:
„Wir leben in einer Staatsform, die die Einrichtung anderer nicht nachahmt; eher sind wir für andere ein Vorbild. Mit Recht heißt sie Demokratie, weil sie nicht auf einer Minderheit, sondern auf der Mehrheit der Bürger beruht.

Vor dem Gesetz sind alle Bürger gleich. Das Ansehen, das einer genießt, richtet sich weniger nach seiner Zugehörigkeit zu einem bestimmten Volksteil, sondern nach seinen persönlichen Leistungen. Auch dem Armen ist, wenn er für den Staat etwas zu leisten vermag, der Weg nicht durch die Unscheinbarkeit seines Standes verwehrt...

Alle Menschen, die sich dem Staat widmen, gehen auch ihren persönlichen Geschäften nach, und auch der, der sich auf sein Gewerbe beschränkt, ist nicht unkundig der öffentlichen Angelegenheiten."

(Thukydides 2, 37 ff.)

Frauen in Athen
„Es steht dem Manne zu, über die Frau und die Kinder zu regieren. Denn das Männliche ist von Natur zur Leitung mehr geeignet als das Weibliche, und ebenso das Ältere mehr als das Jüngere. Die Fähigkeit nachzudenken hat z.B. der Sklave überhaupt nicht, die Frau besitzt sie, aber ohne daraus Entscheidungen fällen und durchsetzen zu können."

(Nach Aristoteles, Politik 1259 a)

Arbeitsvorschläge
1. Worin sieht Perikles die großen Vorteile der Demokratie?
2. Warum sind nach Aristoteles Frauen ungeeignet, am politischen Leben teilzunehmen?
3. Lies den Vergleich zwischen den Demokratien in Athen und in der Bundesrepublik Deutschland! Welche Unterschiede werden genannt? Diskutiert darüber, welche Lösung ihr für besser haltet!

Die Demokratie in Athen und in der Bundesrepublik Deutschland im Vergleich

In Athen:
Nur die Vollbürger entscheiden alle Fragen des öffentlichen Lebens.

Frauen und Metöken haben keine politischen Rechte.

Der Vorsitzende des Rates der 500 wechselt täglich.

Mit Ausnahme der Strategen werden die Beamten für ein Jahr gelost.

Es gibt keine Berufsrichter; aus dem Volk werden 6000 Richter jedes Jahr gelost.

In der Bundesrepublik Deutschland:
Jeder/jede Deutsche — gleich welcher Herkunft, Rasse oder welchen Glaubens — kann Volksvertreter wählen, welche die Gesetze beschließen.

Ausländer dürfen nicht wählen.

Der Bundeskanzler wird für vier Jahre gewählt.

Beamte sind Angestellte des Staates auf Lebenszeit.

Richter haben eine lange Ausbildung; sie urteilen auf Grundlage der Gesetze, unabhängig von Weisungen.

Athen als Handelsmacht

B 32 Athen nach dem Wiederaufbau. Die Stadt war von den Persern 480 v.Chr. völlig zerstört worden. Bereits ein Jahr darauf begannen die Athener, ihre Stadt wiederaufzubauen. Trotz des Einspruchs von Sparta befestigte Themistokles die Stadt, die später durch eine lange Mauer mit der Halbinsel Piräus verbunden wurde. Dort gab es einen Handelshafen mit großen Lagerhallen und Zollgebäuden und zwei Kriegshäfen.

Nach den Perserkriegen herrschte Athen über das Ägäische Meer bis zu den Küsten am Schwarzen Meer. Athenische Kaufleute genossen in diesem Gebiet überall Vorrang. Piräus, der Hafen Athens, war damals das bedeutendste Zentrum des Mittelmeerhandels. Für den Transport der Waren besaß Athen eine große Zahl von Handelsschiffen, die zwischen 30 bis 100 Tonnen befördern konnten. Eingeführt wurden vor allem Getreide von der Schwarzmeerküste und Sizilien, denn die Getreideernte Attikas deckte den Bedarf der Bevölkerung nur zu einem Viertel. Groß war der Bedarf auch an Eisen, Kupfer und Holz. Als Zahlungsmittel wurden attische Silbermünzen verwendet.

In den Werkstätten Athens, in denen Handwerker und Händler durchschnittlich 5 bis 30 Sklaven beschäftigten, wurden die Waren hergestellt, die ausgeführt wurden: Lederwaren, Waffen, Wollstoffe und Töpferwaren. Besonders begehrt waren die schwarz und rot bemalten Tonkrüge, Schalen und Vasen.

Ein Athener über die Handelsmacht Athen um 430 v.Chr.:

„Nur die Athener können über die Erzeugnisse aller Griechen und Barbaren verfügen. Wie will eine andere Stadt ihre Überschüsse an Schiffsholz, Eisen, Kupfer und Flachs ausführen, ohne daß das seebeherrschende Athen zustimmt oder die Waren abnimmt. Würde sie gegen den Willen Athens Waren verfrachten, würde ihnen die herrschende Seemacht die Handelswege abschneiden. Außerdem trifft eine Mißernte die Seemacht weniger als eine Landmacht. Denn da Mißernten nicht überall gleichzeitig auftreten, kann die herrschende Seemacht immer noch Ernteerzeugnisse aus Überschußländern einführen."

(Pseudo-Xenophon I, 11–14.)

Unter Perikles erlebt Athen seine Glanzzeit. Perikles vollendet die attische Demokratie, indem er alle politischen Rechte und Entscheidungen ausschließlich der Volksversammlung überträgt. Damit auch ärmere Bürger ein Amt übernehmen können, erhalten Ratsherren und Richter Tagegelder für den entstandenen Lohnausfall. Frauen und zugewanderte Fremde bleiben aber vom politischen Leben ausgeschlossen. Gestützt auf seine starke Flotte, beherrscht Athen den Handel im Ägäischen Meer bis zu den Küsten am Schwarzen Meer.

Athen, die Stadt der Künste

B 33 **Modell der Akropolis:** 1 Niketempel, 2 Propyläen, 3 Standbild der Athene, 4 Parthenon, 5 Erechtheion

Im Perikleischen Zeitalter erreichte die griechische Kultur ihren Höhepunkt. Sie brachte eine Fülle großartiger Meisterwerke hervor, die schon bald als ‚klassisch' bezeichnet wurden, d.h. sie werden als vollkommen und mustergültig anerkannt.

Baukunst, Malerei und Plastik.
Die Akropolis, ursprünglich der Burgberg Athens, war von den Persern völlig zerstört worden. Perikles ließ sie nun zu einem heiligen Bezirk ausbauen. Er verwandte dazu auch Gelder der von Delos nach Athen gebrachten Bundeskasse. Jahrzehntelang erhielten Künstler und Handwerker lohnenden Verdienst. Die Gesamtplanung übertrug er seinem Freund, dem Bildhauer *Phidias*.

Durch die Eingangshalle, die Propyläen, betrat man den Tempelbezirk. Rechts vom Treppenaufgang stand auf einem Felsvorsprung der Tempel der Siegesgöttin *Nike*. Auf einem freien Platz erhob sich das von Phidias geschaffene riesige Standbild der Stadtgöttin Athene. In voller Rüstung grüßte sie mit der vergoldeten Spitze ihres Speeres die heimkehrenden Schiffe schon in der Ferne.

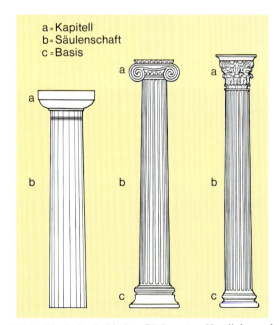

B 34 **Die drei griechischen Säulenarten.** Von links nach rechts: dorisch – ionisch – korinthisch.
Beschreibe die charakteristischen Merkmale der drei Säulenarten!

B 35   Korenhalle des Erechtheion

B 36   Parthenonfries, Poseidon und Apollon

B 37   **Flötenspieler** aus der Frühzeit der griechischen Bildhauerei.

B 38   **Kalbträger,** der auf der Akropolis in Athen aufgestellt war (um 570 v.Chr.)

B 39   **Hermes von Olympia** von Praxiteles, um die Mitte des 4. Jh.

Vergleiche die obigen Plastiken! Welche Unterschiede in der Gestaltung und Bewegung des Körpers und im Ausdruck kannst du feststellen?

Links von ihrem Standbild erhob sich der Tempel des *Erechtheus,* eines attischen Heroen. Auf der höchsten Stelle stand der Tempel der Göttin Athene, der Parthenon. In seinem Innern, wo nach dem Glauben der Griechen die Göttin selbst wohnte, befand sich ihr Standbild.

Von den **Gemälden** an den griechischen Tempelwänden ist fast nichts erhalten. Wir besitzen jedoch zahllose kunstvoll bemalte Vasen und Schalen. Sie bringen vor allem Darstellungen von Göttern, Helden und sportlichen Wettkämpfen, aber auch Szenen aus dem Alltag.

In der **Plastik** ging es den Bildhauern darum, die Schönheit und Harmonie des menschlichen Körpers darzustellen. Leider sind uns fast alle Statuen verlorengegangen und nur durch Nachbildungen bekannt. Erhalten sind aber Teile des von Phidias geschaffenen Figurenschmuckes des Parthenonfrieses.

B 41 Krieger und Mädchen beim Trankopfer. Griechische Trinkschale aus dem 5. Jh. v. Chr.

B 40 Achilleus und Ajax beim Brettspiel. Griechische Vase aus dem 6. Jh. v. Chr.

Das Theater

Die großen religiösen Feiern in Athen und anderen griechischen Städten waren begleitet von Theateraufführungen, bei denen Dramen aufgeführt wurden. Die Dichter wetteiferten um den Ruhm, daß hierfür ihre Werke ausgewählt wurden.

Die bedeutendsten Dichter des ernsten Schauspiels, der **Tragödie**, waren *Äschylos* († 456 v. Chr.), *Sophokles* († 405 v. Chr.) und *Euripides* († 406 v. Chr.). Themen aus den Götter- und Heldensagen und der griechischen Geschichte bildeten den Inhalt der Tragödien. Sie sollten bei den Zuschauern Furcht vor den Göttern und Mitleid mit den vom Schicksal geschlagenen Menschen erregen.

Es wurden auch Lustspiele, **Komödien**, dargeboten, in denen die Dichter oft Politiker und bekannte Persönlichkeiten verspotteten. Sie geißelten auch die vielen großen und kleinen Schwächen der Menschen.

Die Theateraufführungen fanden im Freien statt. Auf der erhöhten Bühne, die keinen Vorhang besaß, traten die Schauspieler in bunt bemalten Masken und Kostümen auf. Sie trugen hohe hölzerne Schuhe, um größer zu erscheinen. Auch die Frauenrollen wurden von Männern gespielt. In das Mundloch der Maske war ein Schalltrichter eingebaut, der die Stimme des Schauspielers noch verstärkte, damit man sie unter freiem Himmel auch noch auf den letzten Reihen verstehen konnte.

Arbeitsvorschlag

Der Inhalt der griechischen Tragödien wurde von späteren Dichtern immer wieder aufgegriffen. Auch viele Ausdrücke aus der Theaterwelt stammen aus dem Griechischen, z.B. Drama, Tragödie, Komödie, Szene, Chor. Erkläre diese Ausdrücke und nimm dabei das Lexikon zu Hilfe!

B 42 Scherbe einer griechischen Vase, die einen kostümierten Tragöden zeigt.

B 43 Das Dionysostheater in Athen, das zu Ehren des Gottes des Weines und des Gesanges errichtet wurde. Am Südhang des Akropolisfelsens gelegen, nutzte das Theater das natürliche Gefälle des Geländes für den treppenförmig ansteigenden Zuschauerraum aus, der 20 000 Menschen Platz bot. Vor dem Bühnengebäude befand sich der Platz für den Chor und die Maskentänze.

Philosophie und Wissenschaft

In der griechischen Frühzeit wurden alle Naturerscheinungen dem Wirken der Götter zugeschrieben. Seit dem Ende des 7. Jh. begannen einige Gelehrte in den griechischen Städten Kleinasiens, sich vom alten Götterglauben zu lösen. Durch genaues Beobachten, Vergleichen und Nachdenken suchten sie natürliche Ursachen für Regen, Blitz, Donner, Sonnenfinsternisse und viele andere Naturerscheinungen zu finden. Diese frühen Gelehrten, welche die Griechen Philosophen (Männer der Weisheit) nannten, wollten auch ergründen, wie die Welt entstanden und aus welchem Stoff die Erde gemacht sei.

Thales von Milet (um 600 v.Chr.) glaubte, daß alles Leben aus dem Wasser entstanden sei.

Für *Anaxagoras* (um 500 v.Chr.), der später in Athen lebte, war die Sonne eine glühende Gesteinsmasse und der Mond eine andere Erde, die ihr Licht ebenfalls von der Sonne erhalte. Diese Lehre war so neu, daß er wegen Lästerung der olympischen Götter angeklagt und zum Tode verurteilt wurde. Durch Flucht entging er der Vollstreckung des Urteils.

Demokrit von Abdera (um 400 v.Chr.) führte den Aufbau der Natur auf unzählige kleinste Bausteine zurück, die er Atome nannte. Je nach den Bindungen, die sie untereinander eingehen, erscheinen sie als Wasser, Pflanze, Tier oder Mensch.

Eine ganz neue Richtung gab der Philosophie der Athener *Sokrates* (469–399 v.Chr.), indem er die Frage nach dem Sinn des Lebens in den Mittelpunkt seiner Lehre stellte. Seine Zuhörer fand Sokrates auf dem Marktplatz. In Gesprächen mit ihnen suchte er ihnen klar zu machen, daß es im Leben nicht vorrangig darum gehe, nach großem Besitz und Ruhm zu streben, sondern ständig das Gute zu suchen und das Gerechte zu tun. Sokrates hatte viele Schüler, aber auch Gegner, die ihn vor Gericht verklagten, daß er die Jugend verderbe und nicht mehr an die olympischen Götter glaube. Sokrates wurde für schuldig befunden und zum Tode verurteilt. Bevor er den damals üblichen Giftbecher nahm, boten ihm seine Freunde Gelegenheit zur Flucht aus dem Gefängnis. Doch Sokrates lehnte ab.

B 44 Sokrates

Er bestand darauf, daß man den Gesetzen gehorchen müsse, auch wenn man Unrecht erleide.

Aus der Verteidigungsrede des Sokrates vor Gericht:
„Ich unterscheide mich von der großen Menge der Menschen, da ich kein hinreichendes Wissen über das Jenseits habe. Aber das Wissen habe ich, daß es schlecht und schändlich ist, Unrecht zu tun und dem Besseren ungehorsam zu sein.

Wenn ihr zu mir sagtet: Sokrates, jetzt lassen wir dich frei, unter der Bedingung, daß du nicht mehr bei dieser Forschung verbleibst und nicht mehr Philosophie treibst; wenn du aber noch einmal bei dieser Beschäftigung ertappt wirst, mußt du sterben — wenn ihr mich also, wie gesagt, unter dieser Voraussetzung frei ließet, so würde ich euch sagen: ich habe euch, Männer von Athen, von Herzen gern und lieb, gehorchen aber werde ich mehr der Gottheit als euch, und solange ich Atem hole und Kraft habe, werde ich auf keinen Fall aufhören, Philosophie zu treiben und euch zuzurufen... ‚Du Bester der Menschen, du bist Athener, gehörst zur Stadt, die am größten und am ruhmreichsten ist in Kenntnis und Kraft, und für Geld zu sorgen, schämst du dich nicht, auf daß du möglichst viel erwirbst, auch für Ruhm und Ehre, für Einsicht aber und für Wahrheit und für deine Seele, auf daß sie möglichst gut werde, mühst du dich nicht?'"

(Nach W. Kranz, Vorsokratische Denker, 1949, S. 235f.)

Platon (427–347 v.Chr.) hat die Gedanken und Lehren seines Freundes Sokrates weitergeführt. In Athen gründete er eine Philosophenschule, die Akademie. Hier erörterte Platon mit seinen Schülern philosophische Fragen, bevor er sie in seinen Dialogen niederschrieb.

Platon, der den Niedergang der attischen Demokratie nach dem Peloponnesischen Krieg miterlebte, hielt nichts von der Gleichberechtigung aller Bürger. In seinem Hauptwerk über den Staat entwarf er das Bild eines Idealstaates, in dem Philosophen oder Staatsmänner, die der Philosophie nahe standen, die höchsten Staatsämter bekleiden sollten. Nur in einem solchen Staat könnte die von Sokrates geforderte Gerechtigkeit verwirklicht werden.

Der bedeutendste Schüler Platons war **Aristoteles** (384–322 v.Chr.). Er gründete eine Gemeinschaft von Wissenschaftlern, die systematisch alle Wissensgebiete der damaligen Zeit durchforschten. Er hinterließ zahlreiche Werke, die auch heute noch grundlegende Erkenntnisse aufzeigen.

Aus den Erkenntnissen der Philosophen zog die Wissenschaft der **Heilkunst** großen Nutzen. Bisher wurden Krankheiten als Strafen der Götter angesehen. Durch Opfer und Beschwörung suchte man die Götter zu versöhnen und dadurch die Krankheiten zu heilen. Der Arzt **Hippokrates** (ca. 460–370 v.Chr.) erkannte, daß alle Krankheiten natürliche Ursachen hatten, die durch eine vernünftige Lebensweise und die erforderlichen Heilmittel heilbar seien.

B 45 Ein Arzt operiert einen Jüngling an der Schulter. Relief aus dem 4. Jh. v.Chr.

Auf Hippokrates geht der Eid zurück, der noch heute jedem Arzt als Richtschnur gilt:

„Ich schwöre bei Apollon, dem Arzt ... und allen Göttern und Göttinnen, die ich zu Zeugen anrufe, daß ich diesen Eid und diese Niederschrift nach bestem Wissen und Können erfüllen werde.

Ich werde die Grundsätze der richtigen Lebensweise nach bestem Wissen und Können zum Heil der Kranken anwenden, dagegen nie zu ihrem Verderben und Schaden. Ich werde auch niemandem eine Arznei geben, die den Tod herbeiführt, auch nicht, wenn ich darum gebeten werde, auch nie einen Rat in dieser Richtung erteilen. Ich werde auch keiner Frau ein Mittel zur Vernichtung keimenden Lebens geben. Ich werde mein Leben und meine Kunst stets lauter und rein bewahren...

Was ich in meiner Praxis sehe oder höre oder außerhalb dieser im Verkehr mit Menschen erfahre, was niemals anderen Menschen mitgeteilt werden darf, darüber werde ich schweigen in der Überzeugung, daß man solche Dinge streng geheimhalten muß..."

(Hippokratische Schriften, Bd. IV, S. 628ff.)

Arbeitsvorschläge

1. Die griechischen Philosophen begründen ein neues Weltverständnis, indem sie die Vorgänge auf natürliche Weise erklären. Welche modernen Naturwissenschaften entwickeln sich daraus?
2. Welche Absichten verfolgt Sokrates mit seiner Philosophie? Erörtere aus dem Text und seiner Verteidigungsrede vor Gericht, wie er den Menschen zeigen wollte, zu Wahrheit und Gerechtigkeit zu gelangen!
3. Welchen Nutzen zog die Entwicklung der Heilkunst aus den Erkenntnissen von Hippokrates?
4. Warum soll der Arzt über alles, was seinen Patienten betrifft, schweigen? Welche Berufe haben eine ähnliche Schweigepflicht?

Was wäre Europa ohne die Griechen?

Die griechische Kultur wurde zur Grundlage der römischen Kultur und wurde so an das europäische Abendland weitergegeben. Im Hochmittelalter haben Philosophen wieder begonnen, die Schriften der griechischen Philosophen, besonders des Aristoteles, zu lesen und nutzbar zu machen. Sie erneuerten die Gedanken der griechischen Philosophen und machten die Formen des logischen Denkens der Griechen zur Grundlage ihrer wissenschaftlichen Arbeit. Aus diesem Denken entwickelten sich auch die modernen Naturwissenschaften.

Literatur, Kunst und Architektur griffen auf antike Vorbilder zurück. Ganze Epochen — die Epoche der Renaissance und des Humanismus im 15./16. Jh. und des Klassizismus und der Klassik im 18./19. Jh. — legen ein ganz besonders beredtes Zeugnis vom Fortwirken der griechischen Kultur ab.

B 46 Walhalla, die Ruhmeshalle mit den Büsten berühmter Deutscher. Sie wurde vom bayerischen König Ludwig I. erbaut (1830–1842).

B 47 Die Propyläen auf dem Königsplatz in München. Ölgemälde von ihrem Architekten Leo Klenze

Arbeitsvorschläge
1. Vergleiche die Propyläen auf dem Königsplatz und die Walhalla mit den Bauten der Akropolis (B 33) auf S. 66!
2. Nenne Bauten oder Statuen in der Nähe deines Heimatortes, die nach griechischen Vorbildern errichtet sind!

Das Zeitalter des Hellenismus

Makedonien erringt die Vorherrschaft in Griechenland

Bürgerkrieg um die Vorherrschaft in Griechenland

Mißtrauisch beobachtete Sparta die wachsende Macht Athens. Schon während der Perserkriege kam es wiederholt zu Kämpfen zwischen Sparta und Athen. Schließlich führte ein Streit zwischen Athen und Korinth, das seine wirtschaftliche Stellung durch den attischen Seebund bedroht sah, zum großen **Peloponnesischen Krieg** (431–404 v.Chr.), in dem Sparta und Athen um die Vorherrschaft (Hegemonie) in Griechenland rangen.

Angesichts des überlegenen spartanischen Landheeres beschloß Perikles, nur die Festung Athen mit ihrem Hafen Piräus zu verteidigen. Die Landbevölkerung Attikas wurde innerhalb der langen Mauern untergebracht. Die Flotte Athens sollte währenddessen die Küsten und offenen Städte der Peloponnes verwüsten, bis Sparta zum Nachgeben bereit war (Ermattungskrieg). Dieser Plan hätte wohl Erfolg haben können. Da brach im zweiten Kriegsjahr die Pest in Athen aus. Etwa ein Viertel der zusammengepferchten Menschen starb; auch Perikles erlag der Seuche (429 v.Chr.).

Nach einem wechselvollen Krieg schloß Sparta 411 v.Chr. ein Bündnis mit den Persern, dem ehemaligen gemeinsamen Feind der Griechen. Mit persischen Geldern wurde eine Flotte gebaut, welche die athenische Flotte vernichtete. Zu Wasser und zu Land eingeschlossen und von jeder Lebensmittelzufuhr abgeschnitten, mußte sich die ausgehungerte Stadt ergeben (404 v.Chr.). Die Friedensbedingungen waren hart. Athen mußte seine Befestigungen niederreißen, den Attischen Seebund auflösen und seine Flotte bis auf zwölf Schiffe ausliefern.

Sparta konnte die Vorherrschaft in Griechenland aber nicht lange behaupten. Bereits 371 v.Chr. unterlag das spartanische Heer dem thebanischen Feldherrn *Epaminondas* in der Schlacht bei Leuktra. Der Peloponnesische Bund löste sich auf. Ständig kämpften fortan die schwächeren Staaten gegen die stärkste Macht.

Arbeitsvorschlag
Welche Strategie verfolgt Perikles im Peloponnesischen Krieg, und warum scheitert sie?

Der Aufstieg Makedoniens

Nördlich von Thessalien siedelte der nordgriechische Stamm der Makedonen, ein Volk von Bauern, Hirten und adeligen Großgrundbesitzern. Wie in der Wanderungszeit wurde er noch von Königen regiert. Wegen ihrer kulturellen Rückständigkeit wurden die Makedonen von den Hellenen als „Barbaren" angesehen. Sie durften daher nicht an den Olympischen Spielen teilnehmen. Nur die Königsfamilie galt als ebenbürtig.

Als im Jahre 359 v.Chr. der 23jährige *Philipp II.* auf den Thron kam, schuf er in knapp zwei Jahrzehnten eine bedeutende Großmacht. Er stützte sich auf ein schlagkräftiges Heer. Neben die adlige Reiterei stellte er ein schwerbewaffnetes Fußvolk; als Hauptwaffe erhielt es eine fünf Meter lange Lanze.

Geschickt nutzte Philipp II. die ständigen Streitigkeiten der griechischen Stadtstaaten aus, um die Vorherrschaft in Griechenland zu gewinnen. Bei Chaeronea siegte er über die verbündeten Athener und Thebaner (338 v.Chr.).

Philipp verzichtete darauf, die griechischen Stadtstaaten in sein makedonisches Reich einzugliedern. Er schloß aber bis auf Sparta alle griechischen Staaten zum **Korinthischen Bund** zusammen. Als Oberbefehlshaber dieses Bundes fühlte sich Philipp stark genug, um einen Rachefeldzug gegen die Perser zu führen. Schon war ein Teil des Heeres nach Kleinasien aufgebrochen, da wurde er von einem Leibwächter aus persönlichen Gründen ermordet (336 v.Chr.).

Nachfolger wurde sein 20jähriger Sohn Alexander (336–323 v.Chr.). Sein Vater hatte ihn aufs sorgfältigste erziehen lassen. Drei Jahre war auch der Philosoph Aristoteles sein Lehrer. Griechische Wissenschaft und Dichtung waren ihm daher vertraut. Die Helden, die Homer in der Ilias im Kampf um Troja schilderte, betrachtete er als seine Vorbilder. Ehrgeizig und voller Tatendurst ging er sofort daran, die Pläne seines Vaters zu verwirklichen.

Alexander erobert das Perserreich

B 48   Die Alexanderschlacht. Mosaik aus einem Haus in Pompeji. In der Mitte Darius auf der Flucht vor Alexander dem Großen (links), der mit gezücktem Speer einen Leibwächter des Darius durchbohrt.

Im Frühjahr 334 v.Chr. setzte Alexander mit 30 000 Fußsoldaten (darunter 7 000 Griechen) und 5 000 Reitern über den Hellespont. Sein Sieg am Fluß Granikos brachte Kleinasien in seinen Besitz.

Bei Issos kam es zur ersten großen Schlacht mit dem Perserkönig Darius III. (333 v.Chr.). Mit einem überraschenden Reiterangriff entschied Alexander die Schlacht zu seinen Gunsten. Darius floh; sein Feldlager mit seiner Familie fiel in die Hand des Siegers.

Alexander folgte dem geschlagenen Perserkönig nicht, sondern marschierte mit seinem Heer nach Süden, um die Stützpunkte der persischen Flotte an der Ostküste des Mittelmeeres zu erobern. Am längsten hielt sich die Stadt Tyros, die sich erst nach sieben Monaten harten Widerstands ergab. 332 v.Chr. erreichte er Ägypten, wo er als Befreier der persischen Herrschaft begrüßt und zum Pharao gekrönt wurde. An der westlichen Nilmündung ließ er als Flottenstützpunkt die Stadt Alexandria anlegen. Bei einem Besuch der Orakelstätte des Gottes Amon in der Oase Siwa begrüßten ihn die Priester als Sohn des Amon. Seitdem wurde Alexander in Ägypten als Gott verehrt, was den Makedonen bisher fremd war.

Von Ägypten zog Alexander über Syrien an den Euphrat und Tigris, wo sich ihm bei Gaugamela Darius mit einem neu aufgestellten Heer entgegenstellte. Wieder siegte Alexander. Die Residenzstädte Babylon, Susa und Persepolis öffneten ihm widerstandslos ihre Tore. Unermeßliche Schätze an Gold, Silber und Edelsteinen fielen in seine Hände. Den Königspalast von Persepolis ließ er zur Sühne für die Verwüstung Athens im Perserkrieg niederbrennen.

Dann folgte Alexander dem flüchtigen Darius. Doch kurz bevor er ihn erreichte, wurde dieser von einem persischen Satrapen ermordet. Den Mörder ließ Alexander hinrichten, die Leiche des Darius aber nach Persepolis bringen und dort mit königlichen Ehren bestatten.

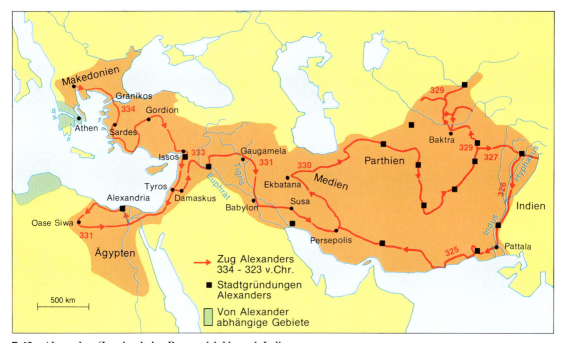

B 49   Alexanders Zug durch das Perserreich bis nach Indien
1. Verfolge den Verlauf des Alexanderzuges! 2. Suche die angegebenen Schlachtorte auf! 3. Versuche mit Hilfe des angegebenen Maßstabs die Entfernungen auszurechnen, die Alexander während seiner Feldzüge zurücklegte!

Der Zug nach Indien. Der junge König gab sich mit der Eroberung des riesigen Perserreiches nicht zufrieden. Er wollte auch das unbekannte Wunderland Indien gewinnen, von dessen märchenhaftem Reichtum man viel erzählte. Mit einem großen Heer überschritt Alexander den Indus (327 v.Chr.), besiegte König Poros und setzte ihn als königlichen Statthalter ein.

Als Alexander weiter über den Ganges ziehen wollte, weigerte sich sein Heer, ihm zu folgen.

Alexander versuchte seine Soldaten umzustimmen, aber einer der hohen Offiziere trat vor den Feldherrn und erklärte: „Je mehr und je größere Taten von dir als unserem Führer und von denen, die zusammen mit dir aus der Heimat ausgezogen sind, vollbracht worden sind, um so mehr scheint es mir geboten zu sein, den Strapazen und Gefahren ein Ende zu machen! Du siehst ja selber, wie viele Makedonen und Griechen zusammen mit dir ausgezogen und wie wenige von uns noch übrig sind. Wenige von vielen sind noch da, aber die sind in körperlicher Hinsicht durchaus nicht mehr voller Kraft wie einst, und in seelischer Hinsicht sind sie noch viel mehr vor der Zeit alt geworden. Und alle diese haben Heimweh nach ihren Eltern, wenn sie noch welche haben, und Heimweh nach Frau und Kinder, ja Heimweh nach der Heimaterde selber! ... Du darfst sie jetzt nicht gegen ihren Willen weiterführen! ..."
(Arrian, Anabasis 27,1)

Alexander mußte nachgeben. Ein Teil seines Heeres kehrte auf neu erbauten Schiffen nach Mesopotamien zurück. Er selbst führte den anderen Teil durch die wasserlosen Sand- und Steinwüsten des südlichen Iran. Mehr als die Hälfte der Armee ging dabei zugrunde. 324 v.Chr. traf Alexander wieder in Susa ein.

Alexander als Herrscher

Alexanders Ziel war der Aufbau eines Weltreiches, in dem Perser und Makedonen gleichberechtigt sein sollten. Er selbst vermählte sich mit einer Tochter des Darius und gab über 10 000 Soldaten und Beamten eine zusätzliche Mitgift, wenn sie eine Perserin zur Frau nahmen. Er übernahm die persische Reichsverwaltung (Einteilung in Satrapien) und gab Persern hohe Ämter und Ehrenstellungen. Für das ganze Reich führte er eine einheitliche Währung ein.

Als Nachfolger der persischen Könige beanspruchte Alexander die Macht eines absoluten Herrschers. Er legte sich die prunkvolle persische Königstracht an und führte das persische

Hofzeremoniell ein. Die Asiaten durften sich ihm nur kniefällig nähern. Im Gegensatz zu den persischen Königen erhob Alexander auch Anspruch auf göttliche Verehrung.

Mit diesen Maßnahmen stieß Alexander auf den Widerstand der Makedonen. Verbittert über die Gleichstellung der besiegten Perser wehrten sie sich auch gegen sein Auftreten als Herrscher. Meutereien der Makedonen wurden jedoch unterdrückt.

Alexanders letzte Pläne und Tod. Neue Hauptstadt sollte Babylon werden. Dorthin begab sich Alexander zu Beginn des Jahres 323 v.Chr. Neue Pläne beschäftigten seinen ruhelosen Geist. Arabien sollte umsegelt und die westlichen Mittelmeerländer erobert werden. Doch von diesen Plänen konnte er nichts mehr verwirklichen. Er erkrankte plötzlich und starb, erst 33 Jahre alt, wahrscheinlich an Malariafieber. Sein einbalsamierter Leichnam wurde in einem goldenen Sarkophag in Alexandria beigesetzt.

Arbeitsvorschläge
1. Welche Maßnahmen ergreift Alexander, um seine Idee eines alle Völker umfassenden Weltreiches zu verwirklichen?
2. Wie beurteilen die Makedonen die Politik ihres Königs?
3. Spätere Geschichtsforscher gaben Alexander den Beinamen ‚der Große‘. Was hältst du davon?

B 50 Münzbildnis Alexander des Großen. Alexanders Kopf mit den Widderhörnern zeigt ihn als Sohn des Gottes Amon, der in Ägypten als Widder verehrt wurde.

Die Nachfolgestaaten des Alexanderreiches

Nach dem Tod Alexanders lag die Macht in den Händen seiner Feldherrn. Keiner gönnte dem anderen die Alleinherrschaft, und es scheiterten auch alle Versuche, das Erbe Alexanders ungeteilt seinem nachgeborenen Sohn zu erhalten. In den erbitterten Kämpfen ging die gesamte Familie Alexanders zugrunde. Schließlich teilten die Feldherrn, die sich als Nachfolger (Diadochen*) fühlten, das Weltreich unter sich auf; es entstanden drei selbständige Königreiche.

Ägypten unter der Herrschaft der Ptolemäer (Nachkommen des Generals Ptolemäus);

Das **Seleukidenreich**, so genannt nach dem Reichsgründer Seleukos.

Makedonien unter den Antigoniden (Nachkommen des Antigonos).

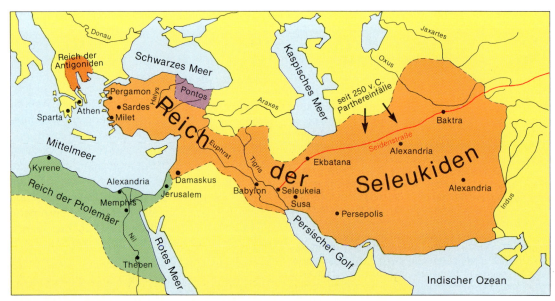

B 51   Die Reiche der Diadochen

Der Hellenismus

Alexanders Weltreich zerfiel. Von weltgeschichtlicher Bedeutung aber blieb, daß er durch seine Eroberungen den Griechen neue Kolonisationsgebiete im Osten und in Ägypten eröffnete. In der Zeit Alexanders und der Diadochen verließen weit mehr Griechen ihre Heimat als in den zwei Jahrhunderten der großen griechischen Kolonisation. 70 Städte soll allein schon Alexander gegründet haben.

In ihre neue Heimat trugen die Griechen ihre Lebensart, ihre Kunst und Wissenschaft, die vor allem die Oberschicht der einheimischen Bevölkerung beeinflußte. Das attische Griechisch, die Koine, wurde Weltsprache. Alle bedeutenden Bücher jener Zeit wurden in dieser Sprache geschrieben. Damals übersetzten jüdische Schriftgelehrte auch das Alte Testament ins Griechische.

Den Zeitabschnitt, in dem sich die griechische Kultur bei den vielen Völkern des östlichen Mittelmeerraumes und des Orients ausbreitete, bezeichnen die Historiker als **hellenistisches Zeitalter** gegeben. Die Diadochenreiche wurden später von Römern erobert. Die überlegene griechische Kultur setzte sich aber auch in ihrem Reich durch.

Arbeitsvorschlag

Welche Sprache hat heute eine ähnliche Bedeutung wie die griechische Sprache im Alexanderreich?

B 52 Rekonstruktion des etwa 110 m hohen Leuchtturms von Alexandria, dessen Feuer, durch Spiegel verstärkt, auf 50 km noch sichtbar war. Durch ein Erdbeben wurde er Anfang des 14. Jh. zerstört.

Hellenistische Stadtkultur: Alexandria. Der auf Befehl Alexanders des Großen errichtete Flottenstützpunkt Alexandria entwickelte sich schnell zum größten **Handelsplatz** des östlichen Mittelmeeres.

Die Grundfläche der Stadt erinnert in ihrer Form an einen Mantel, dessen Längsseiten vom Meere umspült werden... Sie besitzt sehr schöne öffentliche Bezirke und den Bezirk der Königspaläste, die ein Viertel oder gar ein Drittel des Stadtumfangs ausmachen... Zum Palastviertel gehört auch das sogenannte „Grab", ein abgeschlossener Bezirk, in dem sich neben den Grüften der Könige auch die Gruft Alexanders befindet... Am großen Hafen, zur Rechten der Einfahrt, liegt die Insel Pharos mit dem Leuchtturm. Um den Hafen liegen auch der Marktplatz und das Kaufmannsviertel... Der Wohlstand der Stadt ist vor allem darin begründet, daß von ganz Ägypten allein dieser Platz zu beidem geschaffen ist, zum Seehandel, wegen der guten Hafenverhältnisse, und zum Binnenhandel, da der Strom wie ein bequemer Fährmann alles transportiert und an einem Platz zusammenfährt, der der größte Handelsplatz der Welt ist.

(Strabon 17,1ff.)

An großzügig angelegten Straßen standen die mit Wasserleitungen und Badeanlagen versehenen Häuser der Reichen. Die Masse der Bevölkerung wohnte in engen Vierteln mit mehrstöckigen Mietskasernen. Es war ein buntes Völkergemisch aus Ägyptern, Syrern, Arabern, Persern und Negern. Makedonen und Griechen bildeten eine dünne Oberschicht.

Nach Alexandria verlagerte sich auch der **Schwerpunkt der hellenistischen Kultur**. Ihre Hauptpflegestätte war das vom ersten Ptolemäerkönig errichtete Museion, eine große Universität, an der vom König bezahlte Gelehrte forschten und lehrten. Der Mathematiker *Euklid* schrieb ein Lehrbuch über die Geometrie ebener Flächen. Der Geograph *Eratosthenes* berechnete den Umfang der Erde mit erstaunlicher Genauigkeit. Der Astronom *Aristarch* erkannte bereits, daß die Erde um die Sonne kreise. Ärzte sezierten Leichen, um den Körperbau zu erforschen. Sie gewannen damals bedeutende Kenntnisse über die Funktionen des Hirns, des Nervensystems, über Herz und Kreislauf und führten schwierige Operationen durch. Zum Museion gehörte eine riesige Bibliothek. Sie besaß mehr als 700000 Papyrusrollen, in denen alle griechischen literarischen und wissenschaftlichen Werke gesammelt waren.

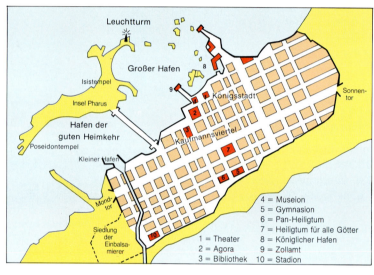

B 53 Stadtplan von Alexandria.
Eine 36 m breite Geschäftsstraße führte vom Mondtor zum Sonnentor. Die übrigen Straßen verliefen entweder parallel zur Hauptstraße oder kreuzten sie im rechten Winkel.

Suche die angegebenen Anlagen und Bauten im Stadtplan auf!

Der von Philipp von Makedonien geplante Rachefeldzug gegen die Perser wird von seinem Sohn Alexander verwirklicht. In weniger als zehn Jahren erobert Alexander das riesige Perserreich. Um den Fortbestand seines Weltreiches zu sichern, sollen Makedonen, Griechen und Perser gleichberechtigt nebeneinander leben. Nach Alexanders frühem Tod zerbricht das Alexanderreich in drei Königreiche: Ägypten, das Seleukidenreich und Makedonien.

In die Diadochenreiche tragen die Griechen ihre Lebensweise, Kunst und Wissenschaft; die griechische Sprache wird zur Weltsprache. Aus der Berührung der Griechen mit der orientalischen Kultur entsteht im östlichen Mittelmeerraum und im Orient eine Kultur griechischer Prägung, die hellenistische Weltkultur.

Neue Begriffe: Hegemonie* — Diadochen — Koine — Museion — Hellenismus

Das Weltreich der Römer

Aus der Frühzeit der römischen Geschichte

Italien und seine Völker

Indoeuropäische Völker, die in Griechenland die dorische Wanderung auslösten, drangen seit dem 12. Jh. v.Chr. in mehreren Wellen in Italien ein. Der Stamm der Latiner besetzte das Tibertal und die Küstenebenen, Umbrer, Sabiner, Sabeller u.a. den Apennin bis zu dessen südlichsten Ausläufern.

Die fruchtbaren Küstenebenen Süditaliens besiedelten Griechen, das Gebiet nördlich des Tibers die Etrusker; deren Herkunft ist bis heute umstritten. Sie besaßen bereits eine hoch entwickelte Stadtkultur. Ähnlich wie die Griechen waren sie in selbständige Stadtstaaten aufgespalten, die von Königen beherrscht wurden.

Um 400 v.Chr. verdrängten die Gallier (Kelten) die Etrusker aus der Poebene. Deshalb hieß dieses Gebiet im Altertum ‚Gallien diesseits der Alpen' (Gallia Cisalpina) im Gegensatz zu ‚Gallien jenseits der Alpen' (Gallia Transalpina).

Arbeitsvorschlag

Nenne die Völkerschaften, die seit dem 12. Jh. v.Chr. in Italien einwanderten und suche auf der Karte ihre Siedlungsgebiete auf!

Die Anfänge Roms – Wirklichkeit und Sage

Auf den sieben Hügeln oberhalb der Tibermündung ließen sich seit dem 10. Jh. v.Chr. latinische und sabinische Bauern und Hirten nieder. Die Stelle war geschickt ausgewählt. Die von einer sumpfigen Niederung umgebenen Hügel ließen sich leicht verteidigen. Der Ort eignete sich auch als Handelsplatz, weil hier eine Handelsstraße über den Tiber führte, auf der das am Meer gewonnene Salz ins Landesinnere transportiert wurde. Von dieser Stelle ab war der Tiber schiffbar.

Als um 600 v.Chr. die Etrusker von Norden her in dieses Gebiet eindrangen, schlossen sie die Siedlungen auf den sieben Hügeln zu einer Stadt zusammen. Ihren Namen Rom erhielt sie wahrscheinlich von dem etruskischen Adelsgeschlecht der *Rumilier*. Unter etruskischen Königen, die etwa hundert Jahre die Stadt beherrschten, wurde die sumpfige Niederung zwischen den beiden Hügeln Palatin und Capitol durch einen großen überwölbten Abzugskanal

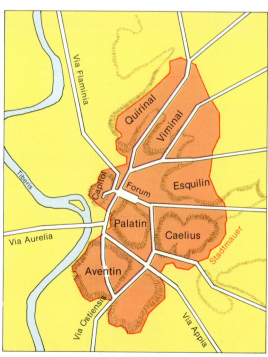

B 1 Die Völker Italiens im 4. Jh. v.Chr.

B 2 Rom, die Sieben-Hügel-Stadt
Die Mauern zeigen das Stadtgebiet im 4. Jh. v.Chr.

entwässert und hier ein Marktplatz, lat. Forum, angelegt. Der capitolinische Hügel wurde gleichzeitig zum Burgberg umgestaltet.

Die Sage von der Gründung Roms. Aus dem brennenden Troja rettete sich Äneas mit einigen Gefährten. Nach langen Irrfahrten landete sein Schiff in Latium, wo er die Stadt Alba Longa erbaute und ein Königtum gründete. Später brach unter König *Numitor* ein Erbfolgestreit aus, als seine Tochter *Rhea Silvia* die Zwillinge *Romulus* und *Remus* gebar, deren Vater der Kriegsgott *Mars* war. Jetzt vertrieb der herrschsüchtige Bruder des Numitor den König und ließ die Zwillinge in einem Holztrog auf dem Tiber aussetzen. Doch sie ertranken nicht, sondern wurden an Land getrieben. Eine Wölfin hörte das Wimmern der Säuglinge. Sie nährte die beiden, bis ein Hirte die Knaben fand und aufzog.

Als die Zwillinge erwachsen waren, wollten sie an der Stelle, an der sie an Land gespült worden waren, eine Stadt gründen. Darüber gerieten sie in Streit. Romulus hatte um das Gebiet der künftigen Stadt mit einem von einer Kuh und einem Stier (Symbole der Fruchtbarkeit und Abwehr) bespannten Pflug eine Furche gezogen. Die Furche bezeichnete den Verlauf des Grabens, die aufgeworfenen Erdschollen sollten Wall und Stadtmauer andeuten. Als Remus über die aufgeworfenen Erdschollen spottend hinübersprang, erschlug ihn Romulus mit den Worten: „So soll es jedem ergehen, der künftig meine Mauern überspringt."

Der Sage nach ereignete sich dies 753 v.Chr. Mit diesem Jahr begann die römische Zeitrechnung. Romulus soll der erste König der Siedlung gewesen sein, die nach ihm ihren Namen erhielt, **Rom**.

Der Raub der Sabinerinnen. Der Zusammenschluß der latinischen und sabinischen Ansiedler spiegelt sich in der Sage vom Raub der Sabinerinnen wider: Romulus hatte für alle Flüchtlinge und Heimatlosen eine Freistätte geschaffen, um Bewohner in die Stadt zu ziehen. Es fehlte daher an Frauen. Während eines Festes ließ Romulus die Töchter der eingeladenen Sabiner entführen. Darauf zogen die Sabiner bewaffnet gegen Rom, aber ihre Töchter waren inzwischen die Frauen der Römer geworden und erreichten durch Bitten die Versöhnung.

B 3 Römische Wölfin (sog. Kapitolinische Wölfin, das Wahrzeichen Roms). Lebensgroßes etruskisches Bronzewerk um 500 v.Chr.; die beiden Knaben sind Zutaten der Renaissancezeit.

Als sich zu Beginn des 5. Jh. v.Chr. latinische Stämme gegen die etruskische Fremdherrschaft erhoben, wurde auch in Rom der etruskische König vertrieben. Seitdem war Rom eine **Republik**. Die Römer nannten sie ‚*res publica Romana*'. Damit wollten sie zum Ausdruck bringen, daß von nun an die Politik nicht mehr die Sache eines einzelnen, sondern die Sache des römischen Volkes sei.

Arbeitsvorschläge

1. Welche Motive haben die Römer, wenn sie den griechischen Helden Äneas als ihren Ahnherren betrachten und Romulus als Sohn des Kriegsgottes Mars ansehen?
2. Was weißt du über die Gründung deines Heimatortes?

Gesellschaft und Verfassung der römischen Republik

Patrizier und Plebejer

Die junge Republik war ein Bauernstaat, in dem zunächst allein die Adelsfamilien herrschten, die über großen Grundbesitz verfügten. Stolz auf ihre angesehenen Väter (lat. *patres*) nannten sie sich **Patrizier**.

Unter den adeligen Familien standen die große Masse der Bauern sowie die wenigen Handwerker und Händler in der Stadt. Sie waren die **Plebejer** (von lat. *plebs* = Volksmenge). Obwohl sie nach dem Übergang zur Hoplitenphalanx den gleichen Wehrdienst leisteten wie die Patrizier, waren sie so wenig angesehen, daß Heiraten zwischen Patriziern und Plebejern verboten waren.

Im Laufe der Zeit begaben sich die meisten Plebejer in den Schutz eines Patriziers. Sie wurden Klienten (Schützlinge). Der Herr (*patronus*) sorgte für sie in Notzeiten und vertrat sie vor Gericht. Dafür mußten die Klienten ihren Herrn in der Öffentlichkeit als Gefolge begleiten und in der Volksversammlung in seinem Sinne stimmen. Von der Zahl seiner Klienten hing das Ansehen eines Patriziers ab.

Die Zeit der Ständekämpfe

Fast jedes Jahr mußten die Plebejer an einem Feldzug teilnehmen. Sie konnten deshalb ihre Felder nicht bestellen und verarmten. Viele gerieten in Schuldknechtschaft, ähnlich wie die Bauern in Athen. Sie mußten dann als Knechte auf dem Hof ihres neuen Herrn arbeiten oder konnten sogar als Sklaven verkauft werden. Für die Kleinbauern war es auch unmöglich, ihren Besitz zu vergrößern, denn das im Krieg eroberte Land wurde nur unter den Patriziern aufgeteilt. Die Plebejer gingen leer aus, obwohl sie bei ihren zahlreichen Kindern Neuland am dringendsten benötigt hätten.

Am wenigsten fanden sich die reichen Plebejer mit der politischen Rechtlosigkeit ab. Sie verlangten daher ein Mitspracherecht bei den politischen Entscheidungen und die rechtliche Gleichstellung mit den Patriziern. Als ihre Forderungen immer wieder abgelehnt wurden, zogen die Plebejer mit Weib und Kind auf einen nahe gelegenen Berg. Sie drohten, dort eine eigene Stadt zu gründen. Da die Plebejer wirtschaftlich und im Kriegsfall für Rom unentbehrlich waren, mußten die Patrizier Zugeständnisse machen.

Die Plebejer erhielten das Recht, eigene Versammlungen abzuhalten, und durften als ihre Wortführer Volkstribunen wählen. Um sie vor patrizischen Amtsinhabern zu schützen, wurden sie für sakrosankt (unantastbar) erklärt. Zuerst waren es vier Volkstribunen, später zehn, die künftig die Plebejer vor jeder ungerechten Amtshandlung eines Beamten durch ihr **Veto** (lat. ich verbiete) schützten. Sie sorgten auch dafür, daß von dem eroberten Land Teile an die Plebejer verteilt wurden.

In den folgenden Jahren erlangten die Plebejer weitere Zugeständnisse.

Um 450 v.Chr. wurde das bisher nur mündlich überlieferte Gewohnheitsrecht aufgezeichnet. Auf zwölf Bronzetafeln („**Zwölftafelgesetz**") geschrieben, standen von nun an die Grundsätze der Rechtsprechung auf dem Forum. Sie galten in gleicher Weise für Patrizier und Plebejer.

445 v.Chr. wurde das Eheverbot zwischen Patriziern und Plebejern aufgehoben. In den folgenden Jahrzehnten erreichten die Plebejer auch die Zulassung zu den Staatsämtern; 366 v.Chr. wurde der erste Plebejer zum Konsul gewählt.

287 v.Chr. Beschlüsse der Versammlung der Plebejer erhielten Gesetzeskraft.

Rom ist jedoch nie ein demokratischer Staat geworden. Alle Staatsämter blieben ehrenamtlich, d.h. ohne Bezahlung. Nur reiche Bürger konnten sich daher um ein Amt bewerben. Es bildete sich eine neue politisch führende Oberschicht, die **Nobilität** (lat. *nobilis* = vornehm) heraus. Ihr gehörten neben den Patriziern auch diejenigen reichen plebejischen Familien an, denen es gelang, Zugang zu den hohen Staatsämtern zu erringen.

Über den Anlaß des Ständekampfes berichtet der römische Geschichtsschreiber Livius:

„Der Streit (zwischen Plebejern und Adel) währte schon lange; aber durch das elende Schicksal eines einzelnen kam er zum Ausbruch. Ein sehr alter Mann, dem man seinen Jammer ansah, lief auf den Markt: seine Kleidung starrte vor Schmutz, und sein Körper war blaß, abgezehrt und verfallen ... Man sagte, er sei lange Hauptmann gewesen ... Nun wurde er gefragt, warum er denn so heruntergekommen aussehe.

Da erzählte er es den Leuten, die ihn wie eine richtige Volksversammlung umstellten: Während er im Sabinerkrieg mitkämpfte, verlor er durch Plünderung seine Ernte. Sein Hof brannte ab, seine Felder wurden verwüstet und die Viehherden fortgetrieben. Dann war noch zu dieser ungünstigen Zeit der Tribut fällig, und er mußte Schulden machen. Diese wuchsen durch die Zinsen immer mehr. Sie verschlangen ... sein Vermögen ... Er wurde dem Gläubiger zu eigen gegeben, nicht als Sklave, sondern ins Gefängnis und zur Folterung. Dann zeigte er der Menge seinen Rücken, der von den frischen Striemen der Prügel schrecklich zugerichtet war. Bei diesem Anblick und nach diesem Bericht entstand allgemeine Unruhe." (Livius II, 23)

Über die Verhandlungen der Patrizier mit den rebellierenden Plebejern:

„Die einzige Hoffnung, die ihnen noch blieb, lag in der Einigkeit der Bürger. Diese müsse man dem Staat um jeden Preis wieder schaffen. Man beschloß also, den Agrippa Menenius als Sprecher zum Volk zu schicken. Er verstand es zu reden und war bei den Bürgern, aus denen er selbst stammte, sehr beliebt. Er wurde ins Lager gelassen und soll in jener alten, einfachen Art nur folgendes erzählt haben:

,Die Glieder im menschlichen Körper waren empört darüber, daß sie alle für den Magen arbeiten mußten, der selbst nichts weiter tue, als alles ruhig zu genießen, was ihm zugeführt wurde. So machten sie ab, die Hände sollten keine Speise zum Mund führen, der Mund das Essen nicht annehmen, die Zähne es nicht zermalmen. Da aber mußten sie erkennen, daß der ganze Körper mit allen Gliedern verfiel, als sie gedachten, den Magen durch Hunger zu zwingen. Da verstanden sie, daß auch der Magen nicht untätig sei, sondern durch die Verdauung auch sie ernähre.'

Durch den Vergleich der inneren Revolte im Körper mit der Stimmung der Bürgen gegen die Väter soll er die Menge umgestimmt haben."

Sie kehrte zurück. (Livius II, 32)

Arbeitsvorschläge

1. Welche Ursachen führen zum Kampf zwischen Patriziern und Plebejern, zum sog. Ständekampf?
2. Welche Einsicht bewegt die Plebejer, ihren Aufstand abzubrechen?
3. Überprüfe anhand des Textes, ob die Plebejer im Verlauf der Ständekämpfe die volle politische Gleichberechtigung erreicht haben!

B 4 Nachbildung einer Tafel mit Vorschriften aus dem römischen Zwölftafelgesetz

Die ersten vier Zeilen bedeuten: Wenn (ein Kläger einen Beklagten) vor Gericht ruft, muß der Beklagte erscheinen. Wenn er nicht kommt, muß er zur Zeugnisablage aufgefordert werden. Dann soll (der Kläger) ihn ergreifen. Wenn (der Beklagte) Ausreden hat oder fliehen will, soll (der Kläger) ihn festnehmen ...

Die Verfassung der Republik

Nach Abschluß der Ständekämpfe lag die staatliche Gewalt bei den Beamten (Magistrate), dem Senat und der Volksversammlung.

Die Magistrate. Die höchsten Beamten waren zwei **Konsuln**. Sie leiteten die Staatsgeschäfte und hatten im Kriegsfall den Oberbefehl über das Heer. Waren die Konsuln in Rom, so lösten sie sich monatlich in der Führung der Staatsgeschäfte ab. Doch konnte der nicht amtierende Konsul gegen die Anordnung eines Kollegen Einspruch erheben. Wenn sie als Feldherren gemeinsam in den Krieg zogen, wechselte der Oberbefehl täglich.

In ihrer Amtsführung wurden die Konsuln von mehreren Beamten unterstützt. **Prätoren** überwachten die Rechtsprechung, **Quästoren** verwalteten die römische Staatskasse, **Ädilen** sorgten für die Sicherheit der Stadt Rom und prüften auf dem Markt Preise und Gewichte, **Zensoren** führten die Bürgerlisten und setzten alle fünf Jahre die Steuern fest. Die Amtszeit aller Beamten mit Ausnahme der Zensoren war auf ein Jahr beschränkt. Auch war jedes Amt mit mindestens zwei Amtsträgern besetzt.

In Zeiten besonderer Gefahr konnte ein Konsul einen **Diktator** ernennen. Ihm hatten sich alle Bürger und Beamte unterzuordnen. Die Zeit seiner Amtsführung war allerdings auf höchstens sechs Monate beschränkt.

Dem **Senat**, ursprünglich „Rat der Alten" (senex = Greis), gehörten 300 ehemalige Magistrate auf Lebenszeit an. Er überwachte die Einnahmen und Ausgaben des Staates, bereitete die Gesetze vor und beriet die Magistrate. Der Senat schloß auch Verträge mit fremden Staaten ab, vertrat also das römische Volk gegenüber dem Ausland. Von seinem Ansehen zeugt das Hoheitsabzeichen des römischen Staates auf Feldzeichen und Denkmälern: SPQR = Senatus Populusque Romanus, d.h. Senat und Volk von Rom; die Abkürzung ist bis zum heutigen Tag in Rom gebräuchlich.

Die **Volksversammlung**, die aus allen wehrfähigen Bürgern bestand, wählte die Magistrate, stimmte ab über die eingebrachten Gesetzesvorlagen und über Krieg und Frieden. Eine Aussprache gab es nicht.

In der Volksversammlung hatten die römischen Bürger kein gleiches Stimmrecht, denn es wurde nach Gruppen abgestimmt, in welche die Bürger nach ihrem Vermögen eingeteilt waren. Jede Gruppe hatte trotz verschiedener Stärke nur eine Stimme. Insgesamt gab es 193 Abstimmungsgruppen; in 98 waren die reichen Adeligen und Bürger zusammengefaßt, in den restlichen 95 die Masse der ärmeren Bürger. So hatten die wohlhabenden Bürger bei den Abstimmungen immer das Übergewicht, wenn sie sich einig waren. Neben der Volksversammlung aller Bürger gab es die **Versammlung der Plebejer**, welche die Volkstribunen und zwei Ädilen wählte.

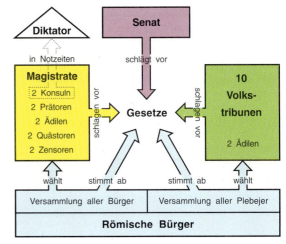

B 5 Die Verfassung nach Beendigung der Ständekämpfe

Arbeitsvorschläge
1. Berichte über die Rechte der Magistrate, des Senats und der Volksversammlung!
2. Wie wird dem Amtsmißbrauch der Beamten vorgebeugt?
3. Vergleicht die Amtszeit der römischen Magistrate mit der unserer Regierung! Diskutiert über Vor- und Nachteile einer kurzen oder längeren Amtszeit.

Seit 1000 v. Chr. besiedeln Latiner und Sabiner die sieben Hügel am Tiber. Unter etruskischen Königen werden ihre Siedlungen zu einer Stadt ausgebaut. Die Römer setzen später die Gründung der Stadt Rom auf das Jahr 753 v. Chr. fest. Nach dem Sturz der Königsherrschaft wird Rom Republik (um 500 v.Chr.). Doch leiten zunächst die großen Adelsgeschlechter allein den Staat.
In den Ständekämpfen erringen die Plebejer die Gleichberechtigung. Sie erhalten das Recht, zu Ihrem Schutz eigene Beamte, Volkstribunen, zu wählen; das bisher mündlich überlieferte Recht wird aufgezeichnet, das Eheverbot zwischen Patriziern und Plebejern aufgehoben und schließlich die Zulassung zu allen Staatsämtern eingeräumt.

Neue Begriffe: Republik*, Patrizier*, Plebejer*, Klienten, Senat*, Konsul*, Diktator*, Volkstribun*

Bedeutung von Familie und Religion für das Zusammenleben im Staat

Die altrömische Familie

Keimzelle der sozialen Ordnung war die Familie. An der Spitze stand der Hausvater (**pater familias**), der über alle Angehörigen, das Gesinde und die Sklaven die uneingeschränkte Macht besaß. Solange er lebte, waren selbst die verheirateten Söhne ihrem Vater zum Gehorsam verpflichtet. Auch ihr Besitz unterstand der väterlichen Gewalt. Erst mit dem Tod des Vaters wurden die Söhne selbst pater familias.

Die Frau nahm als Hausherrin eine geachtete Stellung ein. Sie lebte nicht so zurückgezogen wie die Griechin der klassischen Zeit. Mit Erlaubnis des Mannes konnte sie das Theater besuchen und vor Gericht auftreten. Politische Rechte hatte sie nicht.

Die Erziehung der Kinder oblag den Eltern. Die Knaben unterwies der Vater in den landwirtschaftlichen Arbeiten und im Waffengebrauch; von ihm erlernten sie auch das Nötigste im Lesen, Schreiben und Rechnen. Die Mutter unterrichtete die Mädchen in allen Hausarbeiten.

Frühzeitig wurden der Jugend Werte vermittelt, auf denen der Staat aufbaute: Achtung vor dem Willen der Götter (*religio*), Treue und Vertrauenswürdigkeit gegenüber dem Mitmenschen (*fides*), Pflichtbewußtsein im privaten, staatlichen und religiösen Leben (*pietas*), freiwillige Unterordnung unter eine überlegene Persönlichkeit (*disciplina*). Tüchtigkeit (*virtus*) und Tapferkeit (*fortitudo*) galten als erstrebenswerte Eigenschaften. Über Jahrhunderte haben die Römer diese Tugenden bewahrt. „So war es väterlicher Brauch (*mos maiorum*)", sagten sie und danach handelten sie.

Arbeitsvorschläge
1. Welche Stellung hat der Vater in der altrömischen Familie?
2. Worauf wird bei der Erziehung der römischen Kinder besonders Wert gelegt?

Die Religion

Im Gegensatz zu den Griechen, führten die Römer das Wirken in der Natur auf übernatürliche Kräfte zurück. Erst unter dem Einfluß der

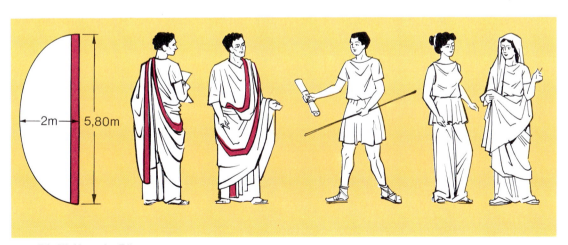

B 6 Die Kleidung der Römer
Männer und Frauen trugen zu Hause und bei der Arbeit ein hemdartiges ärmelloses Gewand, die Tunika. Außerhalb des Hauses und bei festlichen Gelegenheiten trugen die Männer darüber einen weiten weißen Überwurf, die Toga. Hohe Beamte und Senatoren waren an einem Purpurstreifen am Saum der Toga erkennbar.
Die Frau legte über die verlängerte Tunika eine Stola, einen weiten Umhang. Im Winter schützten sich die Frauen noch mit einem Überkleid, die Männer mit einem Mantel. An den Füßen trugen Männer und Frauen Sandalen, die mit Riemen befestigt waren.

B 7 Weissagung aus den Eingeweiden eines Stieres
Die Priester verkündeten je nach dem Aussehen der Eingeweide, besonders der Leber des Opfertieres, ob ein Vorhaben der Römer Glück oder Unheil bringen würde. Nur die Eingeweide und die Knochen des Opfertieres wurden auf dem Altar verbrannt. Das Fleisch wurde anschließend von den Priestern und den Opferteilnehmern verzehrt.

Etrusker und Griechen wurden diese Kräfte personifiziert: Götter erhielten Namen und bestimmte Aufgaben zugewiesen. Schließlich wurden die römischen und griechischen Götter gleichgestellt: *Jupiter* = Zeus, *Hera* = Juno, *Minerva* = Athene, *Mars* = Ares, *Neptun* = Poseidon, *Diana* = Artemis, *Venus* = Aphrodite und *Merkur* = Hermes (s.S. 47).

Zu den alten römischen Göttern gehörten auch *Janus* und die Göttin *Vesta*. Janus, ein Gott mit zwei Gesichtern, blickte in die Zukunft und in die Vergangenheit. Sein Segen wurde bei jedem Krieg angerufen, dann wurden die Tore seines Tempels geöffnet; sie wurden erst wieder geschlossen, wenn der Friede wiederhergestellt war.

Vesta war die Göttin des häuslichen Herdes und Beschützerin des Staatsherdes. In ihrem Tempel brannte ein heiliges Feuer, das von besonderen Priesterinnen, den Vestalinnen, bewacht wurde. Wenn sie es verlöschen ließen, wurden sie ausgepeitscht. Während ihrer Dienstjahre waren sie zur Keuschheit verpflichtet. Wenn sie dieses Gebot übertraten, wurden sie lebend eingemauert.

Durch gewissenhafte Erfüllung auch kleinster Vorschriften suchten die Römer die Hilfe der Götter im häuslichen Bereich und im staatlichen Leben. Vor allen wichtigen Entscheidungen befragten sie die Götter. Besondere Priester, *Auguren* genannt, deuteten aus dem Vogelflug, aus dem Freßverhalten heiliger Hühner oder aus Blitz und Donner den Willen der Götter, andere Priester aus den Eingeweiden der Opfertiere. Die Oberaufsicht über alle Religionsfragen übte ein Kollegium von Priestern (*pontifices*) aus; an ihrer Spitze stand der **pontifex maximus** (Oberpriester). Noch heute wird der Titel für den Papst gebraucht.

Die häusliche Gottesverehrung gehörte untrennbar zum Leben der Römer. Jeder Haushalt hatte seine eigenen Schutzgottheiten, *Laren* und *Penaten*. Die Laren behüteten Fluren und Wege, die Penaten wachten über die Vorratskammer. Bei jeder Mahlzeit legte der Hausherr vor ihrem Hausaltar einen Teil des Essens nieder.

Vom Stadtstaat zum Weltreich

Rom erringt die Vorherrschaft über Italien

Die junge Republik hatte schwer zu kämpfen, um die in der Königszeit gewonnene Machtstellung zu behaupten. Über zwei Jahrhunderte dauerten die Kriege gegen die Etrusker und die Stämme in Mittelitalien. 387 v.Chr. eroberten die Gallier Rom. Gegen ein hohes Lösegeld erkauften sich die Römer ihren Abzug. Auch König *Pyrrhus* von Epirus, den die griechische Handelsstadt Tarent im Streit mit Rom zu Hilfe rief, brachte den Römern schwere Niederlagen bei. Sein Heer erlitt dabei aber so große Verluste, daß er nach Griechenland zurückkehrte. Damit herrschte Rom unangefochten von der Südspitze Italiens bis zur Poebene.

In den eroberten Gebieten übte Rom seine Herrschaft in sehr verschiedener Weise aus.

Das Gebiet des **Stadtstaates Rom** wurde erheblich erweitert. Nur die Bewohner dieses Kerngebietes, das von römischen Beamten verwaltet wurde, besaßen das volle Bürgerrecht. Sie durften an der Volksversammlung teilnehmen, konnten wählen und zu Beamten gewählt werden. Die nahe gelegenen Städte in Latium gehörten ebenfalls zum römischen Bürgergebiet. Ihre Bewohner besaßen aber kein Stimmrecht in Rom. Es waren sogenannte **Halbbürgergemeinden**.

In den weiter entfernten Gebieten legten die Römer **Militärkolonien** an. Die dort angesiedelten Kolonisten waren meist Latiner. Sie erhielten aber ein neu geschaffenes Bürgerrecht, das **Latinische Recht**. Die Kolonien waren damit selbständig und besaßen eine eigene staatliche Verwaltung. Sie konnten bei feindlichen Übergriffen schnell die notwendigen militärischen Maßnahmen ergreifen. Wenn sich die Latiner zeitweilig in Rom aufhielten, konnten sie in der Volksversammlung mit abstimmen, und bei Übersiedlung nach Rom erhielten sie das volle römische Bürgerrecht.

Die übrigen Stadtstaaten und Stämme machte Rom zu **Bundesgenossen**. Sie blieben selbständig, durften aber untereinander und mit anderen Mächten keine Verträge schließen; im Falle eines Krieges mußten sie Rom die vereinbarten Truppenkontingente stellen. Römer, Latiner und Bundesgenossen bildeten fortan eine unauflösliche Wehrgemeinschaft.

Gepflasterte **Heerstraßen** verbanden Rom mit den wichtigsten Militärstützpunkten. Als erste wurde die Via Appia angelegt. Sie führte von Rom über Capua nach Tarent und Brundisium. Allmählich überzog Italien ein ganzes Netz von geradlinigen, vortrefflich ausgebauten Straßen. Im Frieden dienten sie dem Handel und Verkehr. Heute, nach über 2000 Jahren, sind ihre Linienführung und ihre Namen zum Teil noch erhalten.

Rom sicherte sich die alleinige Führung Italiens, ließ aber den Bundesgenossen Selbständigkeit und vermied es, sie zu rechtlosen Untertanen zu machen. Vielmehr strebten die Halbbürgergemeinden danach, das volle Bürgerrecht zu erhalten. Dieser weitschauenden Politik Roms ist es zu verdanken, daß die verschiedenen Völkerschaften und Stadtstaaten Italiens sich zu einer dauerhaften politischen Gemeinschaft zusammenschlossen. Zur Einigung trug auch die Verbreitung der lateinischen Sprache bei, die mehr und mehr die anderen italischen Mundarten zurückdrängte.

Arbeitsvorschläge
1. *Mit welchen Gegnern hat sich Rom in seiner frühen Geschichte auseinanderzusetzen?*
2. *Wie sichern die Römer ihre Vorherrschaft in Italien, ohne die unterworfenen Völkerschaften zu rechtlosen Untertanen zu machen?*

Der Kampf mit Karthago um die Vorherrschaft im westlichen Mittelmeer

Karthago, um 800 v.Chr. von den Phönikern gegründet, war im 6. Jh.v.Chr. die führende Seemacht im westlichen Mittelmeerraum. Zu seinem Herrschaftsbereich gehörten zahlreiche Handelsniederlassungen an den Küsten Nordafrikas, Spaniens und auf den Inseln Korsika, Sizilien und Malta.

Lange Zeit lebten die Landmacht Rom und die Seemacht Karthago friedlich nebeneinander. Verträge grenzten ihre Einflußgebiete gegeneinander ab. Das änderte sich, als Rom die unteritalischen Hafenstädte besetzte und der Stadt Messana (= Messina) auf Sizilien mit Truppen für den Kampf gegen Syrakus zu Hilfe kam. Die Karthager, die sich bereits an der Westküste Siziliens festgesetzt hatten, fühlten sich dadurch bedroht, und es kam zum offenen Krieg um den Besitz der Insel.

1. Punischer Krieg (264–241 v.Chr.). Um gegen die Seemacht Karthago bestehen zu können, beschloß Rom, eine Flotte zu bauen. Als Vorbild diente ein gestrandetes karthagisches Kriegsschiff. Mit seiner Flotte errang Rom die entscheidenden Seesiege. Karthago mußte Sizilien aufgeben und eine hohe Kriegsentschädigung zahlen. Wenig später besetzten die Römer auch Sardinien und Korsika.

2. Punischer Krieg (218–201 v.Chr.). Um sich für die verlorenen Gebiete einen Ersatz zu schaffen, eroberten die Karthager das südliche Spanien bis zum Ebro. In der Nähe ertragreicher Silbergruben gründeten sie **Neu-Karthago**, das heutige Cartagena. Die Römer beobachteten diese Erfolge mit Mißtrauen. Obwohl sie in einem Vertrag mit Karthago den Ebro als Grenze der Einflußgebiete anerkannt hatten, schlossen sie ein Bündnis mit der südlich des Stroms gelegenen Stadt Sagunt. *Hannibal,* der neue Feldherr Karthagos, betrachtete dies als einen Bruch des Vertrages und zerstörte die Stadt (219 v.Chr.). Dann überschritt er mit einem großen Heer den Ebro, um die Völker bis zu den Pyrenäen zu unterwerfen. Dies nahm Rom zum Anlaß, Karthago den Krieg zu erklären. Hannibal wollte nicht warten, bis die Römer den Krieg in Spanien eröffneten. Er faßte deshalb den verwegenen Plan, die Römer in ihrem eigenen Land anzugreifen. Er rechnete mit dem Anschluß der von Rom soeben unterworfenen Gallier Oberitaliens und mit dem Abfall der römischen Bundesgenossen.

Mit einem Heer von rund 50000 Mann zu Fuß, 9000 Reitern und einigen Kriegselefanten überwand er die unwegsamen Pyrenäen und Alpen. Die Schwierigkeiten, die sich ihm entgegenstellten, waren gewaltig, denn damals führten nur schmale Saumpfade über die Berge. Hinzu kamen Kämpfe mit den Bergvölkern und der frühe Einbruch des Winters mit Schnee, Eis und Lawinen. Als Hannibal endlich die Poebene erreichte, zählte sein Heer nur noch die Hälfte.

In der Poebene begrüßten ihn die Gallier als Befreier. Mit ihrer Hilfe drang er nach zwei siegreichen Schlachten nach Mittelitalien vor. Bei Cannae wurde das zahlenmäßig weit überlegene römische Heer vernichtend geschlagen (216 v.Chr.).

B 8 Römisches Kriegsschiff, 50 m lang, 7 m breit, die Besatzung zählte 300 Ruderer und 120 Soldaten. Da die Römer im Seekrieg zuerst wenig Erfahrung hatten, rüsteten sie die Schiffe mit Enterbrücken aus. Sobald ein feindliches Schiff nahe genug war, löste die Besatzung die haltenden Taue, die eisernen Sporen der Landungsbrücke bohrten sich in das Deck des Gegners, und über diese Brücke stürmten schwerbewaffnete römische Soldaten das Schiff, auf dem sich neben Ruderern nur wenige Soldaten befanden. Durch diese Erfindung verwandelten die Römer den ihnen ungewohnten Seekrieg in einen Landkampf.

Manche Bundesgenossen begannen nun von Rom abzufallen. Aber die mittelitalischen Städte, die die meisten Soldaten stellten, hielten treu zu Rom. Hannibal erhielt dagegen von seiner Heimatstadt keine Unterstützung.

Mit neu aufgestellten Heeren gingen die Römer in Spanien zum Gegenangriff über. Der junge römische Feldherr *Publius Cornelius Scipio* eroberte ganz Spanien. Dann nahm er Hannibals Plan auf, den Gegner im eigenen Land anzugreifen, und setzte nach Afrika über. Hannibal mußte der bedrängten Heimatstadt zu Hilfe eilen. Dort unterlag er Scipio in der Schlacht bei Zama (202 v.Chr.).

Die Friedensbedingungen waren sehr hart. Karthago mußte alle Kriegsschiffe bis auf zehn abliefern, eine hohe Kriegsentschädigung zahlen und auf Spanien verzichten. Ohne die Erlaubnis Roms durften die Karthager keinen Krieg mehr führen. Hannibal, dessen Auslieferung die Römer verlangten, floh nach Kleinasien. Als ihn auch dort die Römer verfolgten, nahm er Gift, das er immer bei sich führte. Sterbend sagte er: „So will ich die Römer von ihrer Angst be-

B 9   Porträtbüste Hannibals

freien, weil sie den Tod eines alten Mannes nicht erwarten können."

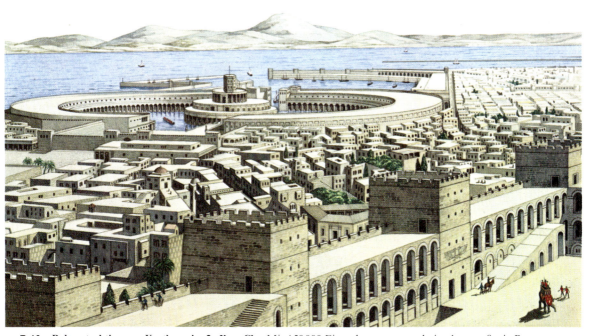

B 10   Rekonstruktion von Karthago im 2. Jh. v.Chr. Mit 150 000 Einwohnern war es dreimal so groß wie Rom.

Karthagos Untergang im 3. Punischen Krieg (149–146 v.Chr.). Besorgt beobachteten viele römische Senatoren den wirtschaftlichen Wiederaufstieg Karthagos. Sie drängten, Karthago zu zerstören; so der Senator *Cato*, der bei jeder Angelegenheit, über die er im Senat seine Meinung abzugeben hatte, den Satz hinzufügte: „Ferner stimme ich dafür, daß Karthago zerstört werden muß."

Den willkommenen Anlaß zum Krieg lieferte Karthago selbst, als es sich gegen die Übergriffe der Numider zur Wehr setzte. Der römische Senat sah in dem ohne seine Zustimmung geführten Krieg eine Verletzung des Friedensvertrages. Ein römisches Heer unter dem jungen *Scipio Ämilianus*, dem Adoptivenkel des ‚Siegers von Zama', landete in Afrika. Er verlangte von den Karthagern, ihre Stadt zu verlassen und sich 15 km landeinwärts wieder anzusiedeln. Da entschlossen sich die Karthager zum äußersten Widerstand. Drei Jahre lang widerstanden sie den Römern. Dann gelang es den römischen Truppen, vom Hafen her in die ausgehungerte Stadt einzudringen. Karthago wurde dem Erdboden gleichgemacht und die überlebenden Bewohner in die Sklaverei verkauft. Das karthagische Gebiet wurde zur Provinz Afrika gemacht.

Die Unterwerfung des hellenistischen Ostens

Seit 200 v.Chr. hatten die Römer begonnen, ihr Herrschaftsgebiet auch im Osten zu erweitern. Das Reich der Makedonen und die Griechenstaaten wurden unterworfen und ausgeplündert, Korinth dem Erdboden gleichgemacht (146 v.Chr.).

Der kinderlose König von *Pergamon* vermachte sein Reich testamentarisch den Römern. Er wollte wohl seinem Land ein ähnliches Schicksal ersparen. Rom beherrschte damit auch den östlichen Mittelmeerraum.

Seit den Punischen Kriegen schlossen die Römer mit den unterworfenen Völkern keine Bundesgenossen-Verträge mehr. Alle eroberten Gebiete außerhalb Italiens wurden zu Provinzen gemacht. Von römischen Statthaltern regiert, mußten deren Bewohner hohe Abgaben nach Rom entrichten.

Arbeitsvorschläge

1. *Stelle anhand der Karte eine Liste mit den Ländern und Inseln zusammen, die 133 v.Chr. zum römischen Weltreich gehören!*
2. *Nimm einen Atlas zur Hand und stelle fest, welche Staaten heute auf dem Boden des römischen Reiches zu finden sind!*

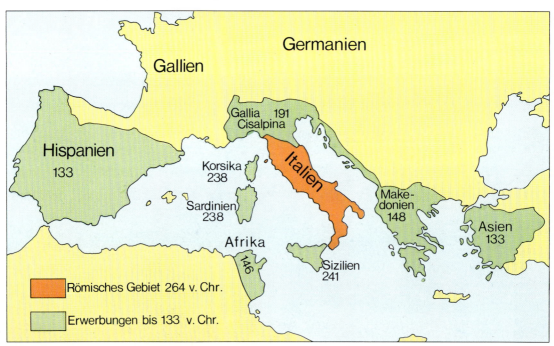

B 11   Das römische Weltreich bis 133 v.Chr.

Folgen der Weltmachtpolitik

B 12 Sklaven bei der Hausarbeit. Nachzeichnung von dem Grabmal eines reichen römischen Bürgers. Beim Familienmahl sitzen die Damen auf Korbstühlen an einem Holztisch. Die Männer liegen am Tisch; sie reichen den Frauen Trinkbecher. Links befindet sich ein Raum für Getränke, rechts eine Anrichte. In der Küche (unteres Bild) sieht man die Köche und ihre Gehilfen bei der Arbeit.

Sklaven als billige Arbeitskräfte. Während der Eroberungsfeldzüge waren Hunderttausende Sklaven nach Italien gebracht worden. Man kann annehmen, daß Ende des 1. Jh.s v.Chr. ein Drittel der Bevölkerung Italiens aus Sklaven bestand.

Nach römischem Recht galten alle Kriegsgefangenen als Eigentum des Siegers. Auf Sklavenmärkten wurden sie zum Verkauf angeboten; ein Schildchen um den Hals kennzeichnete Herkunft, Alter und Fähigkeiten. Danach richteten sich die Preise. Die Sklaven waren völlig rechtlos. Sie wurden von den Römern als Sache betrachtet, mit der man nach Gutdünken verfahren konnte. Das Schicksal des einzelnen hing davon ab, welche Tätigkeiten man ihm zuwies und welchen Charakter der Herr hatte.

Sklaven im Haus. Sie waren Türöffner, Köche, Servierer, Friseure, Gärtner, Sekretäre, Lehrer, Ärzte, Architekten, Musiker und Dichter. Sklaven aus dieser Gruppe ging es im allgemeinen recht gut. Manche waren Vertraute und Berater ihrer Herrn. Nicht selten wurde ein verdienstvoller Haussklave von seinem Herrn freigelassen. Aber erst seine Kinder waren römische Bürger und durften in der Volksversammlung abstimmen.

Sklaven im Handwerk. Sie wurden vor allen Dingen in Töpfereien, Textilwerkstätten, Waffenschmieden und im Bauwesen beschäftigt. Oft durften Sklaven selbst Werkstätten betreiben. Sie mußten dann allerdings ihrem Herrn einen Teil ihres Gewinns abführen. Häufig konnten solche selbständig arbeitenden Handwerker Geld sparen und sich damit ihre eigene Freiheit oder die ihrer Kinder erkaufen.

Die Sklaven in der **Landwirtschaft** waren dagegen häufig der Willkür der Verwalter der großen Güter ausgesetzt. Noch schlechter war die Lage der Sklaven, die in den **Bergwerken** eingesetzt waren.

Die Lage der Bergbausklaven in Spanien:
„Die Sklaven, die im Bergbau beschäftigt sind, bringen ihren Besitzern unglaubliche Einkünfte. Sie selbst aber müssen unterirdisch graben, bei Tag wie bei Nacht, viele sterben infolge der übermäßigen Anstrengung — denn Erholung oder Pausen in der Arbeit gibt es nicht; Aufseher zwingen sie mit Schlägen, die furchtbaren Leiden zu ertragen, bis sie elend ihr Leben aushauchen; nur wenige, die Körperkraft und seelische Widerstandsfähigkeit genug haben, halten durch — und verlängern damit nur ihre Qualen. Denn erstrebenswerter als das Leben wäre für sie der Tod wegen der Größe ihres Elends."
(Diodor 5, 366 ff.)

Vereinzelt versuchten die Sklaven, durch einen bewaffneten Aufstand ihre Freiheit zu erlangen. Die gefährlichste Revolte führte 73 v.Chr. zum **Sklavenkrieg**. *Spartakus*, ein entlaufener Gladiator, brachte ein Heer von 70000 Sklaven zusammen und besiegte mehrere römische Heere. Nur mühsam gelang es, den gefährlichen Aufstand niederzuschlagen. Um von weiteren Erhebungen abzuschrecken, wurden 6000 Sklaven ans Kreuz geschlagen.

Sklaven sind Menschen:
„Zu meiner Freude erfuhr ich von Leuten, die dich besucht haben, daß du freundlich mit deinen Sklaven umgehst. Das entspricht deiner Einsicht und deiner Bildung.
‚Es sind nur Sklaven.' Nein, vielmehr Menschen.
‚Es sind nur Sklaven.' Nein, vielmehr Hausgenossen.
‚Es sind nur Sklaven.' Nein, vielmehr Freunde von geringerem Rang.
‚Es sind nur Sklaven.' Nein, vielmehr Mitsklaven, wenn du bedenkst, daß das Schicksal über euch beide die gleiche Macht hat. Daher lache ich nur über die Leute, die es für eine Schande halten, zusammen mit ihrem Sklaven zu speisen ...

Anmaßend ist auch das Sprichwort, das immer wieder vorgebracht wird: ‚Soviel Sklaven, soviel Feinde!' Nein, wir haben an ihnen keine Feinde, wir machen sie erst dazu. Ich will gar nicht reden von anderen unmenschlichen Grausamkeiten, daß wir sie nicht wie Menschen, sondern wie Lasttiere behandeln."
(Seneca, Moralische Briefe 47)

Arbeitsvorschläge

1. *Daß es Sklaven gibt, erscheint den Menschen des Altertums als selbstverständlich. Lies dazu folgende Quelle:*
„Es ist klar, daß es von Natur aus freie Bürger und Sklaven gibt und daß das Dienen für die Sklaven notwendig und gerecht ist. Es herrscht der Freie über den Sklaven ..." (Aristoteles, Politik)
Kannst du dich dieser Meinung anschließen?
2. *Für die römische Wirtschaft sind Sklaven die wichtigsten Arbeitskräfte. Berichte, wie die Römer zu Sklaven kamen und wie sie sie behandelten!*
3. *Warum ist Sklaverei auch dann unmenschlich, wenn die Sklaven gut behandelt werden?*
4. *Als einmal ein Senator für alle Sklaven in Rom eine einheitliche Kleidung vorschlug, um sie sofort von freien Bürgern unterscheiden zu können, wurde der Vorschlag schnell wieder verworfen. Warum wohl?*

Eindringen griechischer Lebensart. Bei ihrem Aufenthalt in den hellenistischen Staaten hatten die Römer Gefallen an der griechischen Lebensart gefunden. Dies wurde noch gefördert durch griechische Kriegsgefangene, die als Hauslehrer, Ärzte und Künstler nach Italien kamen. Die vornehmen Römer gaben nun ihren bescheidenen Lebensstil auf und erbauten sich prunkvolle Villen. Ihre Kinder erhielten griechische Hauslehrer und studierten an den Universitäten in Athen, Alexandria und Rhodos vor allem Redekunst und Philosophie. Griechische Tragödien und Lustspiele wurden ins Lateinische übersetzt und aufgeführt.

Manche Römer, wie *Marcius Porcius Cato* († 149 v.Chr.), bekämpften den griechischen Einfluß, weil sie befürchteten, daß dadurch die altrömische Religion und die römischen Sitten zerstört würden. Aber auch sie konnten das Eindringen der griechischen Lebensart und Kultur in Rom nicht verhindern.

Eindringen von Luxus durch das asiatische Heer (186 v.Chr.):
„... das aus Asien zurückkehrende Heer hat damit begonnen, den Luxus ferner Länder in Rom heimisch zu machen. Es waren ... Soldaten, die zuerst Ruhebetten mit ehernen Füßen, kostbare Decken, Vorhänge und andere Gewebe, Konsoltische und Prunktische, die damals zum kostbarsten Hausgerät zählten, nach Rom brachten. Zu der bloßen Bewirtung von Gästen kamen jetzt hinzu Darbietungen von Zither- und Harfenspielerinnen und andere gauklerische Vorführungen zur Erheiterung der Gäste; aber auch auf die Zubereitung der Speisen begann man mehr Sorgfalt und Gelder zu verwenden. Der Koch, bei den Alten der wertloseste und unnützeste Sklave, bekam jetzt seinen Wert; was einst eine bloße Dienstleistung gewesen, galt jetzt als Kunst. Und doch war das, was damals in die Augen fiel, kaum der Keim der späteren Üppigkeit."
(Livius 39, 6, 5ff.)

Arbeitsvorschläge

1. *Welchen Einfluß übt die Begegnung mit der hellenistischen Welt auf die Lebensgewohnheiten der Römer aus?*
2. *Warum bekämpfen Männer wie Porcius Cato den griechischen Einfluß?*

Urteile über den Aufstieg Roms

Der römische Dichter Vergil:
„Du bist ein Römer, dies sei dein Beruf:
Die Welt regiere, denn du bist ihr Herr,
Dem Frieden gib Gesittung und Gesetze,
Begnad'ge, die sich dir gehorsam fügen,
Und brich in Kriegen der Rebellen Trutz."

(Vergil, Aeneis 6)

Der romanisierte (griechische) Geschichtsschreiber Diodoros:
„Die Römer errichteten ihre Weltherrschaft durch die Tapferkeit ihres Heeres und brachten sie zur größten Ausdehnung durch die überaus anständige Behandlung der Unterworfenen. Und sie blieben so sehr frei von aller Grausamkeit und Rachsucht den Unterworfenen gegenüber, daß man hätte glauben können, sie kämen zu ihnen nicht wie zu Feinden, sondern gleichsam zu Männern, die sich um sie verdient gemacht hätten, und zu Freunden. Denn während die Besiegten der härtesten Bestrafung als einstige Feinde gewärtig waren, ließen sich die Sieger an Mäßigung von keinem anderen übertreffen."
(Diodorus 32, 4, 4)

Hannibal vor seinem ersten Treffen auf italischem Boden:
„Hier Soldaten, müßt ihr siegen oder sterben ... Dieses so grausame und hochfahrende Volk (der Römer) nimmt alles in Besitz und unterwirft alles seiner willkürlichen Entscheidung. Mit wem wir Krieg, mit wem wir Frieden haben dürfen, das anzuordnen steht nach seiner Meinung ihm zu. Es schließt uns aufs engste in den Grenzen von Bergen und Flüssen ein, die wir nicht überschreiten sollen, und hält die Grenzen selbst nicht ein, die es festgesetzt hat ... Ist es denn nicht genug, daß du (Rom) mir meine uralten Provinzen weggenommen hast? Nimmst du mir auch noch Spanien? Und wenn ich dieses räume, wirst du nach Afrika hinübergehen."

(Livius, Römische Geschichte 21, 43, 44)

Der römische Historiker Sallust läßt den König von Pontus sagen:
„... Die Römer haben ein einziges und uraltes Motiv dafür, mit allen Nationen und Völkern und Königen Krieg anzufangen: unermeßliche Begierde nach Herrschaft und Reichtum. Und so begannen sie zuerst einen Krieg mit Philipp, dem Makedonenkönig, während sie, solange sie von den Karthagern bedrängt wurden, Freundschaft zu ihm vorgetäuscht hatten ...

Asien wurde von ihnen besetzt ... Weißt du nicht, daß die Römer, nachdem der Ozean ihrer Ausdehnung nach Westen eine Grenze setzte, ihre Waffen nach hier gewendet haben: daß alles, was sie von Anfang an besitzen, nur durch Raub gewonnen ist: ihre Häuser, ihre Gattinnen, ihre Äcker, ihr Reich; zusammengelaufenes Volk in alter Zeit, das sie sind, ohne Heimat, ohne Ahnen, geschaffen zum Verderben des Erdkreises ... Durch Verwegenheit und Täuschung und dadurch, daß sie Krieg an Krieg reihen, sind sie groß geworden. Und so werden sie alles vernichten oder selbst zugrundegehen."
(Sallust, Historien 4, 69)

Arbeitsvorschläge

1. Das römische Weltreich ist das Ergebnis zahlreicher, oft jahrzehntelanger Kriege. Wie versuchen Vergil und Diodoros den römischen Herrschaftsanspruch zu rechtfertigen?
2. Welche Auffassung vertreten dagegen Hannibal und der König von Pontus?

Um 500 v.Chr. umfaßt der Stadtstaat Rom ein Gebiet von ca. 700 qkm. Nach den über 200 Jahre dauernden Kriegen herrscht Rom über Italien von der Südspitze Italiens bis zur Poebene, ein Gebiet von 150000 qkm. Die Rechtsstellung der Bewohner in den eroberten Gebieten ist unterschiedlich: Sie erhalten das volle bzw. das eingeschränkte Bürgerrecht oder Bundesgenossenverträge.

In den drei Punischen Kriegen (seit 264 v.Chr.) erringt Rom die Herrschaft über das westliche Mittelmeer. Seit 200 v.Chr. beginnt der Kampf um das östliche Mittelmeer. Makedonien und die griechischen Stadtstaaten werden unterworfen. Alle eroberten Gebiete außerhalb Italiens werden römische Provinzen. Zahllose Kriegsgefangene werden als Sklaven nach Italien gebracht. Sie werden als Arbeitskräfte im Haus, im Handwerk und auf den großen Gütern eingesetzt.

Nach der Eroberung der hellenistischen Staaten beginnt die Hellenisierung Roms.

Übergang von der Republik zur Diktatur

Krisen und Bürgerkriege

Soziale Krise

Im Laufe der Expansion im Mittelmeerraum flossen ungeheuere Geldmengen als Beutegut und als Steuern aus den Provinzen nach Rom. Dieser Reichtum kam aber nur einer kleinen Oberschicht zugute.

Den größten Nutzen zogen daraus **Unternehmer** und **Kaufleute**. Als Heereslieferanten hatten sie bereits ein großes Vermögen erworben. Nun übernahmen sie den überseeischen Handel, gründeten Banken und pachteten vom Staat die Eintreibung der Steuern in den Provinzen. Sie zahlten dem Staat die geschätzten Steuern einer Provinz im voraus und preßten dann häufig ein Vielfaches aus ihr heraus. Diese Bürger bildeten im Laufe der Zeit eine neue Schicht. Da sie ihren Heeresdienst zu Pferd leisteten, wurden sie **Ritter** genannt.

Auch die Mitglieder der Nobilität (s.S. 82), die meist dem Senat angehörten, vermehrten ihren Besitz. Da den Senatoren Geld- und Handelsgeschäfte verboten waren, vergrößerten sie mit dem hohen Beuteanteil, den sie aus den Kriegen heimbrachten, ihren Grundbesitz. Sie eigneten sich auch bedeutende Teile des eroberten Staatslandes an. Große Flächen im Süden nutzten sie als Weide für ihre Schafherden, denn nach Wolle bestand rege Nachfrage. Auf diese Weise entstanden ausgedehnte Güter, *Latifundien*, auf denen Wein, Obst- und Olivenkulturen angelegt wurden, die größere Gewinne brachten als Getreideanbau. Als Arbeitskräfte beschäftigten die Grundbesitzer nicht mehr freie Bauern, die zum Kriegsdienst eingezogen wurden, sondern fast ausschließlich Sklaven.

Die Lage der Bauern hatte sich dagegen entscheidend verschlechtert. Die langen Kriege hielten sie oft jahrelang von ihren Höfen fern. Während ihrer Abwesenheit reichte die Arbeitskraft ihrer Frauen und Kinder nicht aus, die Äcker ausreichend zu bestellen. Der zweite Punische Krieg hatte zudem große Landstriche in Italien verwüstet. Vielfach mußten die Bauern daher ihre zerstörten Höfe erst wieder aufbauen.

Bald zeigte sich aber, daß sie aus ihren kleinen Höfen keine genügenden Erträge erwirtschaften konnten. Die Getreidepreise fielen, da aus Afrika und Sizilien billiges Getreide in Italien eingeführt wurde. Viele Bauern verkauften daher ihr Land an die Großgrundbesitzer. Sie arbeiteten nun als Tagelöhner auf deren Gütern oder wanderten in die Städte, vor allem nach Rom.

Nur ein Teil der besitzlos gewordenen Bauern fand in Rom lohnende Arbeit. Die meisten fristeten ein armseliges Dasein als Gelegenheitsarbeiter und lebten von öffentlichen Getreidespenden. Man nannte sie **Proletarier**, weil sie nichts als ihre Kinder (lat. *proles*) besaßen. Als römische Bürger hatten sie aber das Stimmrecht in der Volksversammlung und waren deshalb von Politikern sehr umworben.

Reformversuche der beiden Gracchen

Tiberius Gracchus. Durch das Schrumpfen des Bauernstandes ging die Zahl der wehrfähigen Bürger ständig zurück. Um diesen Mißstand zu beseitigen, ließ sich *Tiberius Gracchus*, ein Enkel von Publius Scipio, dem Sieger von Zama, 133 v.Chr. zum Volkstribunen wählen. Er sah nur einen Weg der Besserung: Die Besitzlosen mußten wieder Ackerland erhalten.

Ohne sich vorher mit dem Senat zu verständigen, beantragte Tiberius, ein altes Ackergesetz wieder in Kraft zu setzen. Danach durfte kein Bürger zu seinem Privatbesitz mehr als 500 Morgen Staatsland hinzupachten; doch ergänzte er dieses Gestz um 500 Morgen für zwei erwachsene Söhne. Das frei werdende Land sollte an besitzlose Bauern als unverkäufliches Erbpachtgut verteilt werden.

Die meisten reichen Grundbesitzer waren aber nicht bereit, Land abzutreten. Sie gewannen einen der zehn Volkstribunen, damit er durch sein Veto den Antrag des Tiberius Gracchus zum Scheitern bringen sollte. Da tat Tiberius einen revolutionären Schritt: Er ließ den Tribunen von der Volksversammlung absetzen, weil dieser sein Amt gegen das Interesse des Volkes benutzt habe. Danach wurde das Ackergesetz angenommen.

Tiberius mußte aber bald einsehen, daß für die Durchführung dieser Reformen sein Amtsjahr nicht ausreiche. Er bewarb sich deshalb, wieder gegen die Tradition, um ein zweites Tribunat. Doch bevor es zur Wahl kam, erschienen die empörten Senatoren mit ihrem Anhang in der Volksversammlung und trieben die Volksmenge auseinander. Tiberius Gracchus und 300 seiner Freunde wurden erschlagen, ihre Leichen in den Tiber geworfen.

Gaius Gracchus. Die revolutionäre Bewegung, einmal entfacht, ließ sich nicht aufhalten. Zehn Jahre später nahm *Gaius Gracchus*, der jüngere Bruder des Tiberius, die Reformpläne wieder auf. Zum Volkstribunen gewählt, entwarf er ein umfassendes Reformprogramm.

Er erneuerte das Ackergesetz, beschränkte den Kriegsdienst auf sechs Jahre, verlangte, daß vom Staat aufgekauftes Getreide zu billigen Preisen an die Armen abgegeben werde, und setzte die Anlage von Kolonien durch, in denen Teile des stadtrömischen Proletariats angesiedelt werden sollten. Um den Einfluß der Senatoren einzuschränken, erreichte er, daß einige Gerichtshöfe mit Richtern aus dem Ritterstand besetzt wurden.

Als Gaius in seinem zweiten Tribunatsjahr aber den Antrag stellte, den italischen Bundesgenossen das Bürgerrecht zu verleihen, stieß er auf den Widerstand der Volksversammlung und des Senats. Das Gesetz wurde abgelehnt und Gaius nicht mehr zum Volkstribun gewählt. Als es daraufhin zu Unruhen kam, verhängte der Senat das Kriegsrecht über Rom. Fast 3000 Anhänger des Gaius wurden gefangengenommen und hingerichtet. Er selbst ließ sich auf der Flucht von einem Sklaven töten.

Im Laufe der Auseinandersetzungen spaltete sich der römische Adel in zwei Lager. Auf der einen Seite standen die Anhänger des Senats und die Reformgegner, die sich **Optimaten** (von lat. *optimus* = der Beste) nannten, auf der anderen Seite die **Popularen** (von lat. *populus* = Volk), welche die Notwendigkeit der Reformen zwar einsahen, aber mit Hilfe der Volkstribunen und der Plebejerversammlung in erster Linie ihre eigenen politischen Ziele gegen den Senat durchsetzen wollten.

Der Volkstribun Tiberius Gracchus soll vor der Volksversammlung folgende Rede gehalten haben:
,,Die wilden Tiere, die Italien bevölkern, haben ihre Höhlen und kennen ihre Lagerstätte, ihren Schlupfwinkel. Die Männer aber, die für Italien kämpfen und sterben, haben nichts als Luft und Licht; unstet, ohne Haus und Heim, ziehen sie mit Weib und Kind im Land umher. Die Feldherren lügen, wenn sie in der Schlacht ihre Soldaten aufrufen, Gräber und Heiligtümer gegen die Feinde zu verteidigen. Denn keiner von diesen armen Römern hat einen Altar von seinen Vätern geerbt, kein Grabmal seiner Ahnen. Für Wohlleben und Reichtum anderer setzen sie im Krieg ihr Leben ein. Herren der Welt werden sie genannt: in Wirklichkeit gehört kein Krümchen Erde ihnen zu eigen.''

(Plutarch, Tiberius Gracchus 9)

Arbeitsvorschläge
1. Vergleiche die Lage vieler römischer Kleinbauern mit der der Plebejer zur Zeit der Ständekämpfe um 500! Lies dazu die Rede von Tiberius Gracchus und die Quelle von Livius auf S. 83! Was stellst du fest?
2. Welche Ziele verfolgen die Plebejer damals? Was wollen dagegen Tiberius und Gaius Gracchus erreichen?
3. Warum scheitern beide?

B 1   Römischer Bürger bei der Stimmabgabe

Die Heeresreform des Gaius Marius

Durch das Scheitern der Reformpläne der Gracchen war ihr Vorhaben, die Zahl der wehrfähigen Bürger zu erhöhen, ungelöst geblieben. Dies wurde deutlich, als die germanischen Stämme der *Kimbern* und *Teutonen* die Nordgrenzen des Reiches bedrohten. Sturmfluten und Mißernten hatten diese von der Halbinsel Jütland vertrieben; nun zogen sie nach Süden, um neues Land zu gewinnen. Sie besiegten die Römer in zwei Schlachten (113 und 105 v.Chr.), drangen aber nicht in Italien ein, sondern zogen auf ihrer Landsuche weiter durch Gallien und Spanien.

Die Römer gewannen dadurch Zeit, sich zur Abwehr zu rüsten. Gegen den Willen des Senats setzten die Popularen mit Hilfe der Volksversammlung durch, daß *Gaius Marius,* der Sohn eines Ritters, das Konsulat erhielt (107 v.Chr.).

Marius, der innerhalb von acht Jahren sechsmal zum Konsul gewählt wurde, führte eine grundlegende **Heeresreform** durch. Aus den Reihen der besitzlosen Proletarier warb er Freiwillige an. Diese erhielten vom Staat einheitliche Bewaffnung und Sold. Auf diese Weise wurde aus dem römischen Bürgerheer, das nur im Kriegsfall einberufen wurde, eine Armee von Berufssoldaten, die über eine wesentlich höhere Kampfkraft verfügten.

Als die Kimbern und Teutonen sich zu einem getrennten Einfall in Italien entschlossen, schlug Marius mit diesem vorzüglich geschulten Berufsheer die Teutonen bei Aquae Sextiae an der Rhônemündung (102 v.Chr.), die Kimbern bei Vercellae in der Poebene (101 v.Chr.). Die Überlebenden wurden in die Sklaverei verkauft.

Die Heeresreform des Marius hatte zur Folge, daß die Soldaten ihrem Feldherrn treu ergeben waren. Von ihm erwarteten sie Beute, Beförderung und nach Beendigung der Dienstzeit einen Bauernhof als zusätzliche Altersversorgung. Bald zeigte sich auch, daß sie unter ehrgeizigen Führern bereit waren, selbst gegen ihre Vaterstadt zu ziehen.

Der Bundesgenossenkrieg (91–88 v.Chr.)

Als ein Volkstribun im Jahr 91 v.Chr. erneut die Verleihung des Bürgerrechts an die Bundesgenossen beantragte, scheiterte auch er und wurde kurz darauf ermordet. Daraufhin erhoben sich die enttäuschten Italiker und gründeten einen eigenen Staat. Es kam zu einem dreijährigen Bürgerkrieg, in dem die Römer manche Niederlage erlitten. Der Senat lenkte nun ein. Alle Aufständischen, die sich wieder zu Rom bekannten, erhielten das römische Bürgerrecht. Die Widerstrebenden wurden von *Sulla* unterworfen. Damit war Italien südlich des Po einheitliches Bürgerrechtsgebiet.

B 14 Römische Legionäre. Ihre Bewaffnung bestand aus Schwert, Schild und Wurfspieß, den man zu Beginn des Kampfes gegen den Feind schleuderte.

B 15 Münze aus der Zeit des Bürgerkrieges. Sie zeigt einen italienischen Stier, der eine römische Wölfin zertrampelt.

Der erste Bürgerkrieg (88–82 v.Chr.)

Während des Bundesgenossenkrieges hatte König Mithradates von Pontus, dessen Reich das Schwarze Meer von allen Seiten umschloß, den Krieg gegen Rom eröffnet. Als Schutzherr der Griechen wollte er die Römer aus der Provinz Asia vertreiben. Auf seinen Befehl sollen dabei 80 000 Römer getötet worden sein. Der Aufstand griff auf Griechenland über.

Der Senat übertrug *Lucius Cornelius Sulla,* einem überzeugten Optimaten, der sich bereits im Bundesgenossenkrieg ausgezeichnet hatte, den Oberbefehl gegen Mithradates. Während sich Sulla zu seinem Heer begab, übertrug die Volksversammlung Marius das Kommando. Sulla ließ daraufhin seine Legionen nach Rom marschieren und besetzte die Stadt, die bisher noch nie ein römisches Heer hatte betreten dürfen. Marius und die Führer der Popularen flohen, sie wurden als Staatsfeinde geächtet. Dann begann Sulla den Feldzug gegen Mithradates.

Sogleich kehrten Marius und seine Anhänger nach Rom zurück und errichteten eine Schreckensherrschaft. Politische Gegner wurden ermordet und ihr Besitz eingezogen. Marius wurde noch ein siebtesmal Konsul (86 v.Chr.). Aber bereits zwei Wochen nach seinem Amtsantritt starb er.

Sulla gelang es inzwischen, Griechenland zurückzuerobern und Mithradates zur Herausgabe seiner Eroberungen zu zwingen. Dann kehrte er nach Italien zurück, schlug die Truppen der Popularen und zog zum zweitenmal in Rom ein (82 v.Chr.). Unversöhnlich begann er sich an seinen Gegnern zu rächen. Ihre Namen wurden in Listen (*Proskriptionen*) öffentlich ausgehängt. Jeder konnte sie töten und wurde dafür noch belohnt.

Zum **Diktator** auf unbefristete Zeit ernannt, erhöhte er die Zahl der Senatoren auf 600 und entrechtete die Volkstribunen. Sie durften in der Volksversammlung nur noch vom Senat genehmigte Anträge einbringen. Seinen Soldaten ließ Sulla Land zuweisen. Danach legte er freiwillig sein Amt nieder (79 v.Chr.). Schon im folgenden Jahr starb er auf seinem Landgut bei Neapel.

Arbeitsvorschläge
1. *Welche Gefahren der Heeresreform des Marius werden unter Sulla erstmals sichtbar?*
2. *Worin besteht der Unterschied zwischen Sullas Diktatur und der altrömischen?*
3. *Inwiefern kann man Sullas Maßnahmen als Wiederherstellung der alten Ordnung bezeichnen?*

Nach der Expansion im Mittelmeerraum ist das Römische Reich kein Bauernstaat mehr. Kaufleute und Unternehmer gelangen zu großem Reichtum und steigen zum Ritterstand auf. Die senatorischen Großgrundbesitzer schaffen sich große Latifundien, auf denen sie fast ausschließlich Sklaven beschäftigen. Die nach jahrelangen Kriegsdiensten heimkehrenden Bauern können dagegen ihre verwüsteten und verschuldeten Höfe nicht mehr halten. Unzählige Bauern verkaufen ihr Land an reiche Großgrundbesitzer und ziehen in die großen Städte, vor allem nach Rom. Dort vergrößern sie die Zahl der Proletarier.

Durch das Schrumpfen des Bauernstandes geht die Zahl der wehrfähigen Bürger zurück. Tiberius und Gaius Gracchus versuchen daher, durch Neuverteilung des Ackerlandes wieder einen gesunden Bauernstand zu schaffen. Beide scheitern am Widerstand des Senats.

Gegen Ende des 2. Jahrhunderts stoßen die Römer zum ersten Mal mit den Germanen zusammen. Nach mehreren Niederlagen führt Gaius Marius eine Heeresreform durch, die aus dem römischen Bürgerheer ein Heer mit Berufssoldaten macht. Mit dem verstärkten Heer besiegt Marius die Kimbern und Teutonen.

Im Kampf um die Macht im Staat kommt es zwischen Marius und Sulla zum Bürgerkrieg, der mit der Diktatur Sullas endet.

Neue Begriffe: Proletarier − Optimaten* − Popularen* − Proskriptionen

Der Aufstieg des Pompeius

Nach Sullas Tod gingen die Kämpfe zwischen Optimaten und Popularen unverändert weiter. In Spanien herrschten geflüchtete Anhänger des Marius. Im Osten versuchte Mithradates erneut, seinen Machtbereich in Kleinasien zu erweitern. Selbst Italien wurde durch den großen Sklavenaufstand unter Spartakus Kriegsschauplatz. In den Kämpfen gelangten zunächst zwei Männer an die Macht:

Gnaeus Pompeius, der die Reste der Popularen in Spanien vernichtete, und

Lucius Licinius Crassus, der unter Sulla als Bankier und durch den Aufkauf enteigneter Güter Riesengewinne gemacht hatte und als Prätor den Sklavenaufstand niederschlug (s.S. 92).

Auf ihre Heere gestützt, erzwangen Pompeius und Crassus das Konsulat für das Jahr 70. Die Unterstützung durch die Volksversammlung gewannen sie, indem sie den Volkstribunen die Rechte zurückgaben, die ihnen Sulla genommen hatte.

Gegen den Willen des Senats erhielt Pompeius durch die Volksversammlung den Oberbefehl gegen die Seeräuber und anschließend gegen Mithradates. Innerhalb von drei Monaten säuberte er zunächst das Mittelmeer von der Seeräuberplage. Dann besiegte er Mithradates, eroberte Syrien und machte Palästina tributpflichtig. Das Gebiet teilte er nach eigenem Ermessen in Provinzen ein. Mit großer Beute landete er 62 v.Chr. mit seinem Heer wieder in Süditalien. Wie einst Sulla, hätte er nun mit seinem Heer nach Rom marschieren können, um die Alleinherrschaft zu erringen. Pompeius dachte aber nicht daran und entließ sein Heer. In Rom mußte er nun machtlos hinnehmen, daß der Senat sich weigerte, seine Veteranen mit Land zu versorgen und seine Neuordnung im Osten anzuerkennen.

Caesars Weg zur Alleinherrschaft

Das erste Triumvirat (60 v.Chr.). Das Verhalten des Senats wußte **Gaius Julius Caesar** geschickt zu nutzen. Er gewann Pompeius und Crassus zu einem Bündnis. Die drei Männer gelobten einander, „in der Politik nichts zu unternehmen, was einer der drei mißbillige".

Gaius Julius Caesar (100–44 v.Chr.) entstammte einer alten Adelsfamilie. Die Schwester seines Vaters war mit Marius verheiratet, und er selbst heiratete die Tochter eines der engsten Parteigänger des Marius. Das brachte ihn nach dem Sieg Sullas in ernste Gefahr. Da Caesar sich in Rom nicht sicher fühlte, übernahm er eine Offiziersstelle bei einem römischen Heer in Kleinasien. Dann ging er nach Rhodos, wo er sich von griechischen Philosophen vor allem in der Redekunst (Rhetorik) unterrichten ließ.

Nach dem Tode Sullas kehrte Caesar nach Rom zurück, wo er Quästor, Ädil, Pontifex Maximus, Prätor und schließlich Statthalter der Provinz Spanien (61 v.Chr.) wurde. Um sich die Gunst der Massen zu sichern, hatte er vor seinen Wahlen glänzende Spiele veranstaltet und sich dadurch in große Schulden gestürzt. Seine Gläubiger wollten ihn deshalb nicht nach Spanien reisen lassen, doch Crassus bürgte für seine Schulden, so daß er sich in sein Amtsgebiet begeben konnte. In Spanien zeichnete sich Caesar durch einige siegreiche Feldzüge aus, erwarb auch gleichzeitig aus Beute und Steuern ein beträchtliches Vermögen.

Was führt zum Abschluß des Triumvirats?:
„Caesar sah, daß Pompeius und Crassus alle Macht besaßen, und konnte nicht verkennen, daß er ohne Beistand beider oder auch eines von ihnen nie zu Einfluß im Staat gelangen könne. Andererseits hatte er keine Bedenken, sie könnten ihm bei ihrer Zusammenarbeit überlegen werden ...

Pompeius und Crassus nahmen ... gern auch jenen in ihre gemeinsamen Interessen auf. Pompeius konnte sich nämlich auf seine starke Stellung nicht so sehr verlassen, wenn er die bereits vorhandene Macht des Crassus und den zunehmenden Einfluß Caesars bedachte, ja er mußte fürchten, von ihnen ganz ausgeschaltet zu werden ...

Dagegen beanspruchte Crassus auf Grund von Geburt und Reichtum über allen zu stehen. Da er aber hinter Pompeius weit zurückblieb und an Caesars großen Aufstieg glaubte, wünschte er, beide ins Gleichgewicht zu bringen."
(Cassius Dio 37, 54ff.)

Arbeitsvorschläge

1. Nenne die Motive, die Pompeius, Crassus und Caesar zum Abschluß des Triumvirats veranlassen!
2. Welche Folgen hat das erste Triumvirat für die Stellung des Senats?

Caesars Konsulat. Mit Hilfe seiner Bündnispartner wurde Caesar für das Jahr 59 v.Chr. zum Konsul gewählt. Als solcher setzte er durch, daß Pompeius das gewünschte Land für seine Veteranen erhielt und dessen Provinzeinteilung im Osten bestätigt wurde. Für die folgenden fünf Jahre ließ sich Caesar die Statthalterschaft der beiden gallischen Provinzen Gallia Cisalpina und Gallia Narbonensis und Illyricum übertragen, dazu vier kriegsstarke Legionen.

Im Jahre 56 v.Chr. erneuerten Caesar, Pompeius und Crassus ihre Abmachungen. Caesar behielt die Statthalterschaft in Gallien für weitere fünf Jahre, Pompeius wurde Spanien, Crassus die reiche Provinz Syrien zugeteilt.

Caesar erobert Gallien (58–50 v.Chr.). Anlaß, in dem noch freien Gallien einzugreifen, gaben zunächst die Helvetier, die versucht hatten, neue Wohnsitze in Südgallien zu gewinnen. Caesar zwang sie, wieder in die Schweiz zurückzukehren. Dann besiegte er die Sueben unter ihrem Herzog Ariovist, die sich im heutigen Elsaß niedergelassen hatten, und drängte sie über den Rhein zurück. Ohne vom Senat beauftragt zu sein, eroberte er dann das ganze freie Gallien. Zweimal ließ er Brücken über den Rhein schlagen, um die Germanen abzuschrecken, und zweimal setzte er mit seiner Flotte nach Britannien über, woher die Gallier Unterstützung erhielten.

Während seiner Abwesenheit erhoben sich noch einmal die gallischen Stämme unter *Vercingetorix*, um die Fremdherrschaft abzuschütteln. Doch Caesar gelang es schließlich, die Aufständischen in Alesia einzuschließen (52 v.Chr.). Vercingetorix mußte sich ergeben und wurde später in Rom hingerichtet.

Der zweite Bürgerkrieg (49–45 v.Chr.). Während Caesar sich in Gallien ein kampferprobtes Heer schuf, fand Crassus auf einem Feldzug gegen die Parther den Tod (53 v.Chr.). Pompeius trennte sich nun von Caesar und näherte sich der Senatspartei, die ihn zeitweilig zum alleinigen Konsul ernannte. Als Caesar sich von Gallien aus um das Konsulat für das Jahr 48 v.Chr. bewarb, forderte der Senat, daß er seine Statthalterschaft niederlege und sein Heer entlasse.

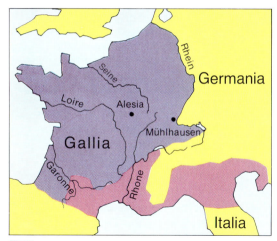

B 16 Erwerbungen Caesars in Gallien bis 50 v.Chr.

B 17 Ausschnitt aus dem Belagerungswerk vor der gallischen Stadt Avaricum, die Caesar im Jahre 52 v.Chr. eroberte. (Modell nach der Beschreibung Caesars in seinem Buch „Der Gallische Krieg")

Um jeden Nachschub von Lebensmitteln und Hilfstruppen zu verhindern, umgab Caesar die belagerte Stadt mit Wall und Graben. Dann ließ er Dämme bis zur Stadtmauer bauen und fahrbare Türme von mehreren Stockwerken heranschieben, damit diese die Stadtmauern überragten. Vom obersten Stockwerk beschossen Bogenschützen und Speerwerfer die Verteidiger. Beim Angriff wurden von den Türmen Fallbrücken auf die Mauer niedergelassen. Auf ihnen drangen die Legionäre in die Stadt ein.

Caesar konnte aber nicht wagen, als Privatmann nach Rom zurückzukehren; man hätte ihm wegen seiner eigenmächtigen Amtsführung den Prozeß gemacht. Er weigerte sich daher, dem Befehl des Senats zu folgen, und marschierte mit seinem Heer nach Rom.

„Der Würfel soll geworfen sein" soll Caesar gerufen haben, als er mit seinen Legionen den Fluß Rubikon überschritt, der Gallia Cisalpina von Italien trennt. Pompeius und die meisten Senatoren flüchteten nach Griechenland. Kampflos besetzte Caesar Rom. Dann setzte er über die Adria und besiegte Pompeius in der Schlacht bei Pharsalos in Thessalien. Pompeius floh nach Ägypten. Dort ließ ihn der ägyptische König bei der Landung töten, um die Hilfe Caesars in dem Thronstreit mit seiner Schwester *Kleopatra* zu gewinnen. Doch als Caesar nach Ägypten kam, entschied er sich für Kleopatra.

Schwer erkämpfte Siege gegen die Anhänger der Senatspartei in Afrika und Spanien beendeten den Krieg. Anders als Pompeius war Caesar entschlossen, die errungene Alleinherrschaft zu behalten.

B 18   Gaius Julius Caesar (100–44 v.Chr.)
Caesar wurde später der Beiname aller römischen Herrscher. Davon abgeleitet sind die Titel Kaiser und Zar.

Caesars Alleinherrschaft. In Rom feierte Caesar glanzvolle Triumphzüge. Die in Rom verbliebenen Senatoren ernannten ihn zum Diktator auf Lebenszeit und überhäuften ihn mit höchsten Ehrungen. Sie verliehen ihm den Titel ‚Imperator' als Vornamen. Bei feierlichen Anlässen durfte er einen Lorbeerkranz tragen. Später wurde ihm bei Senatssitzungen und Gerichtsverhandlungen ein vergoldeter Stuhl zugestanden.

Caesar führte ein umfassendes **Reformprogramm** durch. Den Senat besetzte er mit seinen Anhängern und erhöhte seine Mitgliederzahl auf 900. Die Städte erhielten Selbstverwaltung. In den Provinzen legte er Kolonien an, in denen er seine Veteranen und arbeitslose Proletarier ansiedelte. Alle in das Heer eintretenden Provinzbewohner erhielten das römische Bürgerrecht. Er ließ auch eine neue Kalenderordnung einführen, indem er das römische Mondjahr auf das ägyptische Sonnenjahr umstellte. Ihm zu Ehren erhielt der sechste Monat den Namen Juli.

Obwohl Caesar sich seinen ehemaligen Feinden gegenüber großzügig verhielt und ihnen Amnestie gewährte, erschien seine Machtfülle einigen Senatoren unerträglich. Eine Gruppe von 23 Senatoren bildete sich um *Brutus* und *Cassius*, die Caesar an den Iden des März 44 v.Chr. (15. März) ermordeten.

Arbeitsvorschläge
1. Vergleiche das Verhalten Caesars und Sullas bei der Machtübernahme!
2. Welche Befürchtungen führen dazu, daß sich eine Verschwörergruppe bildet, die Caesar ermordet?

Der Kampf um Caesars Erbe

Marcus Antonius, ein Anhänger Caesars, der in dieser Zeit Konsul war, vermied es zunächst, gegen die Verschwörer vorzugehen. Aber bei der Leichenfeier verlas er Caesars Testament, in dem alle Römer bedacht waren. Damit erregte er den Volkszorn gegen die Caesarmörder, die Rom fluchtartig verlassen mußten.

Nach Rom kam nun *Octavius*, den sein Großonkel Caesar in seinem Testament adoptiert und zum Erben eingesetzt hatte. Dessen Name lautete nun: **Gaius Julius Caesar Octavianus**.

Um Caesars Tod zu rächen, stellte er aus dessen Veteranen eine Privatarmee auf und gewann auch den Senat für sich. Zunächst versuchte er, Antonius auszuschalten, doch dann verständigte er sich mit ihm und schloß zusammen mit *Lepidus*, dem Reiterobersten Caesars, das zweite Triumvirat (43 v.Chr.). Der neue Bund wurde vom Senat anerkannt und für fünf Jahre mit allen Vollmachten zur Wiederherstellung des Staates ausgestattet. Mit unerbittlicher Grausamkeit räumten die drei Machthaber unter ihren politischen Gegnern auf. 300 Senatoren und über 2000 Ritter wurden getötet, darunter auch *Cicero*, ehemaliger Konsul und Roms berühmtester Redner und Schriftsteller. Brutus und Cassius, die in Makedonien neue Heere aufgestellt hatten, wurden 42 v.Chr. bei Philippi geschlagen und gaben sich selbst den Tod.

Die siegreichen Triumvirn teilten sich die Herrschaft des Reiches. Antonius übernahm die Ostprovinzen, Octavian Italien und den Westen, Lepidus Afrika.

Der dritte Bürgerkrieg (32–30 v.Chr.). Die alte Gegnerschaft zwischen Octavian und Antonius lebte aber bald wieder auf.

Antonius untergrub selbst sein Ansehen. Er heiratete die ägyptische Königin Kleopatra und schenkte ihr und ihren Kindern Teile römischer Provinzen. Geschickt nutzte Octavian die darüber aufgebrachte Stimmung der Römer für sich aus. Es kam zum Krieg. Antonius zog mit Flotte und Heer nach Griechenland, um von dort nach Italien vorzustoßen; doch bei Aktium wurde seine Flotte von *Agrippa,* dem Feldherrn Octavians, vernichtet. Antonius und Kleopatra, von Octavian nach Ägypten verfolgt, nahmen sich das Leben. Ägypten wurde römische Provinz.

Arbeitsvorschläge

1. Was erhoffen die Verschwörer, als sie Caesar ermorden?
2. Welche Folgen hat das zweite Triumvirat
   a) für die Mörder Caesars,
   b) für die Römische Republik?
3. Weshalb scheiterte Antonius?

Im Verlauf innerer und äußerer Konflikte gewinnen einzelne Heerführer immer größeren Einfluß auf die Politik der Römischen Republik. Das Triumvirat von 60 v.Chr. (Caesar, Pompeius, Crassus) kündigt das Ende der Senatsherrschaft an. Caesar erobert Gallien und schafft sich ein kampferprobtes Heer. Nach dem Zerfall des Triumvirats kommt es zu einem Machtkampf zwischen Caesar und Pompeius, der mit dem Sieg Caesars endet. Trotz seiner Reformen, die er während seiner kurzen Alleinherrschaft durchführt, wird er von Verfechtern der alten Republik ermordet. Aus dem Kampf um Caesars Erbe geht sein Adoptivsohn Octavian als Sieger hervor.

Neue Begriffe: Triumvirat — Imperator

Das römische Kaiserreich

Augustus begründet den Prinzipat

Nach dem Tode des Antonius stand mit Octavian wieder ein Mann an der Spitze des Staates. Es war niemand mehr da, der ihm die Herrschaft streitig machen konnte. Aber gewarnt durch den gewaltsamen Tod seines Adoptivvaters Caesar, vermied er alles, was den Anschein erwecken konnte, er strebe nach der Königswürde. Alle Sonderrechte, die er in der Zeit der Bürgerkriege gewonnen hatte, gab er an den Senat zurück und blieb nur Konsul (27 v.Chr.).

Doch der Senat — damit hatte Octavian gerechnet — bat ihn, den Schutz des Staates zu übernehmen, und verlieh ihm den Ehrentitel **Augustus** (der ‚Erhabene'). Gleichzeitig erhielt er die Verwaltung aller Provinzen, in denen Legionen die Grenzen sicherten. Vier Jahre später erhielt Augustus die **tribunizische Gewalt auf Lebenszeit**. Sie garantierte ihm die Unverletzlichkeit seiner Person. Als **pontifex maximus** (seit 12 v.Chr.) beaufsichtigte er auch das religiöse Leben.

Augustus wollte im Römischen Reich an erster Stelle stehen. Aber er erstrebte nicht mehr Macht, als er benötigte. Als princeps civitatis (= erster Bürger des Staates) wollte er die Regierung führen. Senat und Volksversammlung behielten ihre Rechte, doch Augustus bestimmte, wer in den Senat aufgenommen wurde, und den Inhalt der Gesetze, die der Volksversammlung vorgelegt wurden. So wurde Augustus zum Schöpfer einer neuen Staatsform, des **Prinzipats**, in dem die alten republikanischen Ämter bestehen blieben, aber nach und nach ihre Macht verloren.

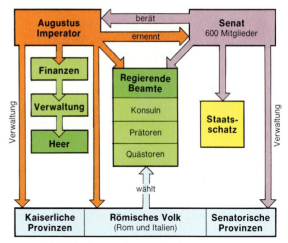

B 19 Die Prinzipatsverfassung des Augustus

Cassius Dio, Über die neue Ordnung:

„... Auf solche Weise hatte sich Octavian nun seine Führerstellung von seiten des Senats und des Volkes gesichert. Da er aber gleichzeitig als ein Mann des Volkes erscheinen wollte, übernahm er zwar die volle Sorge und den Schutz des Gemeinwesens, erklärte jedoch, er wolle nicht über alle Provinzen selbst die Herrschaft ausüben und er überließ die schwächeren von ihnen, die ja friedlich und nicht mehr zum Krieg geneigt waren, dem Senate, dagegen behielt er selbst die stärkeren, die unzuverlässig und gefährlich erschienen und entweder Feinde Roms zu Nachbarn hatten oder auch aus eigener Kraft Aufstände beginnen konnten; angeblich sollte der Senat so ohne alle Gefahr die schönsten Früchte der Herrschaft ernten, während er selbst alle Mühen und Gefahren auf sich nähme; in Wahrheit aber sollten auf diese Weise alle Senatoren von Waffen und Krieg entfernt bleiben, er selbst wollte allein Waffen führen und Truppen unterhalten... Auf diese Weise ging nun die ganze Gewalt von Volk und Senat in die Hände von Augustus über, und mit ihm begann auch eine wirkliche Monarchie..."

(Cassius Dio 53, 11ff.)

Tacitus, Octavians Weg zur Alleinherrschaft:

„Die Soldaten gewann er durch Schenkungen, das Volk durch Getreidespenden, jedermann durch die erfreuliche Ruhe. Und nun hob er allgemach das Haupt. Er nahm die Befugnisse des Senats, der Beamten und der Gesetzgebung an sich. Einen Gegner fand er nicht. Die Tapfersten waren in den Schlachten gefallen oder durch die Proskriptionen beseitigt, und der Rest des Adels wurde um so reichlicher mit Geld und Ämtern bedacht, je williger er sich der Knechtschaft fügte. Wer so aus der Wendung der Dinge Vorteil gezogen hatte, dem war natürlich die sichere Gegenwart lieber als die gefährliche Vergangenheit." (Tacitus, Annalen 1, 2f.)

Arbeitsvorschläge

1. Wie gelang es Augustus, sich die überragende Machtstellung im Staat zu sichern?
2. Welche Tatsachen heben die beiden Quellen besonders heraus?

B 21 Augustus. Marmorstatue, etwa 2 m hoch. In der Mitte des Panzers ist die durch friedliches Übereinkommen erreichte Rückgabe der Feldzeichen dargestellt, die einst Crassus an die Parther verloren hatte. Der Amor zu seinen Füßen weist auf die Abstammung der Familie des Augustus von der Göttin Venus hin.

Augustus als Friedensherrscher

Nach den schrecklichen Bürgerkriegen herrschte endlich Friede im Römischen Weltreich. Als Zeichen dafür wurde der Janustempel geschlossen. Unter dem Schutze des „Augustusfriedens" (**pax Augusta**) erlebte das Imperium Romanum ein „goldenes Zeitalter", das bald nach Augustus benannt wurde.

Die riesige Bürgerkriegsarmee von fast 70 Legionen wurde auf 28 vermindert. Dafür stellte er in etwa gleicher Stärke Hilfstruppen aus den Provinzen auf. In Rom hielt sich Augustus eine Leibgarde, die **Prätorianer**, die für seine Sicherheit sorgte.

Die Ausbeutung der Provinzen durch Steuerpächter beendete Augustus, indem er die Verwaltung festbesoldeten Beamten übertrug, für die er vor allem Angehörige aus dem Ritterstand heranzog. Über die Steuereinnahmen aus den ihm übertragenen Provinzen verfügte Augustus allein. Daraus bestritt er die Kosten der Verwaltung, den Unterhalt von Heer und Flotte und die kostenlose Verteilung von Getreide, Öl und Wein an arme Familien in Rom. Im ganzen Reich siedelte er die entlassenen Veteranen der Bürgerkriegsheere an; verdiente Provinzbewohner erhielten das römische Bürgerrecht.

Nach der allgemeinen Verwilderung der Bürgerkriegszeit bemühte sich Augustus, das Volk zu den alten Römertugenden zurückzuführen und den Glauben an die alten römischen Götter wiederzubeleben. Mehr als 80 verfallene Tempel ließ er instand setzen. Zum Schutz der Familie wurden die Ehescheidung erschwert und Ehebruch hart bestraft. Kinderreiche Familien erhielten Vergünstigungen. Auch gegen den Luxus der Reichen und gegen die Sittenlosigkeit erließ er Gesetze. Aber den gewünschten Erfolg hatte er nicht einmal in seiner eigenen Familie. Seine Tochter Julia führte ein zügelloses Leben und wurde auf eine einsame Insel verbannt.

Arbeitsvorschläge
1. Vergleiche die Provinzverwaltung nach den Punischen Kriegen (s.S. 94) mit der des Augustus!
2. Was soll die Bezahlung der Beamten bewirken?

B 20 Friedensaltar des Augustus (Ara Pacis Augustae), den der Staat zu Ehren des Prinzeps auf dem Marsfeld errichten ließ. Er wurde aus erhaltenen Teilen wieder aufgebaut. Die Umfassungsmauern sind mit zahlreichen Reliefs geschmückt.

Sicherung der Grenzen des Reiches nach außen

B 22   Das Römische Imperium zur Zeit des Augustus

An Gebietserwerbungen dachte Augustus nur dort, wo es ihm nötig schien, um einen günstigeren Grenzverlauf zu erkämpfen. Friedliche Verhandlungen zog er vor. Auf diesem Weg erreichte er von den Parthern den Verzicht auf Armenien und die Rückgabe eroberter römischer Feldzeichen. Weil mit den Bewohnern der Alpen ein ständiger Kleinkrieg bestand, unterwarfen die Stiefsöhne des Augustus, Drusus und Tiberius, im Jahre 15 v.Chr. die Alpenstämme und stießen bis an die Donau vor. Aus dem von Kelten bewohnten Land zwischen Alpen und Donau wurden römische Provinzen: Rätien (mit der Hauptstadt Augusta Vindelicum = Augsburg), Noricum und an der mittleren und unteren Donau Pannonien und Mösien. Damit war eine günstige Verteidigungsstellung gegen die Germanen geschaffen. Eine Verbindung der Donau mit der Elbe hätte diese Verteidigungslinie bedeutend verkürzt. Drusus und Tiberius stießen bis zur Weser und Ems vor. Als aber Varus als Statthalter von den Germanen Tribute forderte, erhoben sie sich unter dem Cheruskerfürsten *Arminius* und vernichteten in der Schlacht im Teutoburger Wald drei Legionen (9 n.Chr.). So blieb der Rhein die Grenze gegen das freie Germanien.

B 23   **Grabstein für den in der Schlacht im Teutoburger Wald gefallenen Centurio Marcus Caelius von der 18. Legion.** Der Stein wurde bei Xanten gefunden. Die Inschrift lautet: „Dem Marcus Caelius, Sohn des Titus, ... aus Bononia, dem Centurio der 18. Legion, 53 und ein halbes Jahr alt. Er ist im Varuskrieg gefallen. Die Gebeine soll man, wenn man sie findet, in diesem leeren Grab beisetzen. Publius Caelius, Sohn des Titus ... sein Bruder, hat den Stein aufgestellt."

Dichter und Geschichtsschreiber preisen das neue Zeitalter

Die Zeit des Augustus war das klassische Zeitalter der römischen Literatur. Damals lebten die römischen Dichter Vergil, Horaz, Ovid und der Geschichtsschreiber Livius.

Vergil (70–19 v.Chr.) schildert in seinem großen Epos ‚Äneis' den von den Göttern bestimmten Weg der Geschichte von der Zerstörung Trojas bis zur Gründung Roms und feiert Augustus als den großen Herrscher, der ein neues Zeitalter eröffnet.

Horaz (65–8 v.Chr.) verherrlicht in seinen Oden die altrömischen Tugenden.

Livius (59 v.Chr.–17 n.Chr.) stellt, in 142 nur zum kleinen Teil erhaltenen Büchern, die Zeit von der Gründung Roms bis zur Regierungszeit Augustus' dar.

Augustus förderte die Dichter, soweit sie vorbehaltlos den neuen Staat verherrlichten. Kritik an seinen Vorstellungen von der Moral wollte er dagegen nicht dulden. So verbannte er *Ovid* (43 v.Chr.–18 n.Chr.), der zahlreiche Liebesgedichte und ein Lehrbuch der Liebe schrieb, an das Schwarze Meer.

Die Nachfolger des Augustus im 1. und 2. Jh. n.Chr.

Augustus sorgte dafür, daß die Herrschaft seiner Familie erhalten blieb. Da er keinen eigenen Sohn besaß, bestimmte er seinen Stiefsohn Tiberius zu seinem Nachfolger.

Da Tiberius aus dem altadligen Geschlecht der Claudier stammte, nannte man die folgenden Kaiser aus seinem Geschlecht die **Julisch-Claudischen Kaiser:**

Tiberius	14–37	Claudius	41–54
Caligula	37–41	Nero	54–68

Nach dem Erlöschen des Julisch-Claudischen Herrschergeschlechts ging aus den Kämpfen um den Thron der Feldherrn Vespasianus als Sieger hervor. Mit ihm übernahmen die **Flavier** die Regierung:

Vespasian	69–79	Domitian	81–96
Titus	79–81		

Nach dem Aussterben des Flavischen Hauses folgte eine Reihe von Kaisern, die nicht miteinander verwandt waren, die **Adoptivkaiser**. Nach sorgfältiger Prüfung nahm der jeweilige Herrscher einen tüchtigen Mann an Sohnesstatt an und bestimmte ihn zu seinem Nachfolger. Dieses System wurde bis 180 beibehalten.

Trajan	98–117	Antoninus Pius	138–161
Hadrian	117–138	Marc Aurel	161–180

Mit Octavian beginnt die römische Kaiserzeit; der Senat verleiht ihm den Ehrentitel „Augustus", er selbst bezeichnet sich als „Prinzeps" = erster Bürger. Augustus wird zum Schöpfer eines neuen Herrschaftssystems, des Prinzipats. Er läßt die republikanischen Ämter bestehen, besitzt aber durch den Oberbefehl über das Heer und seine persönliche Autorität eine Machtstellung, so daß er wie ein Monarch herrschen kann.

Die Ausbeutung der Provinzen beendet Augustus, indem er ihre Verwaltung festbesoldeten Beamten überträgt. Durch zahlreiche Gesetze erstrebt er die Erneuerung altrömischer Bürgertugenden.

Außenpolitisch ist Augustus vor allem um die Sicherung der Reichsgrenzen bemüht. Ein Versuch, auch das freie Germanien zu erobern, scheitert.

Neue Begriffe: Prinzeps — Prinzipat* — Imperium Romanum* — Adoptivkaiser

Rom, die Stadt der Kaiserzeit

Der Ausbau Roms

Unter Augustus begann in Rom eine rege Bautätigkeit, so daß sich der Princeps selbst rühmte: „Ich fand Rom als Stadt aus Lehmziegeln vor; ich hinterlasse sie in Marmor gekleidet." Die Erschließung der Marmorbrüche im toskanischen Luni (Carrara) lieferte den weißen Marmor, den die Architekten nur für öffentliche Bauten verwendeten.

Mittelpunkt der Stadt war immer noch das Forum Romanum. Hier versammelten sich Senat und Volk und tagten die Gerichte; hier wurden auch Triumphe und Totenfeiern abgehalten. In unmittelbarer Nachbarschaft des Forum Romanum legten spätere Kaiser weitere Plätze an, die sogenannten Kaiserforen. Auf dem Palatin lagen die kaiserlichen Paläste, in der Talsenke zwischen Palatin und Aventin der Circus Maximus und östlich vom Forum Romanum das von Kaiser Vespanian erbaute Amphitheater, das Colosseum. In allen Stadtteilen gab es Märkte für bestimmte Waren, Markthallen mit großen Lagerhäusern, Tempel, Theater und öffentliche Badeanstalten, sogenannte Thermen.

Die **Wohnverhältnisse** der Bevölkerung waren denkbar ungleich. Nur die reichen Bürger konnten sich eigene Häuser leisten. Die Innenräume dieser Villen waren mit Wandgemälden, kostbaren Mosaiken und Statuen geschmückt. Eine Heißluftzentralheizung sorgte im Winter für angenehme Wärme. In einem Heizraum verbrannte man Holz; die heiße Luft zirkulierte unter dem Fußboden durch die aus Hohlziegeln erbauten Zimmerwände und entwich durch Öffnungen im Dach. In den heißen Sommermonaten zogen die reichen Römer auf ihre Landgüter oder an die Küste, wo sie weitere Villen besaßen.

Die Masse der Bevölkerung wohnte dagegen in dicht bebauten Wohnvierteln mit mehrstöckigen Mietskasernen. Viele Wohnungen bestanden nur

B 24 Das Stadtzentrum Roms zur späten Kaiserzeit: 1. Circus Maximus, 2. Tempel des Jupiter Capitolinus, 3. Tempel der Julia, 4. Forum Romanum, 5. Basilika des Konstantin, 6. Tempel der Venus und Roma, 7. Colosseum, 8. Thermen des Titus, 9. Thermen des Trajan, 10. Aquädukt des Nero

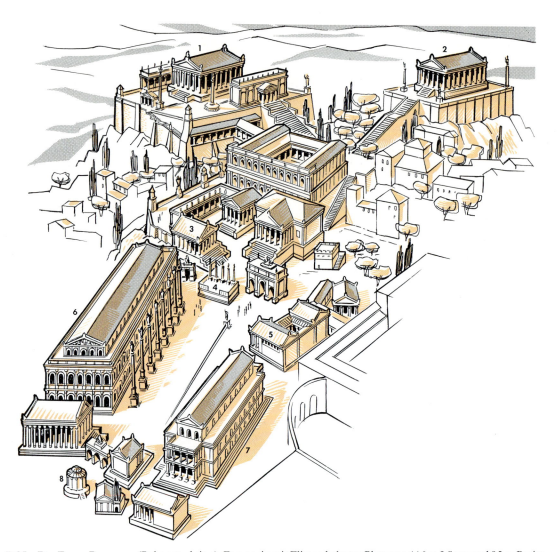

B 25 Das Forum Romanum (Rekonstruktion). Es war ein mit Fliesen belegter Platz von 116 m Länge und 95 m Breite.
1 Jupitertempel auf der südlichen Kuppe des Capitolinischen Hügels.
2 Tempel der Juno auf der nördlichen Kuppe des Capitolinischen Hügels, auf dem einst die Burg (arx) stand.
3 Saturntempel, der Aufbewahrungsort des Staatschatzes; dahinter die Tempel des Vespasian und der Eintracht (Concordia) sowie das große Gebäude des Tabulariums, des römischen Staatsarchivs.
4 Rostra (= Rednertribüne), daneben der Triumphbogen des Kaisers Severus
5 Curia (Senatsgebäude)
6 Basilica Iulia. Sie wurde vornehmlich für Gerichtsverhandlungen verwendet.
7 Basilica Aemilia. Der Bau stand ebenfalls für öffentliche Geschäfte zur Verfügung.
8 Tempel der Vesta. Hier hüteten die Vestalinnen das heilige Feuer.

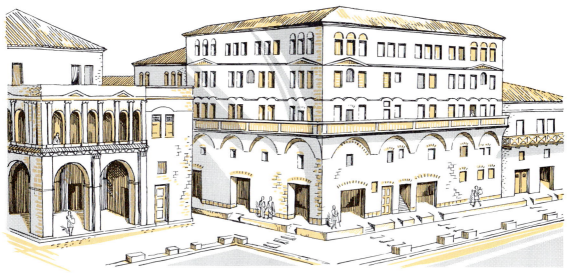

B 26 Mietshaus aus der Kaiserzeit (Rekonstruktion). Im Erdgeschoß befanden sich bisweilen Läden und Werkstätten. Bei römischen Schriftstellern finden sich Klagen über die billig gebauten Mietskasernen, die ständig Feuer fangen oder zusammenstürzen und die Bewohner begraben.

aus einem einzigen Raum. In den oberen Stockwerken fehlten Wasserleitungen und sanitäre Anlagen. Hier gab es auch kein Heizsystem wie in den Villen der reichen Bürger. Die einzige Möglichkeit, ein Zimmer warm zu halten, waren Kohlenbecken, deren Rauch und Qualm die Bewohner in Kauf nehmen mußten. Trotzdem waren die Mieten sehr hoch, da die Einwohnerzahl Roms rasch anstieg und es an Wohnungen mangelte.

Gegen Ende des 1. Jh.s lebten etwa eine Million Einwohner in Rom, die riesige Mengen Wasser verbrauchten. Dadurch bestand die Notwendigkeit einer umfassenden Regelung der Wasserversorgung. Wasserleitungen wurden gebaut, die das Wasser in unterirdischen Kanälen oder Rohren und in Aquädukten über der Erde aus den Sabiner und Albaner Bergen nach Rom leiteten.

Über ein großes Verteilerbecken vor der Stadt wurde das Wasser zu den drei Wasserkästen geführt, welche die öffentlichen Brunnen, die Thermen sowie die privaten Häuser versorgten. Für das in den privaten Häusern verbrauchte Wasser mußte eine kleine Abgabe gezahlt werden. Das in den Brunnen überfließende Wasser und das verbrauchte Wasser aus den Thermen floß in die Abflußkanäle und spülte die Abwässer der Stadt und den Schmutz der Straßen in den Tiber.

B 27 Rekonstruktion von zwei sich kreuzenden Aquädukten, die Rom versorgten. Auf einer Reihe großer Pfeiler und Bogen aus Natursteinen erhebt sich eine Reihe kleiner Rundbogen, die den Wasserkanal tragen, der mit Platten abgedeckt ist, um das Wasser gegen Verunreinigungen und Verdunstung zu schützen.

Arbeitsvorschläge

1. Vergleiche die Wohnverhältnisse in Rom mit denen einer modernen Großstadt!
2. Rom benötigte für seine eine Million Einwohner täglich ca. 700 000 m³ Wasser, bzw. 700 l je Einwohner. Im Versorgungsgebiet der Wasserwerke München betrug im Jahre 1980 bei einer Einwohnerzahl von rd. 1,36 Millionen der mittlere Tagesverbrauch 388 060 Kubikmeter, bzw. 285 l je Einwohner. Vergleiche den Wasserbedarf pro Kopf der Bevölkerung in Rom und in München!

Freizeitgestaltung

Die Bewohner Roms hatten viel Freizeit. Zur Zeit des Augustus gab es 93 Feiertage im Jahr, und diese Zahl erhöhte sich bis Ende des zweiten Jahrhunderts auf etwa 135. Viele Feiertage waren Theaterbesuchen und den Spielen gewidmet. Kein Kaiser versäumte es, das Volk durch solche Belustigungen zufriedenzustellen. Denn das römische Volk interessierte sich vor allem für zwei Dinge: für Brot und Spiele (panem et circenses).

Eine Stätte der Entspannung und Erholung waren die **Thermen**, die von vielen Römern täglich aufgesucht wurden. Es gab Männer- und Frauenthermen, oder Anlagen mit getrennten Baderäumen für Männer und Frauen. Wo das nicht der Fall war, wurden getrennte Badezeiten eingeführt.

Der Badende begann mit den ersten Waschungen im Lauwarmbad, in dem sich der Körper allmählich an eine erhöhte Temperatur gewöhnte, dann nahm er ein heißes Bad in einer Wanne bzw. in einem Bassin oder ein Schwitzbad in einem heißen, trockenen Raum, ähnlich der heutigen Sauna. Wer das heiße Bad oder das Schwitzbad überstanden hatte, konnte sich von Masseuren tüchtig durchkneten lassen und erfrischte sich anschließend im Kaltbad oder im großen Schwimmbecken unter freiem Himmel.

In den **Theatern** wurden ursprünglich griechische Dramen in römischer Übersetzung aufgeführt. Später bevorzugten die Theaterdichter Stoffe aus der römischen Sagenwelt und der Geschichte. Beliebt waren die Lustspiele der Dichter *Plautus* und *Terenz*.

Die breite Masse bevorzugte aber die Spiele im **Circus** und im **Amphitheater**. Im Circus Maximus, der 635 m lang und 110 m breit war und zur Zeit des Augustus 60000 Zuschauer faßte (später 190000), waren vor allem Wagenrennen beliebt. Die zweirädrigen Wagen wurden meistens von vier Pferden gezogen. Besonders erfolgreiche Wagenlenker genossen das gleiche Ansehen wie bei uns heute bekannte Fußballspieler.

Im Colosseum, das etwa 50000 Zuschauern Platz bot, wurden Gladiatorenkämpfe und Tierhetzen veranstaltet, für welche die Kaiser riesige Geldsummen aufbrachten. In besonderen Schulen, u.a. in Rom, Capua und Ravenna, wurden die Gladiatoren — meist Kriegsgefangene, Sklaven oder Verbrecher — an bestimmten Waffen ausgebildet. Das Volk hatte das Recht, den schwerverwundeten Gladiator zu begnadigen oder töten zu lassen. Die Faust mit dem Daumen nach unten bedeutete für den Unterlegenen den Tod. Siegreiche Gladiatoren wurden manchmal mit der Freiheit belohnt.

Bei den Tierhetzen wurden aus den Kellergeschossen des Colosseums Löwen, Panther, Bären, Stiere, Elefanten und Nashörner in die Arena gebracht. Diese Tieren wurden vor den Kämpfen wenig gefüttert und waren daher hungrig und wild. In der Arena wurden sie gegeneinander oder auf bewaffnete Gladiatoren gehetzt. Bisweilen wurden auch zum Tod verurteilte Verbrecher ohne Waffen den Bestien ausgeliefert.

An besonderen Tagen wurde die Arena in einen kleinen See verwandelt. Vor den Augen der begeisterten Menge mußten dann die Gladiatoren auf kleinen Schiffen regelrechte Seeschlachten führen.

Arbeitsvorschläge

1. Warum finanzierten die Kaiser seit Augustus Spiele? Lies dazu nachfolgenden Text: „Ein Volk, das vor Langeweile gähnt, ist reif zur Revolte. Unter den Kaisern hat die römische Plebs weder aus Hunger noch aus Langeweile zu gähnen brauchen. Die Spiele waren das große Ablenkungsmanöver und deshalb das sicherste Mittel zur Sicherung ihrer Macht." (Carcopino S. 219)
2. Der Philosoph und Schriftsteller Seneca, der ein einziges Mal in das Colosseum ging, über die Spiele: „Menschen, die für den Menschen heiligsten Wesen, werden im Sport und zur Unterhaltung getötet!" Wie urteilt Seneca, wie denkt ihr über die Art der Freizeitgestaltung?
3. Wo gibt es heute noch Tierhetzen?

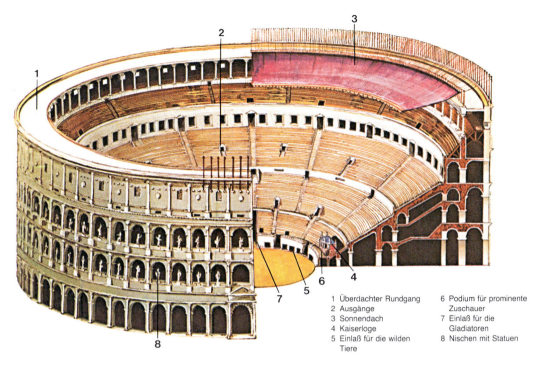

1 Überdachter Rundgang
2 Ausgänge
3 Sonnendach
4 Kaiserloge
5 Einlaß für die wilden Tiere
6 Podium für prominente Zuschauer
7 Einlaß für die Gladiatoren
8 Nischen mit Statuen

B 28 Das Colosseum in Rom. Bei der Eröffnung des Colosseums im Jahre 80 n.Chr. kämpften Gladiatoren 100 Tage lang und töteten dabei angeblich 5000 wilde Tiere.

111

B 29 Gladiatoren im Zweikampf. Beschreibe die beiden Kämpfenden: a) Welche Waffen kannst Du erkennen? b) Welche Aufgabe hat wohl der Mann im Hintergrund?

B 30 Ein Gladiator kämpft mit einem Leoparden.

Ein Bildbericht aus Pompeji

Pompeji, eine Industrie- und Handelsstadt mit rund 10000 Einwohnern, wurde 79 n.Chr. durch den Ausbruch des Vesuvs unter einer 2,5 m hohen Decke von Asche und Lava begraben. Etwa 2000 Menschen starben während dieser Katastrophe. Ausgrabungen, die seit 1860 erfolgen, liefern ein anschauliches Bild über die damaligen Wohn- und Lebensverhältnisse.

B 31 Freigelegte Straße mit Trittsteinen, die es den Fußgängern ermöglichten, die schmutzigen Straßen zu übersteigen. In den Untergeschossen der Häuser befanden sich Läden und Wirtschaften.

B 32 Mühlsteine und Ofen einer Bäckerei: Die großen Mühlen im Vordergrund bestanden aus einem fest stehenden, kegeligen Unterstein als Drehachse und einem darübergestülpten doppelkegeligen Oberstein. Dieser wurde an zwei horizontalen Stangen gedreht, vor die man Zugtiere spannte, denen die Augen verdeckt wurden. Wenn der Raum selbst für einen Esel zu eng war, mußten Sklaven die Arbeit verrichten. Oben wurde das Korn eingeschüttet; das unten anfallende Mehl sammelte sich in einer Rinne. Das Brot wurde in dem Ofen im Hintergrund gebacken.

B 33 Von der Lava begrabene Einwohner. Die Lavaasche bewahrte die Umrisse ihrer Körper bis heute.

B 34 Der von Säulen umgebene Innenhof (Peristyl) des Hauses der Vettier, einer reichen Kaufmannsfamilie, die auch großen landwirtschaftlichen Besitz hatte.

B 35 Ein Zimmerer mit Hammer und Meißel bei der Arbeit.

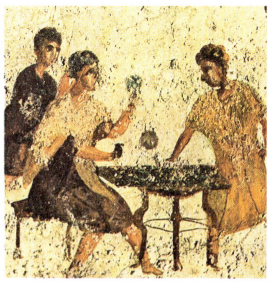

B 36 Wirtshausszene. Die beiden Spieler würfeln auf einem Spieltisch

Wirtschaft und Handel im Kaiserreich

In der langen Friedenszeit, die auf die Bürgerkriege folgte, setzte ein enormer Wirtschaftsaufschwung ein. Es entstand ein wirtschaftlicher Großraum, der unter Führung Roms und Italiens auch die entfernten Provinzen miteinbezog.

Ein Netz gut ausgebauter Straßen verband die Hauptstadt mit allen Teilen des Reiches. Eine mit Goldbronze überzogene Marmorsäule auf dem Forum Romanum gab die Entfernung zu den wichtigsten Städten des Reiches an.

Für den Handelsverkehr mit den Provinzen stand eine große Handelsflotte zur Verfügung. Neben Getreide, Vieh, Holz, Eisen, Kupfer, Blei, Zinn kamen die von den reichen Bürgern begehrten Luxusgüter Seide, Perlen, Edelsteine und Elfenbein nach Italien. In den Werkstätten wurden Tongeschirr, Glaswaren, Metallgeräte und Schmuck hergestellt. Diese waren zusammen mit Öl und Wein wichtige Ausfuhrartikel. Als Umschlagshafen diente Ostia an der Mündung des Tibers.

B 38 Goldene Halskette mit Amethysten und Ohrgehänge

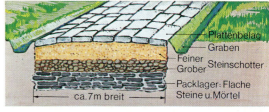

B 37
Oben: Die Straße zur Hafenstadt Ostia im heutigen Zustand
Rechts: Querschnitt durch die Anlage einer römischen Straße.

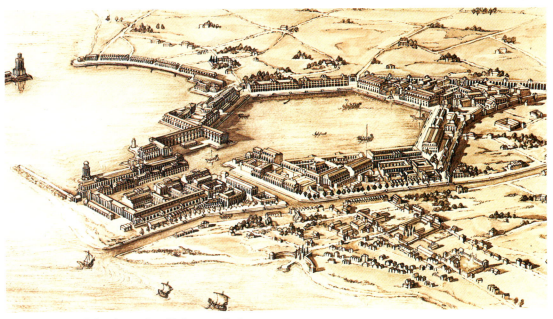

B 39 Rekonstruktion des antiken Hafens von Ostia
Ostia wurde zur Verteidigung des Flusses und der Salinen an der Küste gegründet. Später wurden in seinem Flußhafen die Güter für Rom von Schiffen auf Lastkähne umgeladen, die von Ochsen flußaufwärts gezogen wurden. Als der Flußhafen versandete, legte Kaiser Claudius nördlich von Ostia einen riesigen Seehafen an, dessen Einfahrt ein Leuchtturm nach dem Vorbild des Pharos anzeigte. Später ließ Kaiser Trajan das sechseckige innere Hafenbecken anlegen, das er durch einen langen Kanal mit dem Tiber verbinden ließ.

B 40 Römischer Reisewagen, Teil eines Reliefs (Fundort Maria Saal bei Klagenfurt). Für eine Reise von Rom nach Mainz brauchte man damit zehn Tage. Wichtige Nachrichten und Befehle des Kaisers überbrachten berittene Kuriere. Um schneller vorwärts zu kommen, konnte man in Poststationen alle acht bis neun Stunden die Pferde wechseln.

B 41 Modell eines römischen Handelsschiffes. Im Gegensatz zu den Kriegsschiffen bewegten sich die Handelsschiffe durch Segel fort. Die Ruder am Heck brauchte man zum Manövrieren. Die Schiffe waren breit gebaut, um möglichst viele Waren befördern zu können.

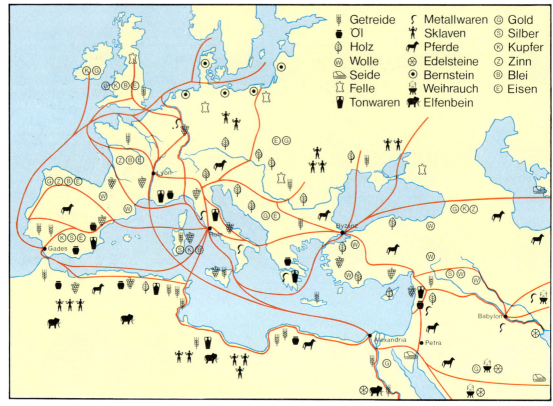

B 42 Der Fernhandel im Kaiserreich, 1. und 2. Jh. n.Chr. mit den Waren, die innerhalb und außerhalb des römischen Reiches hergestellt wurden.

In der Kaiserzeit beruhte die römische Wirtschaft nicht mehr so stark auf der Sklavenarbeit wie in der Republik. Mit dem Ende der Eroberungspolitik und der vorrangigen Sicherung der bestehenden Grenzen wurde der Sklavenanteil der Bevölkerung geringer. Auch stieg die Zahl der Freigelassenen. In immer stärkerem Maße mußten die Sklaven daher durch freie Lohnarbeiter ersetzt werden. In der Landwirtschaft traten an die Stelle von Sklaven Pächter, die gegen Natural- und Zinsabgaben Latifundien bebauten.

Im Laufe des 2. Jh. begann allerdings Italien seine führende Rolle in der Wirtschaft zu verlieren. In den Provinzen bildeten sich Fertigungszentren für Glas-, Töpfer- und Metallwaren; auch die Landwirtschaft versorgte dieses Gebiet nun mit Öl und Wein.

B 43 Geschirr aus Terra Sigillata (rotem Ton)

Arbeitsvorschlag
Welche bedeutenden Fernstraßen findest du auf der Karte?

Romanisierung der Provinzen

Durch die römische Machtausdehnung breitete sich die Stadtkultur des Mittelmeerraumes auch in Spanien, Gallien, in der Rheinebene und im Alpenvorland aus. Überall entstanden nach dem römischen Vorbild Städte mit Tempeln, Theatern, Bädern, Aquädukten und gepflasterten Straßen. Trier wurde im 3. Jh. n.Chr. unter Kaiser Diokletian zu einer der Hauptstädte des Reiches erhoben; in Köln ließ Kaiser Konstantin 310 die erste feste Brücke über den Rhein errichten.

Römische Soldaten, Siedler und Kaufleute brachten die römische Lebensweise in die Provinzen. Latein als Verwaltungssprache und Verständigungsmittel verdrängte die Volkssprachen, aus denen später unter dem Einfluß des Lateinischen die sogenannten romanischen Sprachen entstanden: Italienisch, Spanisch, Portugiesisch, Französisch und Rumänisch.

B 45 Die Porta Nigra. Das Nordtor der Befestigungsanlagen um das römische Trier, erbaut im 2. Jh. n.Chr.

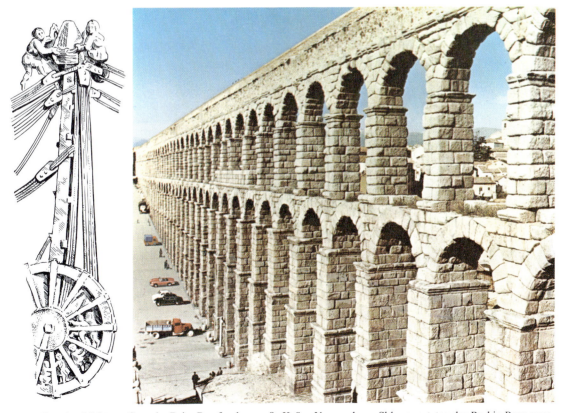

B 44 Der Aquädukt von Segovia. Beim Bau fanden große Kräne Verwendung. Sklaven setzten das Rad in Bewegung, über das dicke Seile liefen, welche die Steine nach oben beförderten.

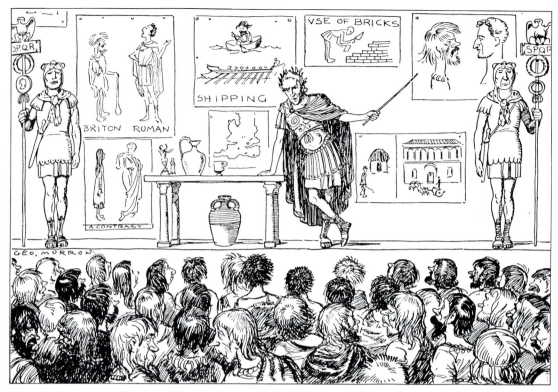

B 46 **Die Vorzüge der römischen Kultur.** Zeichnung aus der satirischen englischen Zeitschrift Punch, 1912

Romanisierung Südspaniens:
„Die Turdetaner und besonders die um den Baetis (Guadalquivir) herum Wohnenden haben ihre Lebensweise völlig in die römische verwandelt und selbst ihre eigene Sprache vergessen. Die meisten sind latinische Bürger geworden und haben römische Ansiedler erhalten, so daß nur wenig fehlt, daß alle Römer sind..."
(Strabon 3, 2, 15)

Romanisierung von Britannien:
„Um die verstreuten, rohen und darum leicht zum Kriege geneigten Menschen durch Annehmlichkeiten an Ruhe und Muße zu gewöhnen, ermunterte er (gemeint ist der damalige Statthalter Agricola) sie persönlich und unterstützte sie öffentlich, Tempel, Märkte, Häuser zu errichten, wobei er die Raschen lobte und die Trägen schalt; so war Wetteifer um die Ehre an die Stelle des Zwanges getreten. Dann ließ er die Söhne der Fürsten in den freien Künsten ausbilden und stellte die Begabung der Britannier über den Lerneifer der Gallier, so daß die, welche eben noch die römische Sprache abwiesen, jetzt Beredsamkeit begehrten. In der Folge kam sogar im äußeren Auftreten römisches Wesen zu Ehren, und die Toga wurde häufig. Und allmählich ließ man sich auf Dinge ein, die zur Entartung führen: Säulenhallen, Bäder und erlesene Festgelage. Und das heißt bei den Unerfahrenen Kultur, während es ein Teil der Knechtschaft war."
(Tacitus Agricola 21)

Umgekehrt wirkten aber auch die Provinzen auf Rom ein. Die meisten Bürger der Hauptstadt waren keine Römer mehr. Kaufleute, Handwerker, Gelehrte und Künstler und vor allem die Sklaven stammten aus den Provinzen. Auch viele Mitglieder des Senats und die Kaiser selbst waren nach dem 2. Jh. n.Chr. Provinziale. Man spricht deshalb nicht nur von einer Romanisierung der Provinzen, sondern auch von einer **Provinzialisierung der Stadt Rom**.

Arbeitsvorschläge

1. Schildere die Wirkung, die die römische Kultur und Lebensart ausübt
   a) auf die Turdetaner,
   b) auf die Bewohner Britanniens!
2. Die Römer zwingen den unterworfenen Völkerschaften ihre Kultur und Sprache nicht auf. Wie der römische Statthalter Agricola versucht, die Britannier zur Annahme römischer Lebensart zu bewegen, findest du auch in B 46 dargestellt.

Süddeutschland unter römischer Herrschaft

Seit dem Scheitern des Versuchs, die Reichsgrenze bis zur Elbe voranzuschieben, waren die Kaiser darauf bedacht, Rhein und Donau als Grenze gegen das freie Germanien zu sichern. Das Gebiet zwischen Rhein und Donau wurde durch eine zusätzliche Befestigungsanlage geschützt, den **Limes**. Mit dem Bau dieser Anlage wurde Ende des 1. Jh. n.Chr. begonnen.

Der Limes hatte eine Länge von etwa 550 km. Mit Graben, Wall und Palisadenzaun zog er sich vom Rhein nahe der Lahnmündung zum Main bis nach Lorch; von dort bis zur Donau stand anstelle der Palisaden eine etwa $2^{1}/_{2}$ m hohe Steinmauer. Teufelsmauer heißen noch heute die Reste dieser Mauer im Volksmund.

In Abständen von etwa 500 bis 2000 m wurde die Befestigungsmauer von Wachtürmen überragt. Von den Plattformen aus konnten die Posten das Vorfeld beobachten. Hinter dem Limes lagen die Kastelle mit kleinen Truppeneinheiten, die bei Gefahr durch Feuer- und Rauchsignale rasch herbeigerufen werden konnten. In größeren Abständen folgten die Legionslager, die durch Heeresstraßen verbunden waren.

B 47 Rekonstruktion des römischen Kastells von Künzing an der Donau. Nach diesem Schema waren alle römischen Kastelle angelegt.

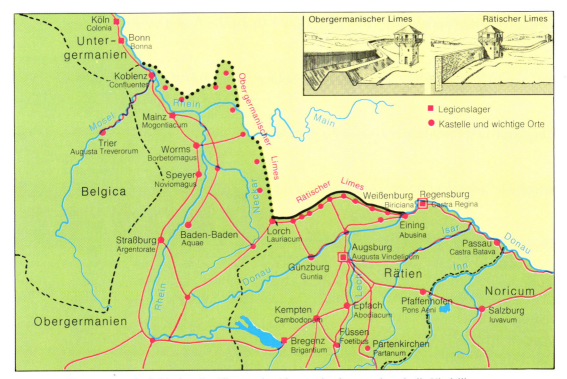

B 48 Der Hauptstamm der keltischen Bevölkerung im Alpenvorland waren damals die Vindeliker.

Um die römischen Kastelle und Legionslager siedelten sich zahlreiche Menschen an. Offiziere, Soldaten und Verwaltungsbeamte ließen ihre Familien einschließlich Dienerschaft und Sklaven nachkommen. Ihnen folgten Händler, Kaufleute, Schankwirte und Handwerker, aber auch viele Einheimische, die sich im Schutz der Militärlager ein sicheres Leben versprachen. Diese Lagervorstädte bestanden zunächst nur aus einfachen Holz- und Fachwerkbauten, später wurden aber auch Steinbauten errichtet.

Am Zusammenfluß von Lech und Wertach wurde das Militärlager zur Hauptstadt der Provinz Rätien ausgebaut. Sie erhielt den Namen *Augusta Vindelicum*, nach dem Hauptstamm der keltischen Bevölkerung, der *Vindeliker*. Hier war auch der Amtssitz eines Statthalters, dem die Verwaltung der Provinz unterstand. Für die wirtschaftliche Entwicklung der Provinz sorgte der Ausbau eines Straßennetzes. Die Via Claudia Augusta stellte die Verbindung nach Italien her. Sie führte von Augsburg über Füssen, Fern- und Reschenpaß nach Meran.

Viele Soldaten kauften nach Beendigung ihrer 25jährigen Dienstzeit ein Stück Land und heirateten eine einheimische Frau. Neben den neuen Bauernhöfen entstanden auch zahlreiche Gutshöfe reicher Römer mit wohlbestellten Feldern, Obst-, Gemüse- und Weingärten.

An der **römisch-germanischen Grenze** entwickelte sich ein lebhafter Tauschhandel. Die freien Germanen brachten u.a. Felle, Honig, Wachs und Frauenhaare und tauschten dafür von den römischen Händlern Waffen, Töpfereien und Schmuckgegenstände. An bestimmten Durchlaßorten durften die Germanen auch das römische Provinzgebiet betreten, wenn sie vorher ihre Waffen abgeliefert hatten. Sie konnten dann viel Neues bewundern: Straßen und Steinhäuser, Gärten mit unbekannten Obstbäumen (Kirschen, Birnen, Pfirsichen) und Gemüsesorten (Gurken, Rettichen, Zwiebeln) und den Weinbau. Sie lernten auch den Wert der römischen Münze kennen.

Die Germanen übernahmen mit den Dingen, die sie neu kennenlernten, auch deren Bezeichnung. Daher haben wir in unserer deutschen Sprache heute viele aus dem Lateinischen entlehnte Wörter. Sie lassen uns erkennen, worin die Römer die Lehrmeister der Germanen wurden, z.B. Mauer (*murus*), Pforte (*porta*), Fenster (*fenestra*), Keller (*cellarium*), Meile (*milia*), Wein (*vinum*), Winzer (*vinitor*), Rettich (*radix*), Nuß (*nux*), Münze (*moneta*), Zins (*census*), Pfund (*pondus*).

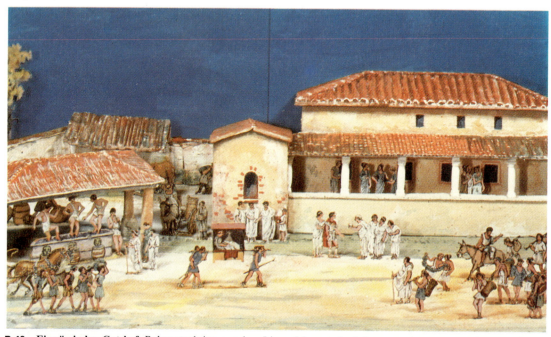

B 49 Ein römischer Gutshof. Rekonstruktion aus dem Limes-Museum in Aalen.

Von den römischen Bauten nördlich der Alpen sind heute nur noch wenige Spuren vorhanden. Das ist weniger eine Folge der Völkerwanderungszeit als des Mittelalters, wo die Menschen die alten Gebäude als billige Steinbrüche für ihre eigenen Bauten verwendeten.

B 50 Freigelegte Reste der Thermen von Weißenburg.

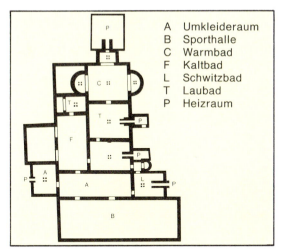

A Umkleideraum
B Sporthalle
C Warmbad
F Kaltbad
L Schwitzbad
T Laubad
P Heizraum

B 51 Grundriß der Badeanlage in Weißenburg

B 52 Die Porta Prätoria von Castra Regina (Regensburg).
Von der Ummauerung des größten Legionslagers sind nur die Reste des Nordtores erhalten, die 1649 in den Bau des bischöflichen Brauhauses einbezogen wurden.

Arbeitsvorschläge

1. *Liegt dein Heimatort diesseits oder jenseits des Limes?*
2. *Geht dein Heimatort oder eine in der Nähe befindliche Stadt auf die Römer zurück? Gibt es dort noch Reste von Römerbauten?*
3. *Viele deutsche Museen beherbergen zahlreiche Funde aus der römischen Zeit. Besichtige dort die Überreste aus dieser Zeit: Ton- und Glasgefäße, Münzen, Statuen, Waffen!*

In der Kaiserzeit breiten sich Stadtkultur und römische Lebensweise in Spanien, Gallien, in der Rheinebene und im Alpenvorland aus. Latein verdrängt zum Teil die Volkssprachen, aus denen sich später unter dem Einfluß des Lateinischen die sogenannten romanischen Sprachen entwickelten.

Die Grenzen des Reiches gegen das freie Germanien sichern Rhein, Donau und Limes. Das Alpenvorland wird zur Provinz Rätien mit der Hauptstadt Augsburg zusammengefaßt.

Neue Begriffe: Limes* — Provinz* — Romanisierung*

Die Krise des Römischen Reiches im 3. Jahrhundert

Die Bedrohung der Reichsgrenzen

Bis ins 2. Jh. n.Chr. sicherten die Römer die Grenzen des römischen Imperiums, das unter Kaiser Trajan (98–117 n.Chr.) mit dem Erwerb Dakiens (Rumänien), Armeniens und Mesopotamiens seine größte Ausdehnung erreichte.

Im 3. Jh. n.Chr. änderte sich diese Lage grundlegend. An den Rhein- und Donaugrenzen durchbrachen Germanen den Limes und verwüsteten römisches Gebiet. Im Osten hatten die Sassaniden die Partherherrschaft gestürzt und das Neupersische Reich gegründet. Sie forderten von den Römern alles Land zurück, das unter Darius und Xerxes zum persischen Reich gehört hatte. Unter dem Druck der äußeren Gefahren wurden die bisher offenen Städte an den Grenzen befestigt. Selbst Rom erhielt eine 19 km lange Mauer, die nach ihrem Erbauer, dem Kaiser Aurelian (270–275), die Aurelianische Mauer genannt wurde.

In dieser Zeit wurde das Heer der entscheidende Machtfaktor im Staat. Eigenmächtig riefen die Grenzheere in Gallien, Spanien und Syrien ihre Feldherren zu Kaisern aus. Waren sie von ihnen enttäuscht, wurden sie gestürzt und viele ermordet. Oft regierten mehrere Kaiser gleichzeitig und führten blutige Kriege um die Alleinherrschaft. So stand Rom ein Jahrhundert lang unter der Herrschaft der Soldatenkaiser (193–284). In ihren Heeren dienten nur noch wenige Bürger aus Italien. Die Mannschaften wurden in den Grenzländern ausgehoben. Rom war nicht ihre Heimat, die es zu verteidigen galt. Sie folgten dem, der ihnen den höchsten Sold versprach.

Niedergang der Wirtschaft und Geldentwertung

Für die zahlreichen Kriege und die hohen Soldforderungen der Heere reichten die Einnahmen des Staates nicht aus. Weil sich die Arbeit nicht mehr lohnte, gingen Produktion und Handel zurück. Die Bauern bauten nur noch ihren Eigenbedarf an. Der gewerblichen Produktion in den Städten fehlten zudem Arbeitskräfte, weil die aus dem Osten eingeschleppte Pest einen starken Bevölkerungsrückgang verursachte. Die Krise der römischen Wirtschaft verschärfte sich, als die Kaiser immer stärker dazu übergingen, das Gold und Silber der Münzen mit Kupfer und Blei zu vermengen. Aber die Münzverschlechterung trieb die Preise in die Höhe und beschleunigte den Niedergang der Wirtschaft.

Der Zwangsstaat Diokletians

Im Jahre 284 rief das Ostheer Diokletian zum Kaiser aus. Er war der Sohn eines Freigelassenen aus Dalmatien und hatte sich vom einfachen Soldaten bis zum Befehlshaber der kaiserlichen Leibwache emporgedient.

Diokletian regierte nicht mehr wie Augustus als „Erster Bürger". Er trug nicht mehr die Toga, sondern mit Edelsteinen besetzte Purpurgewänder mit einem perlenbestickten Stirnband. Um seine Stellung über alle Sterblichen hinauszuheben, legte er sich den Namen *Iovius* (Jupitersohn) zu und ließ sich wie ein Gott verehren. Er war dominus und deus (Herr und Gott) über seine gehorsamspflichtigen Untertanen. Die von Diokletian begründete Monarchie nennt man deshalb **Dominat**.

Die neue Reichsordnung. Diokletian erkannte, daß das Reich zu groß war, um von einem Mann allein regiert zu werden. Er erhob deshalb seinen Kriegskameraden Maximian zum Mitkaiser und übertrug ihm die westliche Reichshälfte (286). Beide Kaiser (Augusti) ernannten später

B 54 Aurelianische Mauer

je einen Stellvertreter, die den Titel Caesar erhielten. Nach 20 Jahren sollten sie ihre Nachfolger werden. Durch die Herrschaft der Vier (*Tetrarchie*) hoffte Diokletian, das Reich vor neuen Streitigkeiten um die Thronfolge zu bewahren und die Grenzheere daran zu hindern, ihre Feldherrn als Kaiser auszurufen.

Jeder der vier Herrscher erhielt einen Reichsteil zur selbständigen Verwaltung mit einer frontnahen eigenen Residenzstadt. Diese Hauptstädte waren Mailand, Trier, Sirmium (an der Save) und Nikomedia (Kleinasien). Rom hörte auf, Hauptstadt des Reiches zu sein.

Auch die **Reichsverwaltung** wurde völlig umgestaltet. Diokletian löste die großen Einheiten der alten Provinzen auf und teilte das Reich in 101 Provinzen ein, die in zwölf größere Einheiten, die Diözesen, zusammengefaßt waren. An ihrer Spitze stand jeweils ein Statthalter.

Zwangswirtschaft. Gegen den Niedergang der Wirtschaft ergriff Diokletian einschneidende Maßnahmen. Bauern und Pächter durften ihr Land nicht mehr verlassen. Sie waren nun an ihre Scholle gebunden und durften keinen anderen Beruf ergreifen. Die Handwerker wurden in Zwangsverbänden zusammengefaßt; ihre Söhne mußten das gleiche Handwerk erlernen. Auch die Nachkommen von Beamten, Kaufleuten, Arbeitern und Soldaten mußten vielfach den Beruf ihrer Väter ergreifen.

Ein Heer von Beamten zog die Steuern ein. Die meisten Einnahmen brachte die Grundsteuer, die sich nach Bodenerträgen richtete. In den Städten hafteten Ratsherren für die Steuerschuld ihrer Bürger. Zugrundegelegt wurde dabei deren Einkommen.

Gegen die ständigen Preiserhöhungen setzte Diokletian in einem Edikt Höchstpreise für Waren und Dienstleistungen fest. Aber obgleich für Preisüberschreitungen die Todesstrafe drohte, blieb der erhoffte Erfolg aus. Viele Waren kamen nicht mehr auf den Markt und waren nur noch im Schwarzhandel erhältlich. Immer mehr ging man deshalb dazu über, wie in alten Zeiten Waren gegen Waren zu tauschen. Selbst Steuern wurden in Naturalleistungen, wie Vieh, Getreide oder Holz, erhoben, Beamte mit Lebensmitteln bezahlt.

B 55 Tetrarchen: vorn Diokletian und der Mitkaiser Maximian, dahinter die Caesaren. Die freundschaftliche Umarmung versinnbildlicht die Einheit des Reiches (Markusdom Venedig).

Arbeitsvorschlag

Unter Diokletian wurde das Römische Reich zu einem Zwangsstaat, in dem die persönliche Freiheit und das Selbstbestimmungsrecht des einzelnen eingeschränkt waren. Kennst du Staaten, wo dies heute der Fall ist?

Ende der Tetrarchie und Teilung des Reiches. Als Diokletian und Maximian die Herrschaft freiwillig niederlegten, kam es doch wieder zu Thronstreitigkeiten, aus denen Konstantin als Sieger hervorging. Durch eine Schlacht vor Rom (312 n.Chr. an der Milvischen Brücke) gewann er zunächst die westliche Reichshälfte. 12 Jahre später besiegte er auch den Augustus des Ostens und war damit **Alleinherrscher des Römischen Reiches**. Seine Hauptstadt verlegte er an den Bosporus. Die alte Handelsstadt Byzanz wurde zu einem neuen Rom ausgebaut und erhielt ihm zu Ehren den Namen Konstantinopel (330 n.Chr.).

Krisen und Lösungsversuche

Hilferuf an Kaiser Severus Alexander (222–235):
„Die Germanen überschreiten Rhein und Donau, verheeren das römische Gebiet und greifen die an den Stromufern stationierten Truppen wie auch Städte und Dörfer mit einer großen Streitmacht an. Die Völker Illyricums, deren Gebiet an Italien grenzt, sind daher in nicht geringer Gefahr. Darum ist deine persönliche Anwesenheit erforderlich mitsamt dem Heer unter deinem Befehl…" (W. Capelle, Das Alte Germanien, S. 218)

Ausbeutung der Bürger durch Kaiser Caracalla (211–217 n.Chr.):
„… Er war ein Freund der Verschwendung seinen Soldaten gegenüber … alle übrigen Menschen war er gewohnt, ringsum auszuziehen, zu berauben und aufzureiben, nicht zum wenigsten die Senatoren. Denn abgesehen von den goldenen Kränzen, die er als steter Sieger über irgendwelche Feinde öfters forderte (ich meine damit nicht die Anfertigung der Kränze — denn wieviel kostet das schon? — sondern die großen Geldsummen, die unter diesem Namen gegeben werden mußten …), und abgesehen von den Proviantlieferungen, die bei allen Gelegenheiten … eingetrieben wurden, die er alle seinen Soldaten zukommen ließ oder auch verhökerte, und von den Geschenken, die er von reichen Privatleuten wie auch von den Gemeinden zusätzlich forderte, von den sonstigen Steuern, die er neu einführte …, verlieh er allen Untertanen des Römischen Reiches das Bürgerrecht, angeblich als eine Auszeichnung, tatsächlich aber in der Absicht, dadurch seine Einkünfte zu vermehren, da nämlich die Nichtbürger die meisten dieser Abgaben nicht zu entrichten brauchten." (Cassio Dio 77,9; gekürzt)

Aus dem Edikt Diokletians über die Höchstpreise:

Warenpreise

Weizen (1 Scheffel*)	100 Denare*
Roggen (1 Scheffel)	60 Denare
Landwein (1 Schoppen*)	8 Denare
Olivenöl (1 Schoppen)	40 Denare
Schweinefleisch (1 ital. Pfund*)	12 Denare
Rindfleisch (1 ital. Pfund)	8 Denare
1 Paar Arbeitsstiefel ohne Nägel	120 Denare
1 Paar Bürgerschuhe	150 Denare
1 Paar Damenschuhe	60 Denare

Arbeitslöhne pro Tag

Landarbeiter mit Verpflegung	25 Denare
Maurer	50 Denare
Stubenmaler	150 Denare
Elementarlehrer (je Schüler monatlich)	50 Denare
Sprachlehrer für Griechisch und Latein (je Schüler monatlich)	200 Denare

* 1 Scheffel = 17,5 l; 1 Schoppen = 0,547 l; 1 ital. Pfund = 327 g; 1 Denar = 4 Sesterzen, etwa 80 Pfennig

Arbeitsvorschläge:
1. Mit welchen Maßnahmen versucht Diokletian, den Niedergang der Wirtschaft aufzuhalten?
2. Wie lange arbeitete damals ein Maurer für
   a) 1 kg Schweinefleisch,
   b) 1 l Olivenöl?
   Wie lange heute?

Im 3. Jh. n.Chr. gerät das Römische Weltreich durch einen Ansturm der Germanen und Neuperser in größte Gefahr. Das Heer wird zum entscheidenden Machtfaktor und gewinnt maßgebenden Einfluß auf die Kaiserwahl. Unter den Soldatenkaisern gerät das Reich in eine schwere Krise.

Kaiser Diokletian beendet die Zeit der Soldatenkaiser. Er begründet den Dominat und teilt die Herrschaft unter zwei Augusti und zwei Caesaren. Die Reichsverwaltung wird umgestaltet. Mit Zwangsmaßnahmen in der Wirtschaft sucht er die landwirtschaftliche und gewerbliche Produktion zu erhöhen und vor allem den finanziellen Bedarf des Reiches sicherzustellen. Nach seiner Abdankung erringt Konstantin wieder die Alleinherrschaft.

Neue Begriffe: Soldatenkaiser — Dominat* — Tetrarchie

Das Römische Reich wird ein christlicher Staat

Die Religion im Kaiserreich

Die Römer waren gegenüber den Religionen der eroberten Völker duldsam. Diese konnten sich auch im Römischen Reich ungehindert ausbreiten. Aus Ägypten drang die Verehrung der Göttin *Isis* ein. Ihre Priester verhießen den Gläubigen ewiges Leben nach dem Tode. Aus Kleinasien stammte die Verehrung des *Mithras*, einer ursprünglich altpersischen Gottheit. Ihre Anhänger waren verpflichtet, gegen das Böse in der Welt anzukämpfen.

Unter den ersten Nachfolgern des Augustus war es dann üblich geworden, den Kaisern göttliche Ehren zuteil werden zu lassen, bis schließlich seit Diokletian der Kaiser schon zu Lebzeiten zu einer Gottheit emporgehoben wurde (s.S. 122). Jeder Bürger, der das Gott-Kaisertum bejahte, konnte mit religiöser Duldsamkeit rechnen.

B 56 Petrus und Andreas verlassen ihre Netze, um Jesus nachzufolgen. Mosaik aus der Kirche San Appollinare Nuovo in Ravenna.

Aus der Frühzeit des Christentums

Als *Jesus Christus* im Jahre 7 v. Chr. in Bethlehem geboren wurde, war Palästina römische Provinz und unterstand Augustus. Nachdem er von *Johannes dem Täufer* getauft worden war, verkündete er als Wanderprediger die nahe Ankunft des Gottesreiches. Von Gott können alle Menschen auf seine Gnade hoffen, wenn sie sich zu ihm bekennen und brüderliche Gemeinschaft und Nächstenliebe üben. Für seine Jünger war Jesus der im alten Testament angekündigte Messias. Dadurch kam es zum Konflikt mit der jüdischen Priesterschaft. Auf ihren Druck hin verurteilte ihn der römische Statthalter *Pontius Pilatus* zum Kreuzestod.

Nach seinem Tod trugen seine Jünger und die Apostel die frohe Botschaft von der Liebe Gottes, der seinen Sohn in die Welt geschickt hat, um die Menschen zu erlösen, über Palästina hinaus in alle Teile des Römischen Weltreiches.

Die Mehrzahl der Christen stammte anfangs aus den unteren und mittleren Schichten der Städte: aus Handwerkern, Kleinhändlern, Sklaven, Freigelassenen und vor allem Frauen. Die Forderung der Nächstenliebe und die Hoffnung auf ein besseres Leben im Jenseits übte auf sie eine besondere Anziehungskraft aus.

Führend in der Mission wurde Apostel *Paulus*. In einem streng gläubigen Elternhaus aufgewachsen, war er zunächst ein eifriger Gegner der Christen. Nach seiner Bekehrung vor Damaskus führten ihn drei Missionsreisen nach Kleinasien, Makedonien und Griechenland. Lehre und Ausbreitung des Christentums beeinflußte er entscheidend. Vor allem setzte er durch, daß auch Nichtjuden in die christlichen Gemeinden aufgenommen wurden.

Für die Ausbreitung des Christentums bestanden günstige Voraussetzungen: Der Friede im ganzen Reich und die ausgebauten Verkehrswege erleichterten die Reisen der Apostel. Hinzu kam, daß für die Völker in den Ostprovinzen des Reiches Griechisch die allgemeine Verständigungssprache war. Auch die ersten schriftlichen Zeugnisse des Christentums, die Evangelien und die Apostelbriefe, waren griechisch abgefaßt. So bildeten sich im östlichen Mittelmeerraum bereits Ende des 1. Jh.s zahlreiche christliche Gemeinden. Im lateinischen Westen setzte sich das Christentum erst stärker durch, als die Apostelbriefe und Teile des Neuen Testaments ins Lateinische übersetzt worden waren.

Die Verfolgung der Christen

Die ersten Christen führten ein zurückgezogenes Leben. Ihren Gottesdienst hielten sie in Privathäusern ab. Dort beteten sie gemeinsam und nahmen anschließend das Abendmahl ein. Von den blutigen Tierhetzen und Gladiatorenkämpfen hielten sie sich fern.

Ihre Absonderung führte zu schweren Verleumdungen. Bei Naturkatastrophen, Seuchen oder Kriegen hieß es, die Christen seien daran schuld, weil sie nicht mehr an die alten Götter glaubten. Als 64 n.Chr. eine gewaltige Feuersbrunst ganze Stadtteile von Rom einäscherte und die aufgebrachte Volksmenge Kaiser *Nero* der Brandstiftung beschuldigte, schob dieser die Schuld auf die Christen. Er ließ zahlreiche Anhänger des neuen Glaubens ergreifen und im Zirkus von wilden Tieren zerreißen. Andere wurden in mit Pech getränkten Gewändern ans Kreuz geschlagen und als lebende Fackeln angezündet. Auch die Apostel Petrus und Paulus fielen den Verfolgungen Neros zum Opfer.

Zunächst gab es kein planmäßiges Vorgehen gegen die Christen. Nur wenn eine private Anzeige vorlag, kam es zu einem Prozeß. Doch ging der Angeklagte straffrei aus, wenn er die vorgeschriebenen Opfer den römischen Göttern darbrachte. Er erhielt dann eine Bescheinigung darüber, daß er seine staatsrechtlichen Pflichten erfüllt habe. Das änderte sich in der Krise des Reiches im 3. Jahrhundert. Viele Römer, und vor allem die Herrscher, führten diese auf den Zorn ihrer Staatsgötter zurück, weil sie nicht mehr von der ganzen Bevölkerung verehrt wurden. Unter Kaiser *Decius* (249–253) und unter Kaiser *Diokletian* (284–305) setzten nun Christenverfolgungen im ganzen Reich ein. Beide erließen Edikte, die alle Bürger zwangen, den römischen Göttern zu opfern und die Kaiser als Gott anzuerkennen. Wer sich weigerte, den Göttern und vor dem Kaiserbild Opfer darzubringen, wurde vor Gericht gestellt und zum Tode verurteilt. Die christlichen Kirchen wurden zerstört und ihr Besitz eingezogen.

In den Zeiten der Verfolgung trafen sich die Christen in ihren unterirdischen Begräbnisstätten, den *Katakomben*. Diese Anlagen bestanden oft aus kilometerlangen Gängen und größeren Räumen, die als Kapellen ausgestattet waren. Hier ließen sich auch viele Römer heimlich taufen, so daß die Zahl der Christen trotz der Verfolgungen weiter stieg.

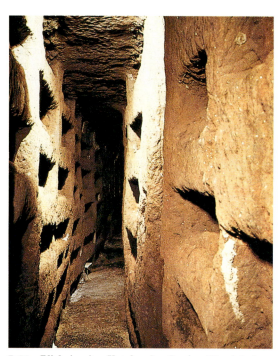

B 57 Blick in eine Katakombe. In den Wandnischen, die mit einer Steinplatte verschlossen waren, lagen die Toten.

B 58 Der Fisch war ein Geheimzeichen für die Zugehörigkeit zur christlichen Glaubensgemeinschaft. Das griechische Wort für Fisch heißt ICHTHYS. Hinter diesem Wort verbergen sich die Anfangsbuchstaben der Formel: **I**esous **Ch**ristos **Th**eou (Gottes) **Y**ios (Sohn) **S**oter (Retter)

Arbeitsvorschläge

1. Wie stehen die Römer fremden Religionen gegenüber?
2. Warum geraten die Christen in Konflikt mit der römischen Staatsmacht?
3. Wie unterscheiden sich die Christenverfolgungen unter Nero von denen der späteren Kaiserzeit?

Das Christentum auf dem Weg zur Staatsreligion

Als Konstantin Augustus der westlichen Reichshälfte wurde, machte er den Verfolgungen der Christen ein Ende. Zusammen mit *Licinius,* dem Augustus des Ostens, gewährte er im **Mailänder Edikt** (313) den Christen volle Religionsfreiheit und Gleichstellung mit den anderen Religionen.

Die Legende erzählt, vor der Schlacht an der Milvischen Brücke (s.S. 123) sei Konstantin über der Sonne ein Kreuz erschienen, das die Inschrift trug: ,,In hoc signo vinces" (in diesem Zeichen wirst du siegen). Wegen dieser Vision habe er seinen Soldaten befohlen, den Namenszug Christi in die Schilde einzuritzen.

Konstantin gab den Christen das von seinen Vorgängern beschlagnahmte Vermögen zurück, ließ zahlreiche christliche Kirchen erbauen und befreite die Priester von allen Steuerabgaben. Den Sonntag, an dem sich die Christen zur Abendmahlsfeier versammelten, machte er zum allgemeinen Ruhetag.

Obwohl sich Konstantin erst auf dem Sterbebett taufen ließ, war er bemüht, die Glaubensstreitigkeiten beizulegen, die damals die junge christliche Kirche erschütterten. Der Priester *Arius* lehrte, Jesus Christus sei ein Geschöpf Gottes, aber − wie ein Sohn seinem Vater − Gott nur wesensähnlich. *Athanasius,* der spätere Bischof von Alexandrien, vertrat dagegen die Auffassung, Christus sei der wahre Sohn Gottes, der dem Vater nicht nur wesensähnlich, sondern auch wesensgleich sei.

Über diese Streitfrage berieten 320 Bischöfe aus dem ganzen Reich beim ersten allgemeinen **Konzil von Nicäa** (325). Konstantin selbst eröffnete die Versammlung und nahm an den Beratungen teil. Nach langen heftigen Auseinandersetzungen entschied er sich für Athanasius. Arius wurde aus der Kirche ausgeschlossen und verbannt.

Allerdings vermochte das Konzil von Nicäa die kirchliche Einheit nicht herzustellen. Nur die römische Kirche übernahm das Glaubensbekenntnis von Nicäa. Im Osten des Reiches behauptete sich die Lehre von Arius. Auch die ersten zum Glauben bekehrten Germanen waren **Arianer.**

Die rechtliche Gleichstellung der christlichen und heidnischen Religionen dauerte nur kurze Zeit. Bereits 391 erhob Kaiser *Theodosius* das Christentum zur allein gültigen Religion im

B 59 Konstantin der Große. Der Kopf gehörte ursprünglich zu einer Riesenstatue in Rom.

Reich. Die heidnischen Kulte wurden verboten und ihre Tempel geschlossen. Sie verfielen oder wurden zu christlichen Kirchen umgebaut. Auch die Olympischen Spiele wurden als heidnisches Götterfest verboten (394).

Das Christentum zwischen Verfolgung und Anerkennung

Aus einem Christenprozeß in Karthago um 180:

Römischer Richter: *Saturnius*
Angeklagte Christen: *Speratus, Donata* u.a.

Saturnius: ,,Ihr könnt Straferlaß unseres Herrn Kaisers erlangen, wenn ihr zur Vernunft zurückkehrt!"

Speratus: ,,Wir haben niemals etwas Strafwürdiges getan. Nie haben wir bei etwas Schlechtem mitgeholfen. Wir haben nie jemandem etwas Böses gewünscht, sondern sogar noch gedankt, wenn man uns mißhandelt hat. Wir sind darum gute Untertanen des Kaisers."

Saturnius: ,,Auch wir sind fromme Leute. Unsere Religion ist einfach; wir schwören beim göttlichen Kaiser, unserem Herrn, wir beten für sein Wohlergehen. Und das müßt ihr auch tun!"

Speratus: ,,Wenn du mir jetzt ruhig zuhörst, will ich dir das Mysterium der Einfachheit unserer Religion enthüllen."

Saturnius: „Einweihen willst du mich also in euere Mysterien? Und zwar, indem du auf unsere Religion schimpfst? Nein, da höre ich nicht zu! Es wird besser sein, du schwörst jetzt beim Schutzgeist des Herrn Kaisers."
Speratus: „Ein Kaisertum über diese Welt kann ich niemals anerkennen. Ich diene mehr jenem Gott, den keines Menschen Auge gesehen hat und sehen kann."
Saturnius: „Laßt doch ab von den Narreteien, die dieser euch vormacht."
Cittinius: „Wir fürchten niemanden, außer unseren Herrn, den Gott, der in den Himmeln ist."
Donata: „Ehre dem Kaiser, weil er Kaiser ist. Wir beten aber nur Gott an."
Saturnius: „Bleibt ihr bei dem Bekenntnis, Christen zu sein?"
Christen: „Wir bekennen uns zu Christen."
Saturnius: „Wollt ihr Bedenkzeit haben?"
Speratus: „In einer so gerechten Sache gibt es nichts zu bedenken!" Und alle stimmten ihm bei.
Da verlas Richter *Saturnius* von einer Wachstafel das Endurteil. Speratus und alle übrigen angeklagten Christen haben bekannt, nach Christenweise zu leben. Man hat ihnen die Wege geebnet zur Rückkehr in die römische Religion, aber sie haben sich hartnäckig geweigert. Das Urteil lautet darum: Sie sollen enthauptet werden.   (Aus den Akten der Märtyrer von Scili, 180 n.Chr.)

Das Mailänder Edikt des Konstantin und Licinius (313 n.Chr.):
„In der Erkenntnis, daß die Religionsfreiheit nicht verwehrt werden dürfe, daß es vielmehr einem jeden gemäß seiner Gesinnung und seinem Willen gestattet sein solle, nach eigener Wahl sich religiös zu betätigen, ... haben wir, ich Constantinus Augustus, und ich Licinius Augustus, durch glückliche Fügung nach Mailand gekommen, unter den übrigen Verfügungen, die dem Interesse der Allgemeinheit dienen sollten, folgenden Erlaß beschlossen:
In gesunder und durchaus richtiger Erwägung haben wir so diesen Beschluß gefaßt, daß keinem Menschen die Freiheit versagt werden solle, Brauch und Kult der Christen zu befolgen und zu erwählen, daß vielmehr jedem die Freiheit gegeben werde, sein Herz jener Religion zuzuwenden, die er selbst für die ihm entsprechende erachtet, auf daß uns die Gottheit in allem die gewohnte Fürsorge und Huld schenken möge...
Wir bestimmen weiterhin, daß jene Stätten, an denen die Christen ehedem zusammenzukommen pflegten, unentgeltlich und ohne Rückforderung des Kaufpreises, ohne Zögern und Zaudern, an sie zurückerstattet werden... Auf diese Weise möge uns, wie oben gesagt, das göttliche Wohlwollen, das wir schon bei vielen Gelegenheiten erfahren, für alle Zeiten fest erhalten bleiben."   (Nach Eusebios, Kirchengeschichte 10,5)

Erlaß des Kaisers Theodosius gegen das Heidentum:
„Niemand (mag er sein, wer er will) ... darf an irgendeinem Orte, in irgendeiner Stadt den vernunftlosen Götterbildern ein unschuldiges Opfertier schlachten oder ihnen Lichter anzünden oder Weihrauch streuen oder Kränze aufhängen. Wenn nun jemand in der Absicht, ein Tier zu opfern, es mit Opfermehl zu bestreuen oder rauchende Eingeweide zu befragen wagt, gegen den soll allen gestattet sein, eine Klage zu erheben, wie gegen einen des Majestätsverbrechens Schuldigen ... der soll, als der Religionsverhetzung schuldig, Einbuße erleiden an dem Haus oder Besitztum, in dem er erwiesenermaßen in heidnischem Aberglauben seinen Götzendienst verrichtet hat ..."   (Codex Théodosianus 16, 10, 12)

Arbeitsvorschläge
1. Was wird den angeklagten Christen im Prozeß in Karthago vorgeworfen, und wie verteidigen sie sich?
2. Wie begründet der Richter sein Todesurteil?
3. Wie nennt man Christen, die für ihren Glauben gestorben sind?
4. Womit begründet Konstantin seine Toleranz?
5. Welche Folgen hat der Erlaß des Theodosius für die Heiden?
6. Werden auch heute noch Menschen wegen ihres Glaubens benachteiligt oder verfolgt?

Während der Regierung des Augustus verkündet Jesus Christus die Botschaft von dem einzigen Gott und der Erlösung aller Menschen, die an ihn glauben. Seine Jünger und die Apostel verbreiten seine Lehre im ganzen Mittelmeerraum und nach der Übersetzung des Neuen Testaments und der Apostelbriefe ins Lateinische auch im Westen des Reiches. Christenverfolgungen, die vor allem im 3. Jh. einsetzen, können die Ausbreitung des Christentums nicht verhindern.

Die entscheidende Wende führt Kaiser Konstantin mit dem Erlaß des Mailänder Edikts (313) durch. Die Christen erhalten Glaubensfreiheit und Gleichstellung mit den anderen Religionen. Unter Kaiser Theodosius wird das Christentum Staatsreligion.

Neue Begriffe: Märtyrer — Katakomben — Arianer — Edikt — Konzil

Zerfall der Mittelmeerwelt

Völkerwanderung und Reichsgründungen germanischer Stämme

Woher kamen die Germanen?

Seit dem Einfall der Kimbern und Teutonen in Italien gehörten die Germanen zu den gefährlichsten Gegnern Roms.

Ihre **Urheimat** lag in Nordeuropa. Auf der Suche nach neuem Siedlungsland verdrängten sie die Kelten aus Mitteldeutschland und breiteten sich bis zum Rhein und zur Donau und bis zur Weichsel aus. Seit der Mitte des 3. Jh. n.Chr. gewannen sie auch neue Siedlungsräume in Ost- und Südosteuropa.

Ursprünglich zerfielen die Germanen in zahlreiche unabhängige kleine Völkerschaften. Während der Wanderungszeit bildeten sich größere Stammeseinheiten mit einem Herzog oder König an der Spitze.

Wir unterscheiden:

Ostgermanen: die Volksstämme östlich der Oder: Goten, Burgunder, Vandalen, Sueben

Westgermanen: die Volksstämme zwischen Rhein, Elbe und Nordsee: Friesen, Sachsen, Thüringer, Alemannen, Franken

Nordgermanen: die damals ihre Heimat in Skandinavien und Dänemark nicht verließen.

Der Hunnensturm

Der Vorstoß der Hunnen nach Osteuropa löste eine erneute Wanderung germanischer Stämme aus, die **große germanische Völkerwanderung**.

Die Hunnen waren ein mongolisches Nomadenvolk aus den weiten Steppengebieten Innerasiens. Nachdem sich China durch den Bau der Großen Mauer gegen die ständigen Raubzüge der Steppenvölker geschützt hatte, wandten sie sich nach Westen. 375 n.Chr. besiegten sie die Ostgoten und zwangen sie zur Heeresfolge.

Der römische Geschichtsschreiber Tacitus über die Germanen:

„... Die äußere Erscheinung ist trotz der großen Zahl von Menschen bei allen dieselbe: wild blickende blaue Augen, rötliches Haar und große Gestalten, die allerdings nur zum Angriff taugen. Für Strapazen und Mühen bringen sie nicht dieselbe Ausdauer auf, und am wenigsten ertragen sie Durst und Hitze; wohl aber sind sie durch Klima oder Bodenbeschaffenheit gegen Kälte und Hunger abgehärtet.

Das Land bietet zwar in seinen Teilen einen merklich verschiedenen Anblick dar, doch im allgemeinen ist es entweder mit schaurigen Wäldern oder mit wüsten Sümpfen bedeckt ... Getreide gedeiht, Obst dagegen nicht. Vieh gibt es reichlich ..., die Menge macht den Menschen Freude, und die Herden sind ihr einziger und liebster Besitz.

Daß die Völkerschaften der Germanen keine Städte bewohnen, ist hinreichend bekannt, ja daß sie nicht einmal zusammenhängende Siedlungen dulden. Sie hausen einzeln und gesondert, gerade wie ein Quell, eine Fläche, ein Gehölz ihnen zusagt. Ihre Dörfer legen sie nicht in unserer Weise an, daß die Gebäude verbunden sind und aneinanderstoßen; jeder umgibt sein Haus mit freiem Raum, sei es zum Schutz gegen Feuersgefahr, sei es aus Unkenntnis im Bauen. Nicht einmal Bruchsteine oder Ziegel sind bei ihnen im Gebrauch; zu allem verwenden sie unbehauenes Holz, ohne auf ein gefälliges oder freundliches Aussehen zu achten ...

Kommt es zur Schlacht, ist es schimpflich für den Gefolgsherrn, an Tapferkeit zurückzustehen, schimpflich für das Gefolge, es dem Herrn an Tapferkeit nicht gleichzutun. Doch für das ganze Leben lädt Schmach und Schande auf sich, wer seinen Herrn überlebend aus der Schlacht zurückkehrt: ihn zu schirmen und zu schützen, auch die eigenen Heldentaten ihm zum Ruhme anzurechnen, ist des Dienstes heilige Pflicht. Die Herren kämpfen für den Sieg, die Gefolgsleute für den Herrn.

... Nur wenige haben ein Schwert oder eine größere Lanze. Sie tragen Speere mit schmaler und kurzer Eisenspitze, die jedoch so scharf und handlich sind, daß sie dieselbe Waffe je nach Bedarf für den Nah- oder Fernkampf verwenden können. Selbst der Reiter begnügt sich mit Schild und Speere; die Fußsoldaten werfen auch kleine Spieße, ... und sie schleudern ungeheuer weit: ...

Ihre Pferde zeichnet weder Schönheit noch Schnelligkeit aus. Sie werden auch nicht, wie bei uns, zu kunstvollen Wendungen abgerichtet; man reitet geradeaus ... und zwar in so geschlossener Linie, daß niemand zurückbleibt." (Tacitus, Germania 4, 5, 16, 14, 6)

Der römische Geschichtsschreiber Ammianus Marcellinus über die Hunnen:

„Die Hunnen sind kräftig gebaut, haben feiste Nacken und sind abstoßend häßlich. Niemals schützen sie sich durch irgendwelche Gebäude ... nicht einmal schilfgedeckte Hütten findet man bei ihnen. Auf ihren kleinen, aber ausdauernden Pferden sitzen sie wie angewachsen; Tag und Nacht bringen sie auf ihnen zu; dort essen und trinken sie und sinken, über den schmalen Tierhals gebeugt, in tiefen Schlaf.

Den Kampf beginnen sie in keilförmiger Schlachtordnung und vollführen dabei ein durchdringendes Geschrei. Da sie mit größter Schnelligkeit unvorhergesehene Bewegungen ausführen können, schwärmen sie plötzlich fächerförmig aus und greifen dann an, ohne sich an eine bestimmte Schlachtordnung zu halten; dabei richten sie im weitem Umkreis ein Blutbad an.

Wegen ihrer unheimlichen Schnelligkeit wird man sie auch nicht gleich gewahr, wenn sie plötzlich einen Wall erstürmen oder ein feindliches Lager plündern. Vor allem aber sind sie als schreckliche Gegner gefürchtet, weil sie aus der Ferne mit Wurfgeschossen kämpfen, die statt mit den üblichen Metallspitzen mit scharfen, überaus kunstreich angebrachten Knochen versehen sind. Aus der Nähe fechten sie mit kurzen Schwertern, ohne Rücksicht auf das eigene Leben; während die Feinde sich gegen ihre Hiebe zu wehren versuchen, werfen sie eine Art Schlinge aus gedrehten Lappen über sie, um so die Eingefangenen, die Widerstand leisten, am Reiten und Gehen zu hindern."

(Ammianus Marcellinus 31)

Arbeitsvorschläge

1. Tacitus sieht die Germanen mit den Augen des Römers. Was fällt ihm deshalb als besonders fremdartig auf?
2. Welche Eigenschaften machen die Hunnen nach dem Bericht zu gefürchteten Gegnern?

Germanenreiche auf weströmischem Boden

Die **Westgoten** wichen dem Ansturm der Hunnen aus. Vom Kaiser in Konstantinopel erhielten sie neue Wohnsitze an der unteren Donau. Als römische Bundesgenossen (Föderaten*) sollten sie mithelfen, die Donaugrenzen zu schützen. Dafür erhielten sie nach römischem Einquartierungssystem ein Drittel des Bodens mit den dort ansässigen Bauern. In ihren neuen Siedlungsräumen nahmen sie das Christentum an und zwar in der arischen Form (s.S. 127). Ihr erster Bischof *Wulfila* übersetzte die Bibel aus dem Griechischen ins Gotische und schuf dafür ein eigenes gotisches Alphabet. Dem Beispiel der Goten folgten später die meisten Ostgermanen und wurden arianische Christen.

Unter ihrem König *Alarich* drangen die Westgoten in Italien ein. Sie eroberten Rom und plünderten die Stadt mehrere Tage (410). Von Italien aus wollte Alarich nach Afrika übersetzen, als ihn plötzlich ein Fieber dahinraffte. Seine Nachfolger führten die Westgoten nach Südgallien und Nordspanien. Dort gründeten sie das **erste germanische Reich auf römischem Boden**, mit Tolosa (Toulouse) als Hauptstadt.

Auch die übrigen ostgermanischen Stämme wanderten westwärts. Die **Vandalen** und **Sueben** überschritten den Rhein, zogen durch Gallien und eroberten Spanien. Von den Westgoten bedrängt, setzten die Vandalen unter ihrem König *Geiserich* nach Afrika über (429). Sie eroberten die Kornkammern Roms; Karthago wurde die Hauptstadt des **Vandalenreiches**.

Um wenigstens Italien zu schützen, zogen damals die weströmischen Kaiser ihre Legionen von Britannien und der Rhein- und Donaugrenze zurück. Gleichzeitig verlegten sie ihre Residenz von Rom nach der Stadt Ravenna, die durch Sümpfe besser geschützt war.

Die **Burgunder** setzten sich in der Rheinebene fest und gründeten um Worms ein Reich (413), das von den Hunnen zerstört wurde (436). Diese Ereignisse bilden den geschichtlichen Kern der Nibelungensage. Die Reste der Burgunder gründeten ein neues Reich an der Rhône (heutiges Burgund), das später von den Franken vernichtet wurde.

Die Schlacht auf den Katalaunischen Feldern. Als *Attila* Alleinherrscher der Hunnen wurde, faßte er die unterworfenen Völker, darunter die meisten rechtsrheinischen Germanenstämme, zu einem Großreich zusammen, das sich von Südrußland bis zum Rhein erstreckte. 451 fiel er mit einem gewaltigen Heer in Gallien ein. Auf den Katalaunischen Feldern trat ihm der römische Feldherr *Aëtius* entgegen. Mit Hilfe der Westgoten, Burgunder und Franken siegte er über Attila und zwang ihn zum Rückzug.

Als Attila zwei Jahre später starb, erhoben sich die unterworfenen Völker; Attilas Reich zerfiel. Die Hunnen wichen in die südrussischen Steppen zurück.

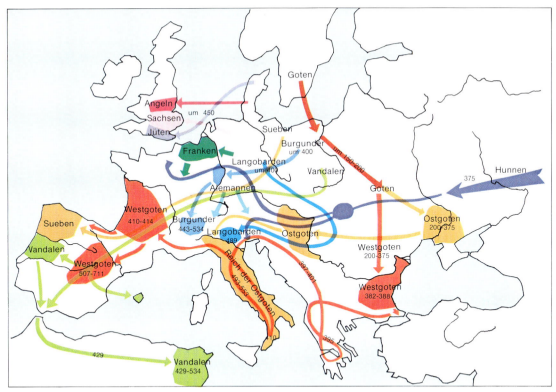

B 1 Wanderungen und Reichsgründungen der Germanen

Arbeitsvorschläge

1. Wie kommt es zur großen germanischen Völkerwanderung?
2. Orientiere dich auf der Karte über die Wanderungen der Germanen! Wo gründen sie ihre Reiche?
3. Zu welchen Maßnahmen zwingt die Völkerwanderung das Römische Reich?
4. Welche Staaten liegen heute innerhalb der damaligen germanischen Siedlungsgebiete? Verwendet dazu den Erdkunde- oder Geschichtsatlas!

B 2 Reiterstein von Hornhausen (bei Magdeburg). Der Stein zeigt einen germanischen Reiter aus der Zeit der Völkerwanderung.

Das Ostgotenreich Theoderichs des Großen in Italien

Das Ende des weströmischen Kaisertums. Dem weströmischen Kaiser waren im Verlauf der Völkerwanderung nur noch Italien und Teile Galliens geblieben. Doch unter den schwächlichen Herrschern lag die eigentliche Macht in den Händen der Söldnerführer. Schließlich wurde der Germane *Odoaker* von seinen Truppen zum König ausgerufen. Als er Kaiser Romulus Augustulus absetzte, endete das weströmische Kaisertum (476).

Nach dem Zerfall des Hunnenreiches wurden die Ostgoten als Bundesgenossen des oströmischen Kaisers in Pannonien (Westungarn) angesiedelt. Als Pfand für ihre Vertragstreue stellten die Goten Geiseln an den Kaiserhof in Konstantinopel, darunter den achtjährigen Königssohn *Theoderich*.

Mit 20 Jahren wurde Theoderich König der Ostgoten. Er war ein unbequemer Bundesgenosse des Kaisers. Häufig unternahm er mit seinen Goten Beutezüge auf den Balkan. Um diesen Unruheherd zu beseitigen, beauftragte der Kaiser deshalb Theoderich, Odoaker aus Italien zu vertreiben (488). Theoderich besiegte Odoaker in mehreren Schlachten und schloß ihn in Ravenna ein. Nach 2½jähriger Belagerung ergab sich Odoaker, als ihm Theoderich die Mitregentschaft zusicherte. Doch bald darauf tötete Theoderich seinen Gegner bei einem Gastmahl (493). Mit der Verleihung des Königstitels wurde er vom oströmischen Kaiser als Statthalter (Patricius) in Italien anerkannt.

Als Föderaten des oströmischen Kaisers erhielten die Ostgoten ein Drittel des Landes mit Arbeitskräften und Vieh. Den Schwierigkeiten, die sich bei der Landzuweisung ergaben, begegnete Theoderich dadurch, daß er einen Senator mit dieser Aufgabe betraute. Auch sorgte er für den Fortbestand der römischen Zivilverwaltung und berief in seine Kanzlei gebildete Römer als Beamte und Berater.

Von Ravenna aus herrschte Theoderich über eine römische Bevölkerung, die 25- bis 30mal größer war als die Zahl seiner Goten. Um zu verhindern, daß sein Volk in der viel zahlreicheren römischen Bevölkerung rasch aufgesogen wurde, war das Zusammenleben von Römern und Germanen wie folgt geregelt:

Die Goten bildeten den **Kriegerstand**. Sie blieben Arianer und unterstanden germanischem Recht.

Die Römer waren vom Kriegsdienst befreit. Sie trieben Handel und Gewerbe wie bisher, unterstanden römischem Recht und blieben Katholiken.
Zwischen Goten und Römern bestand ein Heiratsverbot.

Neben guten Beziehungen zum Kaiserhof in Konstantinopel suchte Theoderich seine Herrschaft durch Bündnisse mit fast allen germanischen Königen zu festigen. Verwandschaftliche Bindungen sollten die freundschaftlichen Beziehungen festigen. Seine Gemahlin war die Schwester des Frankenkönigs Chlodwig; seine Schwester verheiratete er mit dem König der Vandalen, seine Töchter mit den Königen der Westgoten und Burgunder.

Aber bereits in seinen letzten Regierungsjahren zerfiel sein Bündnissystem. Vor dem rücksichtslosen Ausdehnungsdrang des Frankenkönigs Chlodwig mußte er die Westgoten und später auch die Burgunder mit Waffengewalt in Schutz nehmen.

Als Theoderich 526 starb, hinterließ er keinen regierungsfähigen Erben. Es kam zu Thronstreitigkeiten. Seine Tochter, die zunächst die Regentschaft übernommen hatte, wurde ermordet. Dies benutzte der oströmische Kaiser Justinianus, um in Italien einzugreifen. In einem 20jährigen Verteidigungskrieg wurden die Goten von oströmischen Heeren unter den Feldherrn Belisar und Narses aufgerieben. Kleine Reste des Volkes erhielten schließlich freien Abzug über die Alpen. Italien wurde wieder oströmische Provinz (555).

Über die Regierung Theoderichs:

„Theoderich regierte 33 Jahre. In seiner Zeit war Italien 30 Jahre lang vom Glück begleitet, derart, daß selbst Reisende Frieden hatten. Denn er tat nichts verkehrt. So regierte er die beiden Völker in einem, die Römer und die Goten. Er gehörte zwar selbst der arianischen Sekte an, unternahm aber doch nichts gegen die katholische Religion ... Den Staatsdienst der Römer ließ er den gleichen sein wie unter den Kaisern. Er gab Spenden und Lebensmittel, und obwohl er den Staatsschatz ganz leer vorgefunden hatte, stellte er ihn mit seiner Arbeit wieder her und machte ihn reich ... Er war ein Freund von Bauten und ein Erneuerer der Städte. Er erneuerte die Wasserleitung von Ravenna, die der Kaiser Trajanus hergestellt hatte, und leitete nach langer Zeit wieder Wasser herein. Den Palast stellte er bis zur Vollendung her ... Aber auch in anderen Städten leistete er viel Gutes."

(Anonymus Valesianus 12, 59 ff.)

Arbeitsvorschläge
1. Wodurch versucht Theoderich Goten und Römer zu versöhnen?
2. Warum will er aber eine Verschmelzung der beiden Völker verhindern?
3. Welche Verdienste werden Theoderich in der Quelle zugeschrieben?

B 3 Das Grabmal des Theoderich in Ravenna. Das runde, nur von schmalen Lichtschlitzen erhellte Obergeschoß war als Totenkammer für den König gedacht. Die flache Kuppel mit einem Durchmesser von 11 m ist aus einem einzigen Felsbrocken gehauen und hat ein Gewicht von ca. 8000 Zentnern.

Seit der Mitte des 2. Jh. dringen germanische Stämme auf der Suche nach neuem Siedlungsraum bis zur Grenze des römischen Reiches und in das östliche Europa bis zum Schwarzen Meer vor. Aus ihren Siedlungsgebieten werden die Ostgermanen durch den Hunneneinfall vertrieben (375). Auf dem Boden des weströmischen Reiches gründen Westgoten, Vandalen und Burgunder germanische Reiche.

Mit der Absetzung des letzten weströmischen Kaisers durch Odoaker endet das Weströmische Kaisertum. Mit seinem Sieg über Odoaker gründet Theoderich das Reich der Goten in Italien (493). Die Reiche der Ostgermanen sind nicht von bleibender Dauer: Die zahlenmäßige Unterlegenheit der Germanen gegenüber den unterworfenen Völkern, der religiöse Gegensatz zwischen arianischen Germanen und katholischen Römern und das Wiedererstarken des Oströmischen Reiches tragen zum Untergang der germanischen Reiche bei.

Neue Begriffe: Völkerwanderung* — Patricius — Föderaten

Das Oströmische Reich

Konstantinopel, das neue Rom

Das Oströmische Reich überlebte die Stürme der Völkerwanderungszeit, weil es seinen geschickten Diplomaten immer wieder gelang, die landsuchenden Germanen nach Westen zu lenken (s.S. 132). So blieb es im Besitz der reichen Provinzen Kleinasien, Syrien und Ägypten. Die oströmischen Kaiser bezeichneten sich weiterhin als ‚Kaiser der Römer'. Ihre Hauptstadt Konstantinopel wurde das neue Rom.

An der Brücke Europas und Asiens gelegen, entwickelte sich Konstantinopel zum **ersten Handelsplatz** der damaligen Welt. Seine Läden und Lagerhäuser füllten sich mit Waren aus aller Welt, aus Persien, Indien, China, Rußland, Italien und Mitteleuropa. Zum Reichtum dieser Stadt trug auch das **eigene Gewerbe** bei, das Papyrus, Glas, Töpferwaren, eiserne Werkzeuge, Waffen, Lederwaren, Seidenstoffe und Schmuck für den Export herstellte.

In ihrer Residenz ließen die oströmischen Kaiser einen riesigen prunkvollen Palast, Theater, Museen, Wasserleitungen und öffentliche Bäder errichten. Sie schmückten die Stadt mit zahllosen Kunstwerken aus Italien und Griechenland. Gleichzeitig bauten sie Konstantinopel zur stärksten Festung der damaligen Zeit aus. Später gab man der Stadt den Namen der alten griechischen Siedlung **Byzanz** und nannte nach ihr das oströmische Reich **Byzantinisches Reich**.

Versuch der Wiederherstellung des alten Römerreiches unter Justinian (527–565)

527 kam Kaiser *Justinian* an die Macht. Sein Onkel, zunächst Präfekt der kaiserlichen Garde, dann Kaiser, hatte den makedonischen Bauernsohn in die Hauptstadt geholt, ihm eine gute Ausbildung verschafft und schließlich den Thron als Erbe hinterlassen.

Durch eine durchgreifende Verwaltungsreform stärkte Justinian die kaiserliche Zentralgewalt. In allen Teilen des Reiches sorgten streng kontrollierende Beamte für die Durchführung seiner Befehle. Ein strenges Hofzeremoniell hob ihn weit über alle Untertanen. Wer die Gnade erhielt, vor das Angesicht des Kaisers zu treten, mußte sich vor ihm auf den Boden werfen.

Justinian setzte sich zum Ziel, das römische Reich in seinem alten Umfang wiederherzustellen. Das bedeutete Krieg gegen die Germanenreiche im Mittelmeerraum. Ein Friedensvertrag mit den Persern ermöglichte sein Vorhaben. Das Vandalenreich und das Ostgotenreich wurden vernichtet und den Westgoten die Ostküste Spaniens entrissen. Damit war das Mittelmeer wieder zu einem römischen Binnenmeer geworden.

Das Corpus Juris Civilis

Die stärkste Nachwirkung hat die Regierung Justinians im Rechtswesen hinterlassen. Auf seine Anordnung hin sammelten Gelehrte alle Gesetze des Senats, der Kaiser sowie die Auslegungen der Juristen. Veraltete Gesetze wurden ausgeschieden, die übrigen in einem Sammelwerk zusammengefaßt, das später den Namen **Corpus Juris Civilis** erhielt.

Allgemeine Rechtsgrundsätze des Corpus Juris Civilis:

„Derjenige muß den Beweis erbringen, der etwas behauptet; nicht der, der leugnet.
Was unter Zwang zustande gekommen ist, wird für ungültig erklärt.
Keiner darf verurteilt werden, ohne vorher gehört zu werden.
In Zweifelsfällen muß der Richter für den Angeklagten entscheiden.

Rechtsgrundsätze unserer Zeit:

Wer zur Abgabe einer Willenserklärung durch Drohung gezwungen worden ist, kann die Erklärung anfechten. (BGB § 123)

Eine Tat kann nur bestraft werden, wenn die Strafbarkeit gesetzlich bestimmt ist, bevor die Tat begangen worden ist. (Grundgesetz, Art. 103,2)

Sind trotz Anhaltspunkten keine bestimmten Feststellungen möglich, so ist von der dem Angeklagten günstigsten Tatsachengestaltung auszugehen.
(Entscheidungssammlung des Bundesgerichtshofes in Strafsachen, Bd. 19, S. 33)

Arbeitsvorschlag

Jahrhundertelang diente das Corpus Juris Civilis anderen Gesetzesbüchern als Vorbild. Vergleiche die Bestimmungen aus dem Corpus Juris Civilis mit den Rechtsgrundsätzen unserer Zeit und ordne die mit gleicher Aussage einander zu!

B 4 Kaiser Justinian mit Gefolge. Mosaik aus der Kirche San Vitale in Ravenna, die Justinian nach dem Sieg über die Ostgoten errichten ließ.
In der Mitte des Bildes der Kaiser, der ein Goldgefäß mit Opfergaben trägt, neben ihm der Bischof von Ravenna und drei Würdenträger. Ihre Gewänder zeigen die Rangabstufung: Der Gewandeinsatz beim Kaiser ist aus Goldbrokat gefertigt, bei den Würdenträgern aus Purpurtuch. Rechts zwei Diakone mit Evangelienbuch und Rauchfaß. Auf dem Schild der Leibwache ist das Christusmonogramm abgebildet. Der Kranz umschließt die griechischen Buchstaben XP, d.h. CHR = Christus.
Was soll das Bild über die Stellung des Kaisers im Staat und innerhalb der Kirche zum Ausdruck bringen?

Die Kirchenpolitik des Kaisers Justinian

Die Macht des Kaisers erstreckte sich auch über die Kirche. Justinian betrachtete sich als irdischer Statthalter Gottes. Dem Patriarchen* in Konstantinopel, dem obersten Bischof der Kirche, erteilte er Weisungen wie den Beamten. Er fühlte sich auch für die Einheit der kirchlichen Lehre, die Orthodoxie, verantwortlich und wirkte bei Entscheidungen in Glaubensfragen mit. Eine solche Vereinigung von politischer und kirchlicher Macht in der Hand eines Herrschers nennen die Historiker **Caesaropapismus**.

Im Westen setzen sich die Päpste durch

Der Bischof von Rom beanspruchte schon früh eine besondere Ehrenstellung unter allen Bischöfen. Als Nachfolger des Apostels Petrus und oberster Priester der ehemaligen Hauptstadt Rom führte er den Titel ‚Pontifex Maximus' und ‚Papa' (= Papst). Die Päpste widersprachen dem Anspruch der oströmischen Kaiser, Oberhaupt der Kirche zu sein und die letzte Entscheidung in Glaubensfragen treffen zu dürfen.

Unter den Nachfolgern Justinians vertieften sich die Unterschiede in der Glaubenslehre. Hinzu traten sprachliche Unterschiede. Im Westen wurde **Lateinisch** die Kirchensprache, während im Osten **Griechisch** als Amts- und Kirchensprache blieb. Die oströmische Kirche wird deshalb **griechisch-orthodoxe Kirche** genannt. Endgültig trennten sich beide Kirchen im Jahre 1054, als sich der Papst in Rom und der Patriarch von Konstantinopel gegenseitig mit dem Kirchenbann belegten.

Byzantinische Kultur

Unter Justinian erlebte die byzantinische Kultur ihre erste Glanzzeit. In der Literatur bewahrte sie das antike Erbe; hinzu traten zahlreiche religiöse Schriften, die sich mit der Glaubenslehre befaßten. Ihre schöpferische Kraft offenbarte die justinianische Epoche aber vor allem in der Kunst.

Die Architektur vollbrachte ihre glanzvollsten Leistungen im Kirchenbau. Neben der flach gedeckten Basilika entstand der überkuppelte Zentralbau. Wandmosaike und Ikonen (Tafelbilder) schmückten die Innenwände der Kirchen. Sie brachten Darstellungen aus dem Leben Jesu Christi, der Muttergottes und der Heiligen.

Die größte christliche Kirche war die **Hagia Sophia**, die Kirche der Heiligen Weisheit in Konstantinopel. Das Wunder dieses Baus ist die gewaltige Kuppel, die trotz ihrer Spannweite von 30 Metern schwerelos, ja schwebend erscheint.

B 5 Erst in neuerer Zeit bemühen sich beide Kirchen wieder um eine Annäherung. Papst Paul VI. und Patriarch Athenagoras haben sich ausgesöhnt und den gegenseitigen Bann zurückgenommen.

Auf Anordnung des Papstes wurde im Jahr 1964 auch das in der Ostkirche als Reliquie hoch verehrte Haupt des Apostels Andreas nach Griechenland zurückgebracht. Es war rund 500 Jahre lang in der Peterskirche in Rom aufbewahrt worden.

Arbeitsvorschläge

1. Wie begründet der oströmische Kaiser Justinian seinen Anspruch, auch über die Kirche zu herrschen?
2. Suche in deinem Geschichtswissen nach einer ähnlichen Vereinigung höchster religiöser und politischer Macht wie in der Person des oströmischen Kaisers!
3. Wie entwickelt sich die Sonderstellung der Bischöfe von Rom?
4. Welche Gegensätze führen zur Spaltung der Christenheit?

B 6 Querschnitt durch die Hagia Sophia von Nord nach Süd. Die Skizze zeigt, wie der gewaltige Druck der Hauptkuppel nach Osten und Westen durch je eine große und zwei kleine Halbkuppeln, nach den Seiten durch die Emporen aufgefangen und abgeleitet wird.

B 7 Das Innere der Hagia Sophia, nach einem Aquarell des 19. Jh. Die gewaltige Kuppel soll das Himmelsgewölbe darstellen. Die Wände waren mit bunten Marmorplatten und prachtvollen Mosaiken (Bildern aus kleinen bunten Steinen) geschmückt.

Als die Türken 1453 Konstantinopel eroberten, wurde die Hagia Sophia in eine Moschee umgewandelt und der frühere Wandschmuck durch arabische Schrifttafeln ersetzt. Heute ist die Hagia Sophia ein Museum.

Ostrom und Slawen

Die Rückeroberung der westlichen Reichshälfte war nur von kurzer Dauer. Bereits 568 drangen die Langobarden in Italien ein, vertrieben die Oströmer aus Ober- und Mittelitalien und gründeten ein Königreich mit der Hauptstadt Pavia. Lediglich die Gebiete um Ravenna und Süditalien blieben im Besitz von Ostrom. Im Osten kam es mit wechselndem Erfolg zu ständigen Auseinandersetzungen mit dem erstarkten Perserreich. Auf der Balkanhalbinsel drangen Bulgaren und Slawen ein und gründeten eigene Reiche.

Bedeutsam wurde die Christianisierung der Slawen in Osteuropa durch Byzanz. Zuerst begannen byzantinische Mönche ihre Missionstätigkeit bei den Bulgaren und Slawen auf dem Balkan und im großmährischen Reich, das damals Böhmen und Mähren umfaßte. Zwei griechische Mönche, *Kyrill* und *Methodios*, die auch die slawische Sprache beherrschten, verwendeten die Volkssprache im Gottesdienst, übersetzten auch Teile der Bibel in das sogenannte Kirchenslawisch und schufen dafür aus dem griechischen Alphabet die erste slawische Schrift, die sogenannte kyrillische Schrift. Später unterstellten Kyrill und Methodios die von ihnen geschaffene Kirchenorganisation Großmährens aber der römischen Kirche, wodurch das Land für die lateinische Schrift gewonnen wurde.

Ihren größten Erfolg errang die byzantinische Mission mit der Christianisierung des ersten russischen Reiches. Als 988 der Großfürst Wladimir von Kiew eine byzantinische Prinzessin heiratete, ließ er sich taufen. Dadurch wurden die Russen von Byzanz aus kulturell geprägt. Das zeigt sich vor allem im Kuppelbau der Kirchen, in den Mosaiken und in der Ikonenmalerei. Die Russen übernahmen die ersten slawischen Schriftzeichen und konnten nun die Bibel in die russische Sprache übersetzen.

B 8 Die Ikone der Mutter Gottes von Wladimir (Rußland), um 1100 entstanden.

Arbeitsvorschläge

1. Wie kommt es zur Christianisierung der Slawen in Osteuropa?
2. Wer heute durch den slawischen Balkan fährt, wird bemerken, daß die Ortsnamen in Slowenien und Kroatien in lateinischer, in Bulgarien aber in kyrillischer Schrift geschrieben sind. Wie ist diese Beobachtung geschichtlich zu erklären?

Unter Kaiser Justinian (527–565) erlebt das Oströmische oder Byzantinische Reich eine neue Blüte. Justinian versucht, das Römerreich in seinem alten Umfang wiederherzustellen und läßt das römische Recht im Corpus Juris Civilis sammeln. Gottes Ordnung, so glauben die byzantinischen Herrscher, hat ihnen die unumschränkte Herrschaft über die Kirche übertragen. Dadurch kommt es zu Streitigkeiten mit dem Papst in Rom und schließlich zur Spaltung der Christenheit in eine römisch-katholische und eine griechisch-orthodoxe Kirche.

Unter der Regierung Justinians erlebt die byzantinische Kultur einen Höhepunkt. Sie bewahrt das Erbe des antiken Bildungsgutes und entwickelt in der Kunst eigenständige Stilformen. Von weltgeschichtlicher Bedeutung wird die Christianisierung der Slawen in Osteuropa.

Der Islam — eine neue Weltreligion

Arabien vor Mohammed

Arabien, hebräisch ‚araba', bedeutet Wüste. Nur in den Randgebieten fallen genügend Niederschläge, die vor allem im Süden, verstärkt durch ein umfangreiches Bewässerungssystem, einen ertragreichen Ackerbau ermöglichen. Dort entstanden bereits seit dem 1. Jt. v.Chr. mehrere Reiche mit einer fortgeschrittenen Stadtkultur.

In dem Wüsten- und Steppenland Innerarabiens lebten dagegen Nomaden, die Kamele, Pferde, Schafe und Ziege züchteten. In Familienverbänden und Stämmen zusammengeschlossen, stritten sie häufig um den Besitz der Weideplätze und Wasserstellen für ihre Viehherden. In den Oasen, wo Getreide angebaut wurde und wo die Dattelpalme gedieh, und an den Karawanenstraßen gab es einige Dörfer und stadtähnliche Siedlungen. Bedeutendster Handelsplatz war Mekka. Es lag in einem unfruchtbaren Tal am Schnittpunkt großer Karawanenstraßen, die Südarabien mit dem Mittelmeer, Persien und Indien verbanden. Durch den Handel mit Gewürzen, Luxuswaren und Weihrauch erwarben die Kaufleute große Reichtümer.

Mekka war zugleich religiöser Mittelpunkt Arabiens. Hier befand sich ein altes Heiligtum, das viele Pilger anzog; die **Kaaba** (Würfel). In dem würfelförmigen Bau standen zahlreiche Götterbilder, hatte doch jeder Stamm seinen Hauptgott und eine Menge Nebengötter. Besonders verehrt wurde ein eingemauerter schwarzer Stein, wahrscheinlich ein Meteorit.

Geburt des Islams

Der Prophet. Um 570 wurde *Mohammed* in Mekka geboren. Er stammte aus einer angesehenen Familie. Schon früh verwaist, wurde er von seinem Großvater und dann von seinem Onkel erzogen. Dieser nahm ihn auf seinen Karawanenreisen bis nach Syrien mit, wo er Juden und Christen kennenlernte. Später heiratete er eine reiche Kaufmannswitwe.

Mit etwa 40 Jahren hatte Mohammed nach der Überlieferung eine Vision: Allah befahl ihm, als sein Prophet den Arabern die Lehre vom einzigen Gott zu verkünden. Damit wurde er zum Be-

B 1 Die Höhle am Berg Hira bei Mekka, in der der Engel Gabriel Mohammed die Lehre des Islams offenbart haben soll.

gründer der Religion des **Islams**. „Islam" bedeutet die Ergebung des Menschen in den Willen des einzigen Gottes (arab. „Allah"). Wer sich Allah hingibt wird Muslim genannt.

Im Jahre 610 begann Mohammed in seiner Geburtsstadt Mekka öffentlich zu predigen. Bei den reichen Kaufleuten erntete er nur Spott, heftige Ablehnung und Verfolgung. Sie befürchteten, seine Verurteilung des Götzendienstes in der Kaaba könne die Bedeutung Mekkas als Pilgerort verringern. Deshalb verließ Mohammed heimlich die Stadt und zog mit einer kleinen Schar seiner Anhänger nach Medina. Diese Auswanderung (arab. Hedschra) erfolgte 622. Mit diesem Jahr beginnt die islamische Zeitrechnung.

In Medina gewann Mohammed zahlreiche Anhänger. Mit Überredung und Waffengewalt gewann er die sich befehdenden umliegenden Stämme und schließlich auch Mekka. Die vom Götzendienst gereinigte Kaaba übernahm er als höchstes Heiligtum.

B 2 Mohammed vor dem Einzug in eine eroberte Stadt, über ihm der Erzengel Gabriel. Persische Handschrift des 14. Jahrhunderts.

Als Mohammed 632 starb, hatte er Arabien tiefgreifend verändert. Fast alle arabischen Stämme hatten seine Lehre angenommen und waren erstmals in einer religiösen und politischen Gemeinschaft geeint. An deren Spitze stand der Prophet als geistliches und weltliches Oberhaupt.

Die Rolle Mohammeds in der Geschichte seines Volkes umschreibt ein Araber so:
„Durch ihre wilden Lebensformen sind die Araber von allen Völkern am wenigsten willig, sich einander unterzuordnen; sie sind grob, stolz, ehrgeizig, und jeder will selbst Führer sein. Nur wenn durch Heilige oder Propheten eine Religion unter ihnen winkt ..., wird es leichter für sie, sich unterzuordnen und zusammenzuschließen. Das wurde erreicht durch die gemeinsame Religion, die die Araber nun besitzen."
(E. Rossa, K. Stierstorfer, Geschichte für Realschulen Mittelalter, S. 15, 1971)

Arbeitsvorschlag
Welche politische Rolle spielt Mohammed in der Geschichte der Araber?

Die Religion des Islam. Für den Islam ist Allah der einzige Gott. Er ist der Schöpfer der Welt und der Menschen. Er begleitet das Leben der Menschen, lenkt den Lauf ihres Schicksals und erteilt ihnen Wohltaten. Er ist aber auch ihr Richter und verlangt nach ihrem Tod Rechenschaft über ihre Taten. Die Frommen kommen in die herrlichen Gärten des Paradieses, die Sünder werden in die Hölle verdammt.

Seinen Gehorsam gegenüber Gott beweist der Muslim durch die Erfüllung der Gebote, die dem Menschen im **Koran**, dem heiligen Buch, auferlegt wurden. Er enthält die Worte, die Mohammed vom Erzengel Gabriel gesagt wurden. Mohammed schrieb den Koran nicht selbst; seine Worte wurden später zusammengefaßt und in 114 Suren (Kapitel) geordnet. Sie stellen unveränderliche Aussagen Allahs dar, deshalb müssen alle Gläubigen den Koran in der Originalsprache, in Arabisch, lesen.

B 3 Hof der Großen Moschee in Mekka mit dem Heiligtum der Kaaba.

Die Grundpflichten des Islams:

1. Glaubensbekenntnis

„Es gibt keinen Gott außer Allah, und Mohammed ist sein Prophet."

2. Gebet

„Im Namen Allahs, des Allbarmherzigen! Lob und Preis sei Allah, dem Herrn aller Weltenbewohner, dem gnädigen Allerbarmer, der am Tage des Gerichts herrscht. Dir allein wollen wir dienen, und zu dir allein flehen wir um Beistand. Führe uns den rechten Weg, den Weg derer, welche sich deiner Gnade freuen – und nicht den Pfad jener, über die du zürnst oder die in die Irre gehen!" (1. Sure, 1–7)

Das Gebet dient der seelischen Läuterung. Fünfmal am Tag soll das Gebet mit dem Gesicht nach Mekka gesprochen werden: vor Tagesanbruch, zu Mittag, am Spätnachmittag, bei Sonnenuntergang und am späten Abend.

3. Almosen

„O Gläubige, gebt Almosen von den Gütern, die ihr erwerbt, und von dem, was wir euch aus der Erde Schoß wachsen lassen; sucht nicht das Schlechteste zum Almosen aus, solches, was ihr wohl selbst nicht nehmen wolltet, außer ihr würdet getäuscht ...
Was ihr an Almosen gebt, ist für eurer Seele Heil; doch gebt nur in der Absicht, dereinst Allahs Anlitz zu schauen. Was ihr den Armen Gutes tut, wird euch einst belohnt werden. Ihr werdet davon nur Vorteil haben." (2. Sure, 268, 273)

4. Der Fastenmonat

„O Gläubige, auch eine Fastenzeit ist euch wie euren Vorfahren vorgeschrieben, damit ihr gottesfürchtig bleibt ... Wer aber krank oder auf Reisen ist, der faste ebenso viele andere Tage dafür ..." (2. Sure, 184, 1985)

Der Fastenmonat, in dem der Prophet die ersten Offenbarungen empfangen hatte, dient zur Selbstbesinnung der Gläubigen und soll dazu führen, schlechte Gewohnheiten abzulegen. Vom Sonnenaufgang bis Sonnenuntergang darf nichts gegessen und getrunken werden. Erst wenn der **Muezzin** vom Turm der **Moschee** das allabendliche Ende des Fastens verkündet, können die Gläubigen wieder Speise und Trank zu sich nehmen.

5. Pilgerfahrt nach Mekka

Wenigstens einmal im Leben soll jeder Muslim eine Pilgerfahrt nach Mekka unternehmen. Vor Beginn der Pilgerreise muß er ein Pilgergewand anlegen. In Mekka angekommen, umläuft er nach den vorgeschriebenen Waschungen siebenmal die Kaaba; dann beginnen die Gebete.

Der Höhepunkt der Pilgerfahrt ist die Besteigung des Berges Arafat, der etwa 25 km außerhalb von Mekka liegt. Dort fühlt er sich in unmittelbarer Nähe Allahs, was er mit dem Satz ausdrückt: „Da bin ich, Herr!"

Neben diesen Hauptgeboten enthält der Koran zahlreiche **Lebensregeln:** So dürfen die Gläubigen kein Schweinefleisch essen, keinen Wein trinken und sich nicht an Glücksspielen beteiligen. Er erlaubt jedem Mann bis zu vier Frauen zu ehelichen, wenn er alle gleichmäßig versorgen kann. Er verlangt Vertragstreue und Ehrlichkeit im Handelsleben, enthält Verfahrensvorschriften für Rechtsstreitigkeiten und setzt das Strafmaß für Mord, Raub und Diebstahl fest.

Der Koran enthält alttestamentliche Geschichten und Anklänge an das Evangelium. Das Alte und Neue Testament erkannte Mohammed als göttliche Offenbarungsschriften an. Moses und Jesus sind nach seiner Auffassung nur frühe Propheten.

Arbeitsvorschläge

1. Vergleiche die Lehre Mohammeds mit der christlichen!
   a) Was hat der Islam mit dem Christentum gemeinsam?
   b) Wodurch unterscheiden sie sich?
2. Vergleiche die religiösen Pflichten des Moslems mit denen der Christen!
3. Informiert euch über religiöses Brauchtum und Sitten der türkischen Minderheit in Bayern!

Die Ausbreitung des Islam

Arabien unter den ersten vier Kalifen. Da Mohammed keine Anweisungen hinterlassen hatte, wer nach seinem Tod die Führung des Staates übernehmen sollte, wurden Kalifen als Nachfolger des Propheten gewählt. Der erste Kalif *Abu Bekr* (632–634) mußte zunächst die arabischen Stämme unterwerfen, die nach dem Tode des Propheten vom Islam abgefallen waren. Dann begann unter ihm und seinen Nachfolgern die Ausbreitung des Islams über die Grenzen Arabiens hinaus. Im ersten Ansturm wurden die oströmischen Provinzen, Syrien, Irak, Palästina, Ägypten und das Perserreich erobert.

Haupttriebkraft der Eroberung war die Ausbreitung des Islams, die Mohammed seinen Anhängern zur Pflicht gemacht hatte. Aber auch Überbevölkerung und Aussicht auf reiche Beute und bessere Lebenshaltung haben zu den Eroberungszügen beigetragen. Ihre Erfolge verdankten die Araber aber vor allem der Tatsache, daß die angrenzenden Großreiche, das Byzantinische und das Perserreich, nach einem über 20jährigen Krieg (610–631) erschöpft waren.

Die zweite Expansion unter den Omajjaden. Nach dem Tod des 4. Kalifen *Ali* (Vetter Mohammeds und Ehemann seiner Tochter *Fatima*) wurde das Kalifat in der Familie der Omajjaden erblich (662). Ihre Residenz verlegten sie nach Damaskus.

Die Omajjaden setzten die Eroberungspolitik der ersten Kalifen fort. Im Osten erreichten ihre Heere Nordindien und drangen in Zentralasien ein. Im Westen setzte nach der Eroberung Nordafrikas der Feldherr *Tarik* über die nach ihm benannte Meerenge von Gibraltar (Dschebel el Tarik = Fels des Tarik) nach Spanien über und vernichteten das Westgotenreich.

Ein arabisches Heer drang in Gallien bis Tours und Poitiers vor. Dort wurde es 732 von den Franken unter *Karl Martell* besiegt und mußte sich nach Spanien zurückziehen.

Auch Byzanz wurde zweimal (673/677 und 716/718) belagert. Beide Male rettete die Wunderwaffe des griechischen Feuers die Hauptstadt.

Es handelte sich dabei um ein Gemisch aus Petroleum, Schwefel, Salpeter und ungebranntem Kalk. Dieses Gemisch wurde von byzantinischen Schiffen gegen den Feind geschleudert, setzte seine Schiffe in Brand und ließ sich nicht mit Wasser löschen.

Während die Kalifen darauf achteten, daß in Arabien der Islam alleinherrschend war, erstrebten sie außerhalb ihrer Heimat keine Zwangsbekehrung. Juden und Christen als Besitzer der Thora (der fünf Bücher Moses) und der Bibel durften ihre Religion behalten; ihnen wurde auch religiöse Selbstverwaltung zugestanden. Für die gewährte Toleranz mußten sie eine Kopf- und Landsteuer entrichten. Da die Muslime nur die Almosensteuer zahlten, traten viele Unterworfene zum Islam über. Als die Staatseinnahmen dadurch beträchtlich sanken, gingen die Kalifen dazu über, die Landsteuer von allen Grundbesitzern zu erheben, und zwar ohne Rücksicht auf ihre Religionszugehörigkeit.

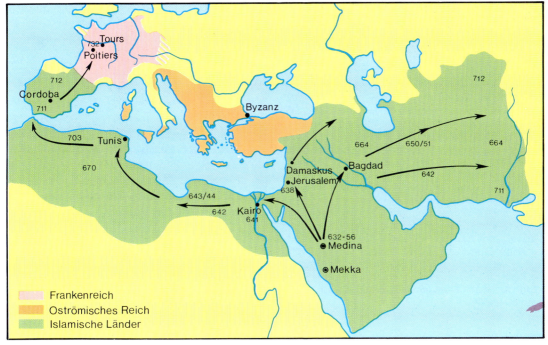

B 4 Die Ausbreitung des Islam im 7. und 8. Jahrhundert

Das islamische Weltreich unter den Abbasiden. Die Herrschaft der Omajjaden wurde unterhöhlt durch zahlreiche Gegensätze. Der Vorrang des Arabertums stieß bei den nichtarabischen Muslimen auf wachsenden Widerstand. Zudem kam es zu einer bis heute andauernden Spaltung des Islams. Während die Mehrheit, die Sunniten, neben dem Koran auch die Sunna, eine Sammlung mündlicher Aussprüche des Propheten, als zweite Glaubensquelle anerkannten, lehnte dies eine Minderheit, die Schiiten (von Schia = Partei), ab. Sie bekämpften auch die Herrschaft der Omajjaden. Für sie konnte der Kalif nur aus der Familie des Propheten kommen; sie forderten deshalb das Amt für die unmittelbaren Nachkommen des 4. Kalifen Ali. Als 750 der Aufruhr offen ausbrach, kam die Dynastie der Abbasiden zur Herrschaft. Die Omajjaden wurden ausgerottet, nur ein Prinz entkam nach Spanien, wo er in Cordoba ein unabhängiges Emirat errichtete (756).

Unter den Abbasiden, die als neue Hauptstadt Bagdad wählten, wandelte sich das islamische Gottesreich zum Nachfolger der orientalischen Großreiche. Die Araber wurden von der Staatsführung verdrängt und das persische Zeremoniell eingeführt. Wie die frühen persischen Großkönige hatten die Kalifen einen großen Hofstaat und wurden für die Massen unerreichbar.

Im 9. Jh. sank die Macht der Kalifen. Die Statthalter der Provinzen gründeten eigene Dynastien; dadurch kam es zum Zerfall des islamischen Großreiches in mehrere Teilreiche.

Über den Heiligen Krieg: (arab. „dschihad")

„Der Kampf (gegen die Ungläubigen) ist euch vorgeschrieben, obwohl er euch zuwider ist. Aber vielleicht ist euch etwas zuwider, was gut für euch ist. Allah weiß es, ihr aber wißt es nicht." (2. Sure, 217)

„Wenn ihr im Krieg mit den Ungläubigen zusammentrefft, dann schlagt ihnen die Köpfe ab, bis ihr eine große Niederlage unter ihnen angerichtet habt. Die übrigen legt in Ketten und gebt sie, wenn des Krieges Lasten zu Ende gegangen sind, entweder aus Gnade umsonst oder gegen Lösegeld frei. So soll es sein. Wenn Allah nur wollte, so könnte er auch ohne euch Rache an ihnen nehmen; aber er will dadurch einen durch den anderen prüfen. Die für Allahs Religion kämpfen und sterben, deren Wege werden nicht verloren sein. Allah wird sie vielmehr leiten und sie in das Paradies führen, welches er ihnen angekündigt hat. In diesem sind Bäche von Wasser, das nicht verdirbt, und Bäche von Milch, deren Geschmack sich nicht ändert, und Bäche von Wein, köstlich für die Trinkenden, auch Ströme von gereinigtem Honig. Dort werden sie alle Arten von Früchten und Vergebung von ihrem Herrn erhalten." (47. Sure, 5–7, 16)

„Bekämpft diejenigen unter den Schriftbesitzern, die nicht an Allah und den Jüngsten Tag glauben und die das nicht verbieten, was Allah und sein Gesandter verboten haben, und sich nicht zur wahren Religion bekennen, so lange, bis sie ihren Tribut in Demut entrichten (und sich unterwerfen)." (9. Sure, 29)

Das Wort „dschihad" wurde erst später von den Historikern als „Heiliger Krieg" übersetzt. Es bedeutet im Arabischen zunächst Einsatz für die Sache Allahs. Damit ist jeder Muslim aufgefordert, den Islam gegen seine Feinde zu verteidigen und gegen Andersgläubige zu kämpfen. Diese Pflicht kann durch die Zunge oder auch das Schwert erfüllt werden.

Arbeitsvorschläge

1. Berichte, was der Koran gegenüber den Nichtmuslimen festlegt!
2. Worauf ist die Toleranz gegenüber Christen und Juden zurückzuführen?

Die Kultur des Islams

Vom Nomadenleben bis zur Stadtkultur. Die Eroberungszüge der arabischen Heere führten die Wüstenkrieger in die großen und reichen Städte des Orients.

Bericht eines arabischen Feldherrn nach der Einnahme von Alexandria:
„Ich habe eine Stadt erobert; mit deren Beschreibung ich gar nicht erst beginnen will. Es genüge zu berichten, daß ich darin 4000 Villen mit 4000 Bädern vorgefunden habe, dazu 40000 steuerzahlende Juden und 400 eines Königs würdige Vergnügungsstätten."

Zunächst ließen die Kalifen ihre Heere außerhalb der eroberten Städte lagern, dann gründeten sie Garnisonsstädte, die durch den Zuzug von Handwerkern und Kaufleuten rasch aufblühten. Diese Städte besaßen Wasserleitungen, öffentliche Bäder, Krankenhäuser, Basare (große Markthallen oder überdachte Ladenstraßen), Karawansereien (Herbergen für reisende Kaufleute und deren Reit- und Lasttiere). Da Holz knapp war, wurden die städtischen Häuser aus sonnengetrockneten oder gebrannten Ziegeln gebaut und mit Kalk verputzt.

Das Gewerbe beruhte auf einem hochentwickelten Handwerk. Besonders blühte das Textilgewerbe, die kunstvolle Bearbeitung des Kupfers und die Schmiedekunst. Die Schwertklingen aus Damaszener Stahl blieben lange Zeit unübertroffen. Große Bedeutung für die Geschichte der Kultur hatte das Papier. Die Papierherstellung übernahmen die Araber von den Chinesen; sie wurde aber verbessert und ermöglichte die Herstellung preiswerter Bücher.

Ein ausgedehnter Fernhandel verband alle Teile des arabischen Weltreiches. Hinzu traten Handelsbeziehungen mit Indien, Ceylon und China. Auf dem Land- und Seeweg brachten muslimische Kaufleute Edelsteine, Luxuswaren und Gewürze mit, die durch den Mittelmeerhandel auch ins christliche Abendland gelangten. Für die Schiffahrt wurde der Kompaß erfunden.

Das Leben wie die äußere Gestalt dieser Städte waren vom Islam geprägt. Die Gläubigen mußten überall den Gesang der Muezzine hören können, die von den schlanken Türmen, den **Minaretten**, zu den feststehenden Zeiten zum Gebet riefen. Daher die vielen kleinen Moscheen, die heute noch das Stadtbild des Orients beherrschen. Bei aller Vielfalt der Bautypen in den Ländern zwischen Atlantik und Innerasien haben alle Moscheen eines gemeinsam: Es gibt kein Allerheiligstes und keine Altäre, Statuen und Gemälde. Da Mohammed verboten hatte, Gott bildlich darzustellen, überziehen geometrische Ornamente und Inschriften, die dem Koran entnommen sind, Wände und Gewölbe. Am häufigsten verkündet man: „Bi-smi-llahi ar-rahmani ar-rahimi" (Im Namen des gütigen und barmherzigen Gottes) oder „La ilaha illa-llah muhammad rasul allah" (Es gibt keinen Gott außer Allah, und Mohammed ist sein Prophet).

Die Moscheen waren aber nicht nur der Ort des gemeinsamen Gebetes. In der frühen Zeit waren sie auch **Versammlungsort** der Gemeinde, wo die Befehle der Obrigkeit bekanntgegeben wurden, und **Unterrichtsstätte**. In den großen Moscheen wurden Theologen, Richter und Gelehrte ausgebildet; in den kleinen waren Schulen für Kinder eingerichtet.

In den Residenz- und Provinzhauptstädten bildeten die Paläste einen eigenen umfriedeten Bezirk, um auf diese Weise den Abstand der Herrscher zu ihren Untertanen zu wahren. Innerhalb ihrer Mauern befanden sich prunkvolle Audienzhallen, die Schatzkammer, Verwaltungsgebäude und Wohngebäude für den persönlichen Hofstaat. Von den Bauwerken der Frühzeit sind leider nur Überreste erhalten; die großen Bauten stammen aus dem Spätmittelalter.

Pflege der Wissenschaften. Die Muslime traten in den eroberten Gebieten nicht als Zerstörer der alten Kulturen auf. Sie brachten den besiegten Völkern den Islam und ihre Sprache, übernahmen von Ihnen aber alle Errungenschaften ihrer Kultur.

Griechische, persische und indische Texte wurden ins Arabische übersetzt. Die Kalifen förderten diese Arbeit und verlangten mehrmals nach einem Sieg über den byzantinischen Kaiser die Auslieferung von noch nicht übersetzten Werken griechischer Gelehrter als Kriegsentschädigung. In allen Städten wurden zahlreiche öffentliche Bibliotheken errichtet, selbst Private erwarben von den Buchhändlern große Buchbestände.

Die Muslime haben aber nicht nur das Wissen der unterworfenen Völker gesammelt, sie haben dieses auch schöpferisch vermehrt. Auf den Gebieten der Mathematik, Geographie, Astronomie und Medizin gelangten sie so zu wichtigen neuen Erkenntnissen.

In der Medizin waren ihre Ärzte in der Lage zu operieren und zu amputieren; um den Patienten Schmerzen zu ersparen, wandten sie bereits die Vollnarkose an. Sie erprobten neue Heilmittel und wiesen als Ärzte den Kreislauf des Blutes im menschlichen Körper nach.

Arabische Astronomen entdeckten neue Gestirne und berechneten mit großer Genauigkeit die Bahnen der Sonne, des Mondes und der Planeten. Von den Indern übernahmen die Muslime das Zehnersystem mit dem Zeichen Null. Sie führten den Dezimalbruch ein, rechneten bereits mit Buchstaben und nannten die neue Rechnungsweise ‚Algebra'.

Vor allem über Spanien, Sizilien und Italien gelangte die islamische Wissenschaft in das christliche Abendland. Bis ins 15. Jh. hinein wurden die übersetzten Werke islamischer Gelehrter dem Unterricht an den Universitäten zugrunde gelegt.

B 5   Das Innere der Moschee in Cordoba, Spanien. In der Säulenhalle treffen sich die Muslime zum Gebet. Im Gegensatz zur christlichen Kirche kennt der Islam kein Priesteramt. Imame (Vorbeter) leiten das Gebet.

B 6 Islamische Astronomen in einer Sternwarte

B 7 In der Bibliothek einer Moschee. Buchmalerei aus dem 14. Jh.

Arbeitsvorschläge

1. Vergleiche römische und arabische Ziffern!

I	II	III	IV	V	VI	VII	VIII	IX	X
1	2	3	4	5	6	7	8	9	10
L		C		D				M	
50		100		500				1000	

a) Schreibe die Jahreszahl 1983 in römischen Ziffern! Was stellst du fest?
b) Versuche zu rechnen: MDCLI + XII = ?

2. Wieviel das Abendland von den Arabern gelernt hat, verrät heute noch unser Wortschatz: Algebra, Ziffer, Zenit, Alchemie, Chemie, Elixier, Droge, Alkohol, Alkali, Kompaß, Kalium, Natrium; Admiral, Arsenal, Besan (Segel); Tarif, Kaliber, Magazin, Damast, Atlas, Satin, Chiffon; Scharlach, Karmesin, Lila.
Aus welchen Bereichen stammen diese Begriffe? Welche Wörter sind dir in ihrer Bedeutung unbekannt? Schlage evtl. im Lexikon nach!

Zu Beginn des 7. Jh. begründet Mohammed mit dem Islam einen strengen Monotheismus. Seine Nachfolger verbreiten seine Lehre über Arabien hinaus und errichten ein Weltreich, das von Spanien bis Indien reicht. Aus der Berührung mit den Kulturen der unterworfenen Völker entsteht die islamische Hochkultur.

Neue Begriffe: Islam* — Allah — Kaaba — Hedschra — Koran — Sunna — Sunniten — Schiiten — Kalif* — Moschee — Minarett — Muezzin

Muslimische Gastarbeiter in Deutschland

Der Islam hat heute weltweit etwa eine Milliarde Anhänger. 25 Millionen leben in Europa, davon 1,7 Millionen in Deutschland. Die meisten (etwa 1,5 Millionen) der bei uns lebenden Muslime stammen aus der Türkei; sie sind als Gastarbeiter nach Deutschland gekommen. Sie leben und arbeiten hier in einer von der christlichen Kultur und der modernen Industrie geprägten Gesellschaft. Ihre Lebensweise bestimmt aber nach wie vor der Koran (s.S. 141). Dadurch ist ihr Leben in Deutschland für sie nicht ganz einfach. Die Deutschen betrachten die Muslime vielfach mit Mißtrauen und bringen für ihre Kultur nicht immer das notwendige Verständnis auf. Persönliche Kontakte sind zudem durch Sprachschwierigkeiten erschwert. Es ist deshalb eine umfassende Information über die verschiedenen Kulturen notwendig, damit das gegenseitige Verhalten nicht durch Vorurteile belastet wird.

Für die Kinder der Gastarbeiter ist das Leben in Deutschland besonders schwierig. Während in ihren Elternhäusern noch die strengen Grundsätze ihrer Religion und der alten Heimat gelten, erleben sie in den deutschen Kindergärten und Schulen eine viel freiere Welt. Dies führt bei vielen Jugendlichen zu einem Gefühl großer Unsicherheit. In welchem Zwiespalt sie manchmal leben, zeigt folgender Leserbrief einer jungen Türkin:

Ich bin Türkin, 19 Jahre alt und seit meinem dritten Lebensjahr in München. Mein Problem sind meine Eltern. Sie behandeln mich mit einer Strenge, als wären wir noch in der Türkei. Am liebsten würden sie jeden Schritt kontrollieren und zwar so lange, bis ich einen Mann heirate, den die Eltern für mich ausgesucht haben. Ich darf nicht allein weggehen, keine modischen Sachen tragen, selbst im Sommer nicht; denn das ist unanständig. Probleme gibt es auch wegen meiner deutschen Freunde. Meine Eltern wollen nicht, daß ich sie mit nach Hause bringe. Einmal, noch während der Schulzeit, habe ich es getan und mich die ganze Zeit über geschämt. Denn meine Familie hat sich total steif und abweisend benommen. Wie kann ich die Eltern dazu bringen, daß sie mir mehr Freiheit geben? Ich liebe und respektiere ihre Tradition, aber ich will endlich ein Leben nach meinen Vorstellungen führen.

(Quick magazin 19/1991, S. 70)

B 8   Arbeiter in seinem Zimmer beim Beten

B 9   Deutsch-türkische Klasse in der Schwarzburgschule in Frankfurt

Arbeitsvorschläge

1. Wenn ihr türkische Klassenkameraden habt, bittet sie, über ihre Erfahrungen in Deutschland zu erzählen!
2. Welche Möglichkeiten seht ihr, zur gegenseitigen Verständigung beizutragen?
3. Sammelt aus Zeitungen Berichte über das Zusammenleben von Deutschen und Türken!

ZEITTAFEL

Aus der Frühzeit der Menschheit

seit 3 000 000 v. Chr.	**Erstes Auftreten des Frühmenschen**	
seit 800 000 v. Chr.	Heidelberg-Mensch	
seit 150 000 v. Chr.	Neandertaler	
um 40 000 v. Chr.	Jetztmensch (homo sapiens)	
bis 10 000 v. Chr.	Altsteinzeit: Die Menschen leben als Sammler und Jäger	
ab 10 000 v. Chr.	Jungsteinzeit Übergang zur Seßhaftigkeit	Die Menschen beginnen, sich von Ackerbau und Viehzucht zu ernähren; sie erfinden Pflug, Rad, Töpferei und Weberei; Arbeitsteilung
um 3000 v. Chr.	**Beginn der Bronzezeit in Vorderasien und Ägypten; in Europa seit 1800 v. Chr.**	
um 1500 v. Chr.	**Beginn der Eisenzeit; in Mitteleuropa seit 800 v. Chr.**	

Die ältesten Hochkulturen in Vorderasien und Ägypten

um 3500 v. Chr.	Die ersten Stadtstaaten der Sumerer in Mesopotamien
um 2900 v. Chr.	Durch Vereinigung von Ober- und Unterägypten entsteht das ägyptische Reich
seit 2600 v. Chr.	**Bau der großen Pyramiden, Erster Kalender und Erfindung der Hieroglyphenschrift**
2500–1000 v. Chr.	Semitische Stämme wandern in mehreren Wellen in Mesopotamien ein
um 1700 v. Chr.	König Hammurabi von Babylonien, der erste große Gesetzgeber
um 1200 v. Chr.	Auszug der Israeliten aus Ägypten
seit 1000 v. Chr.	Die Assyrer errichten ein Großreich. In Israel wird Saul zum König gewählt
629–539 v. Chr.	Neubabylonisches Reich Babylonische Gefangenschaft der Juden
seit 550 v. Chr.	Aufstieg des Persischen Reiches unter Kyros d.Gr.
um 550 v. Chr.	Persisches Weltreich unter Großkönig Darius

Griechenland und der Hellenismus

um 2000 v. Chr.	Indoeuropäer wandern in Griechenland ein
zwischen 2000 u. 1600 v. Chr.	Höhepunkt der minoischen Kultur auf Kreta
um 1400 v. Chr.	Blüte der mykenischen Kultur
seit 1200 v. Chr.	Dorer dringen in Griechenland ein
seit 1000 v. Chr.	In Griechenland entsteht die Polis
776 v. Chr.	Beginn der griechischen Zeitrechnung (erste Olympische Spiele)
um 750 v. Chr.	**Homer: Ilias und Odyssee**
750–550 v. Chr.	Griechen gründen Kolonien im westlichen Mittelmeerraum und am Schwarzen Meer
594 v. Chr. und 507 v. Chr.	Durch Reformen von Solon und Kleisthenes entsteht die erste Demokratie in Athen
490–480 v. Chr.	**Abwehr der Perser:** Sieg der Athener bei Marathon (490), Seesieg der Griechen bei Salamis (480), Gründung des Attischen Seebundes (477)
450–430 v. Chr.	**Glanzzeit Athens unter Perikles:** Vollendung der attischen Demokratie, Blütezeit der Künste, der Philosophie und Wissenschaft
431–404 v. Chr.	Peloponnesischer Krieg: Athen und Sparta ringen um die Vorherrschaft in Griechenland. Der Krieg endet mit der Kapitulation Athens und der Auflösung des Attischen Seebundes.

338 v. Chr.	Philipp, König der Makedonen, erringt die Vorherrschaft in Griechenland (Schlacht bei Chaeronea)	300–100 v. Chr.	Zeitalter des Hellenismus; griechische Kultus und griechische Lebensweise verbreiten sich in der ganzen Mittelmeerwelt
336–323 v. Chr.	Alexander der Große erobert das Perserreich		

Das Weltreich der Römer

seit 1200 v. Chr.	Indoeuropäer dringen auf die Apenninhalbinsel vor	133–122 v. Chr.	Reformen von Tiberius und Gaius Gracchus scheitern
753 v. Chr.	**Der Sage nach Gründung Roms**	104 v. Chr.	Die Heeresreform des Marius macht aus dem römischen Bürgerheer ein Heer von Berufssoldaten
um 500 v. Chr.	Vertreibung der etruskischen Könige: **Rom wird Republik**		
494–287 v. Chr.	Zeitalter der Ständekämpfe zwischen Patriziern und Plebejern	**1. Jh. v. Chr.**	**Das Jahrhundert der Bürgerkriege**
		89 v. Chr.	Die Italiker erhalten nach dem Bundesgenossenkrieg das römische Bürgerrecht
340–272 v. Chr.	Rom erringt die Vorherrschaft in Italien		
seit 264 v. Chr.	**In drei Kriegen gegen Karthago erringt Rom die Vorherrschaft im westlichen Mittelmeer. Karthago wird zerstört (146 v. Chr.)**	88–82 v. Chr.	Erster Bürgerkrieg zwischen Marius und Sulla. Sulla Diktator
		60 v. Chr.	Erstes Triumvirat (Caesar-Pompeius-Crassus)
200–133 v. Chr.	Rom erobert die hellenistischen Staaten und wird Weltmacht. Zerstörung von Korinth	49 v. Chr.	Zweiter Bürgerkrieg zwischen Caesar und Pompeius
		44 v. Chr.	**Caesars Ermordung**
		43–42 v. Chr.	Zweites Triumvirat (Antonius-Octavian-Lepidus) Dritter Bürgerkrieg

Römische Kaiserzeit

um Christi Geburt	**Das Zeitalter des Augustus:** Der römische Senat verleiht Octavian den Ehrentitel Augustus (27 v. Chr.). Mit ihm beginnt die **römische Kaiserzeit.**	284–305	Diokletian begründet den Dominat und teilt die Herrschaft (Tetrarchie)
		306–337	Konstantin begründet wieder die Alleinherrschaft
15 v. Chr.	Süddeutschland wird bis zur Donau römisch	313	**Toleranzedikt von Mailand:** Der christliche Glaube wird den anderen Religionen gleichgestellt
7 v. Chr.	Geburt Jesu		
9 n. Chr.	Sieg des Arminius im Teutoburger Wald über die Legionen des Varus	391	**Das Christentum wird Staatsreligion. Die heidnischen Kulte werden verboten**
64 n. Chr.	Erste Christenverfolgungen unter Nero	395	**Teilung des Reiches in eine westliche und östliche Hälfte: Konstantinopel (Byzanz) wird das „Zweite Rom"**
192–284	Die Soldatenkaiser		

Zerfall der Mittelmeerwelt

375	**Hunneneinfall; Beginn der großen germanischen Völkerwanderung**	527–565	Der oströmische Kaiser Justinian: Rückeroberung Nordafrikas und Italiens Bau der Hagia Sophia, Corpus Juris
seit etwa 405	Gründung des Westgotenreiches in Südgallien, des Burgunderreiches in Worms und des Vandalenreiches in Nordafrika	622	**Auszug Mohammeds von Mekka nach Medina (Hedschra). Beginn der islamischen Zeitrechnung**
476	**Ende des weströmischen Reiches: Der letzte weströmische Kaiser wird durch Odoaker abgesetzt.**	seit 634	Mohammed begründet mit dem Islam den Glauben an einen einzigen Gott. Seine Nachfolger, die Kalifen, verbreiten diese Lehre über Arabien hinaus. Sie erobern Palästina, Syrien, Persien, Ägypten und Nordafrika und dringen bis nach Indien vor.
493–553	Ostgotenreich in Italien		

GRUNDWISSEN

Alle hier verzeichneten Wörter sind im Textteil durch ein Sternchen (*) kenntlich gemacht.

Antike (lat. antiquus = alt): Das Zeitalter der griechisch-römischen Geschichte von etwa 1000 v. Chr. bis 500 n. Chr. Der Begriff wurde von den Historikern eingeführt, um diesen Zeitabschnitt vom christlich geprägten Mittelalter und der Neuzeit zu trennen.

Arbeitsteilung: Während in der Vorgeschichte jeder Mensch alle lebensnotwendigen Tätigkeiten ausübte, wird in der jungsteinzeitlichen Bauernkultur und verstärkt in den Hochkulturen die Arbeit nach den Fähigkeiten des einzelnen und den Erfordernissen der Gesellschaft aufgeteilt. Die Gesellschaft gliedert sich fortan in verschiedene Berufe wie Bauern, Handwerker, Händler, Beamte und Priester.

Archäologie (gr. archaiologia „Altertumskunde"): Wissenschaft, die aufgrund von Bodenfunden und Ausgrabungen alte Kulturen erforscht.

Aristokratie (gr. aristokratia „Herrschaft der Besten"): Staatsordnung, in der ein durch Geburt, Besitz und kriegerische Leistung ausgezeichneter Stand (der Adel) die öffentliche Gewalt ausübt.

Demokratie (gr. demokratia „Volksherrschaft"): Staatsform, in der die Regierung vom Volk gewählt und kontrolliert wird. Im alten Griechenland entschieden nur die Vollbürger alle Fragen des öffentlichen Lebens. Frauen und zugewanderte Fremde (Metöken) hatten keine politischen Rechte.

Diktator (lat. dictator „der, der zu sagen hat"): In der römischen Republik ein Amtsträger, der in Notzeiten für ein halbes Jahr gewählt wurde. Der Diktator besaß umfassende Befehlsgewalt.

Dominat (lat. dominus „Herr, Gebieter"): Die mit Diokletian (284–305) beginnende uneingeschränkte Kaiserherrschaft der Spätantike – im Gegensatz zum Prinzipat des Augustus, der dem Senat gewisse Rechte überlassen hatte.

Hegemonie (gr. hegemonia „Oberbefehl"): Vormachtstellung eines Staates in einer bestimmten Region.

Hieroglyphen (gr., hierós = heilig, glyphé = Eingeritztes): Schrift der alten Ägypter, die durch Bildzeichen für Menschen, Tiere, Pflanzen und Gegenstände die Worte der ägyptischen Sprache darzustellen versuchte. Später wurden Lautzeichen für Konsonanten eingefügt. Vokale blieben unberücksichtigt.

Hochkultur: Eine Entwicklungsstufe der Menschheit, die gekennzeichnet ist durch zentrale Verwaltungs- und Rechtspflege, städtisches Leben, Arbeitsteilung, Schrift, Kunst und Wissenschaft (z.B. Ägypten, Mesopotamien).

Imperium Romanum (lat., „Römisches Reich"): Das römische Herrschaftsgebiet, das unter Kaiser Trajan (98–117 n. Chr.) seine größte Ausdehnung erreichte. Es umfaßte alle Länder rund um das Mittelmeer, dazu England, West- und Mitteleuropa bis zum Rhein, Limes und Donau, darüber hinaus einen Teil Rumäniens (Dakien); die Ostgrenze bildete der Oberlauf des Tigris und die Arabische Wüste, die Südgrenze die Sahara.

Islam (arab. „Hingebung an Gott"): Von dem Prophet Mohammed Anfang des 7. Jh. verkündete Religion, die an einen einzigen Gott glaubt. Der Koran gilt als Wort Gottes.

Kalif: Nachfolger Mohammeds. Die ersten Kalifen wurden gewählt; später wurde die Würde des Kalifen in einzelnen Familien erblich.

Kolonisation: Besiedlung von Gebieten außerhalb der ursprünglichen Heimat. Beispiel: Die Ausbreitung der Griechen an den Küsten des Mittelmeeres und des Schwarzen Meeres. Die von ihnen gegründeten Tochterstädte waren selbständige Stadtstaaten.

Konsuln: Die beiden höchsten Beamten der Römischen Republik, die jedes Jahr neu gewählt wurden.

Limes (lat., „Grenzwall"): Von den Römern angelegte Grenzbefestigungen an Rhein und Donau, sowie in Britannien.

Monarchie (gr. monarchia „Alleinherrschaft"): Staatsform, in der die Herrschaft von einem König ausgeübt wird, der durch Wahl oder Erbfolge in sein Amt gekommen ist.

Olympische Spiele: Seit 776 v. Chr. alle vier Jahre in Olympia zu Ehren des Zeus stattfindende Wettkämpfe aller freien griechischen Männer. 394 n. Chr. wurden die Olympischen Spiele von dem christlichen Kaiser Theodosius als heidnischer Kult verboten. Erst 1896 erweckte sie der Franzose Baron de Coubertin zu neuem Leben. Die ersten Olympischen Spiele der Neuzeit fanden 1896 in Athen statt.

Optimaten – Popularen: Im Laufe des römischen Bürgerkrieges (133–31 v. Chr.) spaltete sich der römische Adel in zwei Lager. Auf der einen Seite standen die Anhänger des Senats, die sich Optimaten (von lat. optimus = „der Beste") nannten, auf der anderen Seite die Popularen (von lat. populus = „Volk"), die sich auf Volkstribun und Volksversammlung stützten.

Papyrus: Das in Ägypten aus dem Mark der Papyrusstaude gewonnene Beschreibmaterial. Die einzelnen Blätter wurden in Bahnen zusammengeklebt und davon Buchrollen hergestellt. Die meisten aufgefundenen Papyrusrollen stammen aus Gräbern. Seit dem 4./5. Jahrhundert n. Chr. wurde Pergament als Beschreibmaterial verwendet, das zur Beschriftung besser geeignet war.

Patrizier – Plebejer: Patrizier (lat. patricius „dem römischen Geburtsadel angehörig") hießen im alten Rom die Nachkommen der alt-adeligen Geschlechter aus der Königszeit; Plebejer (lat. plebeius „bürgerlich, nicht dem Stand der Patrizier zugehörig") die breite Masse der Bevölkerung, die anfänglich von jeder politischen Mitbestimmung ausgeschlossen war.

Pharao: Ursprünglich wurde so der Königspalast im alten Ägypten genannt; seit dem 2. Jahrtausend v. Chr. respektvolle Bezeichnung für den ägyptischen Gott-König, dessen Namen man nicht zu nennen wagte.

Philosophie (gr. philosophia „Liebe zur Weisheit"): Das Streben nach Erkenntnis der letzten Ursachen und Zusammenhänge der Dinge in der Welt; im Altertum jede Art von wissenschaftlicher Betätigung.

Polis (gr., Burg, Stadt). Seit dem 8. Jahrhundert v. Chr. ein Gemeindestaat, der nach politischer und wirtschaftlicher Unabhängigkeit strebt, mit einer Stadt als politischem Mittelpunkt.

Polytheismus – Monotheismus (gr. poly „viel"; monos „allein, einzig"; theos „Gott"): Verehrung vieler Götter – Glaube an einen einzigen Gott.

Prinzipat: Die von Augustus geschaffene römische Staatsverfassung: der Form nach eine Wiederherstellung der Republik, tatsächlich aber eine verschleierte Monarchie. Der **Prinzeps** (lat. „erster Bürger") übte die Herrschaft aus durch sein Ansehen, durch die Verwaltung aller Provinzen, in denen Legionen die Grenzen sicherten und durch die Amtsgewalt des Volkstribunen in Rom; als Pontifex Maximus beaufsichtigte er auch das religiöse Leben.

Provinz (lat. provincia „amtlicher Geschäftsbereich"): Erobertes Gebiet außerhalb Italiens, das von römischen Statthaltern verwaltet wurde. Die Provinzbewohner waren römische Untertanen ohne Bürgerrecht und hatten Steuern zu zahlen.

Pyramide: Auf quadratischer Grundfläche nach oben spitz zulaufendes Grabmal der ägyptischen Könige.

Republik (lat. res publica „öffentliche Angelegenheit"): Die Römer wollten mit dieser Bezeichnung zum Ausdruck bringen, daß politische Entscheidungen nicht Sache eines Einzelnen, sondern die Sache des ganzen Volkes sind.

Romanisierung (lat. Romani „die Römer"): Ausbreitung der römischen Lebensweise und der lateinischen Sprache in von Römern eroberten Gebieten; dort entstanden aus dem Lateinischen die heutigen Sprachen Italienisch, Französisch, Rätoromanisch (in der Schweiz), Spanisch, Protugiesisch und Rumänisch.

Schrift: Zeichen, mit denen die Sprache festgehalten wird. Die älteste Form ist die Bilderschrift (z.B. frühe ägyptische Hieroglyphen). Weiterentwicklung zur Lautschrift, in der Silben oder einzelne Laute durch Zeichen ausgedrückt werden (z.B. griechische und lateinische Schrift).

Senat (lat. senatus „Ältestenrat"): In der römischen Republik gehörten die hohen Beamten nach Ablauf ihrer Amtszeit dem Senat auf Lebenszeit an (zunächst 300, seit Sulla 600); in der Kaiserzeit verlor der Senat immer mehr an Bedeutung.

Ständekämpfe: Stände sind Gruppen einer Gesellschaft, denen man durch Geburt angehört. Jeder Stand hat besondere Aufgaben, Rechte und Pflichten oder ist von bestimmten Rechten ausgeschlossen. Beispiel: Patrizier und Plebejer in der altrömischen Republik. In den Ständekämpfen erzwangen die Plebejer Zugang zu allen politischen Ämtern.

Steinzeit: Früheste Epoche der Menschheitsgeschichte, in der Werkzeuge und Waffen aus Stein verwendet wurden.

Tyrannis (gr., „Gewaltherrschaft"): Die Bezeichnung für eine unrechtmäßig errungene Alleinherrschaft, die sich auf die unteren Bevölkerungsschichten stützt. Beispiel: Die Tyrannis des Peisistratos.

Völkerwanderung: Die durch den Hunneneinfall nach 375 ausgelöste Wanderungsbewegung der germanischen Stämme.

Volkstribunen: Die aus den Ständekämpfen der frühen römischen Republik hervorgegangenen Sonderbeamten, die das Volk vor Willkürmaßnahmen des Senats und der Beamten schützen sollten.

Namen- und Stichwortverzeichnis

Abbasiden 143
Abraham 38
Achäer 41f.
Achill 48
Ädilen 83
Adoptivkaiser 106
Aetius 130
Ägypten 24ff.
Äoler 41
Akademie 71
Akkad 37
Akropolis 66
Alarich 130
Alexander d.Gr. 73ff.
Alexandria 74, 77f.
Ali, Kalif 142f.
Allah 139f.
Amun Re 31
Anaxagoras 70
Äneas 81
Antigoniden 76
Antonius 100f.
Anubis 34
Aphrodite 47
Apollon 47
Aquädukt 109
Arabien 139
Archäologe 43
Archonten 54f.
Areopag 54, 56
Ares 47
Argolis 41
Arianer 127
Ariovist 99
Aristarch 78
Aristokratie 44, 54
Aristoteles 71, 73
Arius/Arianismus 127
Arminius 105
Artemis 47
Assurbanipal 37
Assyrisches Reich 36f.
Athanasius 127
Athen 54ff., 73
Athene 46
Aton 32
Attila 130
Attischer Seebund 62, 73
Auguren 86
Augustus 102ff.
Aurelian 122

Babylon/Babylonisches Reich 36f.
Babylonische Gefangenschaft 38
Bandkeramiker 18
Barbar 46
Bronzezeit 21f.
Brutus 100

Bundesgenossen, röm. 87f.
Bundesgenossenkrieg 96
Bürgerkriege, röm. 97, 99f.
Bürgerrecht, röm. 84, 96
Burgunder 130
Byzanz (Konstantinopel) 123, 134ff.

Caesar 98ff.
Caesaropapismus 135
Cannae 88
Carter, Edward 34
Cassius 100
Cato 90, 92
Chaeronea 73
Champollion 30
Cheops 35
Chlodwig 132
Christentum 125ff.
Christenverfolgung 126f.
Colosseum 110f.
Cordoba 143
Corpus Juris Civilis 134
Coubertin 50
Crassus 98f.
Cro-Magnon 13f.

Darius I. 59f.
Darius III. 74
David 38
Decius 126
Delphi 44, 48, 63f.
Demeter 47
Demokratie 54f.
Demokrit 70
Diadochen 76
Diktator 83, 97
Diokletian 122f., 126
Dominat 122
Dorier 42
Drakon 54
Drusus 105

Echnaton 32
Eisenzeit 22
Epaminondas 73
Ephoren 52
Eratosthenes 78
Eretria 60
Erinnyen 47
Etrusker 80, 87
Euklid 78

Flavier 106
Forum Romanum 107f.
Frühmensch 10

Gallier 80, 87
Gaugamela 63

Germanen 129ff.
Gerusia 52
Gesellschaftsaufbau
— in Ägypten 28f.
— in Athen 54f.
— in Rom 82f.
— in Sparta 52
Gesetze
— in Mesopotamien 37
— im Römerreich 82
Gizeh 35
Glockenbecherleute 18
Götter
— ägyptische 31
— griechische 46f.
— römische 85f.
Gottkönig 27
Gracchus, Tiberius und Gaius 94f.
Griechen/Griechenland 40ff.
Griechisch-orthodoxe Kirche 136ff.
Griechische Kolonisation 44f.
Großmährisches Reich 138

Hades 47
Hagia Sophia 137
Hammurabi 36f.
Hannibal 88f.
Hedschra 139
Heidelberg-Mensch 10
Hellas 46
Hellenen 46
Hellenismus 77f.
Heloten 52
Hephaistos 47
Hera 46
Herakles 48f.
Hermes 47
Heroe 48
Hestia 47
Hieroglyphen 30
Hippokrates 71
Höhlenmalerei 14ff.
Homer 42
homo sapiens 13
Hopliten 54
Horaz 106
Horus 31
Hunnen 130

Ikone 136
Ilias 42
Indoeuropäer 41
Ionier 41
Isis 125
Islam 139f.
Israel/Israeliten 38
Issos 74

155

Jahwe 38
Jerusalem 38
Jesus Christus 125
Julisch-Claudische Kaiser 106
Jungsteinzeit 17 ff.
Justinian 132, 134 f.

Kaaba 139
Kalender 26, 32, 108
Kalif 142
Kanaan 38
Karl Martell 142
Karthago 87 ff.
Katakomben 126
Katalaunische Felder 130
Keilschrift 36
Kelten 22
Kimbern 96
Kleisthenes 56
Kleopatra 100 f.
Koine 77
Kolonisation 44 f.
Komödie 98
Konstantin d. Große 127
Konsul 83
Koran 140 f.
Korinthischer Bund 73
Kreta 41
Kultur
— in der Jungsteinzeit 18 f.
— in Griechenland 66 ff.
— im Röm. Reich 117 f.
— des Islam 144 ff.
Kyrill 138
Kyros 38

Langobarden/Langobardenreich 138
Laren 86
Latiner 80
Leonidas 61
Lepidus 101
Limes 119
Livius 106

Magistrat 83
Mailänder Edikt 127 f.
Makedonien 73, 76
Marathon 60
Marius 96 f.
Maximian 123
Meder 37
Medina 139
Mekka 139, 141
Mesopotamien 36 f.
Methodius 138
Metöken 63
Milet 60
Miltiades 60
Minarett 144
Mithradates 98
Mithras 125

Mohammed 139 f.
Monarchie 44
Monotheismus 32, 38
Moschee 144 f.
Moses 38
Muezzin 141
Mumie 33
Museion 78
Muslim 139
Mykene 41
Mythen 48

Neandertaler 11
Neolithische Revolution 17
Nero 126
Nicäa 127
Ninive 37
Nobilität 82
Noricum 119

Octavian 100 f.
Odoaker 132
Odyssee 42
Olympia 49 ff.
Omajjaden 142
Optimaten 95
Orakel 48
Orthodoxie 135
Osiris 31, 33
Ostgoten/Ostgotenreich 129, 132 f.
Ostia 114 f.
Oströmisches Reich 134 ff.
Ovid 106

Palästina 38
Papsttum 135
Patrizier 82
Paulus 125 f.
Pax Augusta 104
Peisistratos 55
Peloponnes 41
Peloponnesischer Bund 52
Peloponnesischer Krieg 73
Penaten 86
Perikles 63 f., 73
Periöken 52
Perserkriege 60 ff.
Perserreich 59 f.
Petrus 125 f.
Phalanx 53
Pharao 28 ff.
Phidias 66
Philipp v. Makedonien 73
Philister 38
Phyle 56
Platää 61
Platon 71
Plebejer 82
Polis 44
Polytheismus 31
Pompeius 98 f.

Pompeji 112 f.
Pontifex maximus 86
Popularen 95
Poros 75
Poseidon 47
Prätor 83
Prätorianer 104
Prinzeps 102
Prinzipat 102
Proletarier 94
Prometheus 48
Proskriptionen 97
Provinzen 90, 118
Ptolemäer 76
Punische Kriege 88 ff.
Pyramiden 34 f.
Pyrrhus 87
Pythia 44

Quästoren 83

Rätien 105, 120
Religion
— in Ägypten 31 f.
— in Griechenland 46 ff.
— des Islam 139 ff.
— der Israeliten 38
— in Rom 85 f., 125 ff.
Rom 80 f.
— Kaiserreich 102 ff.
— Republik 81 ff.
Romanisierung 117
Romulus und Remus 81

Salamis 61
Salomo 38
Sardes 59
Sargon 36
Satrapie 59
Saul 38
Scherbengericht 56
Schiiten 143
Schliemann, Heinrich 42 f.
Schnurkeramiker 18
Schrift 30, 36, 46
Scipio Ämilianus 90
Scipio Publius Cornelius 89
Seleukidenreich 76
Senat 84
Sklaven 64, 91 f.
Slawen 138
Slawenmission 138
Sokrates 70
Soldatenkaiser 122
Solon 55
Sparta 52 f., 61, 73
Spartakus 92
Ständekämpfe
— in Griechenland 54 f.
— in Rom 82 f.

Steinzeit 6, 10 ff.
Stratege 56
Sueben 130
Süddeutschland 119 ff.
Sulla 97
Sumerer 36
Sunniten 143
Susa 59

Tantalos 47
Tempel
— in Ägypten 31
— in Griechenland 48
Tetrarchie 123
Teutonen 96
Thales von Milet 70
Theater 68 f.
Theben 73
Themistokles 61
Theoderich d. Große 132 f.
Theodosius 127 f.
Thermen 110, 121

Thermopylen 61
Theseus 48
Thot 34
Tiberius 105 f.
Tours und Poitiers, Schlacht bei 142
Tragödie 68
Trajan 122
Triumvirat, 1. 98 f.
Triumvirat, 2. 101
Troja 42
Tut-Ench-Amun 27, 34
Tyrannis 55

Vandalen 130
Varus 105
Vercingetorix 99
Verfassung
— in Athen 55 f., 63
— im Röm. Kaiserreich 102
— in der Röm. Republik 83 f.
— in Sparta 52

Vergil 106
Vindeliker 120
Völkerwanderung, germ. 129 ff.
Volkstribun 82 f.
Volksversammlung
— in Griechenland 55
— in Rom 84

Westgoten 130
Wissenschaft
— griech. 70 f.
— arab. 145
Wladimir von Kiew 138
Wulfila 130

Xerxes 61 f.

Zama 89
Zensoren 83
Zeus 46
Zwölftafelgesetz 82 f.

LEKTÜRETIPS

Vor- und Frühgeschichte

G. *Bayerlein,* Die Sonne bleibt nicht stehen,
Würzburg
(Die Erzählung aus der Jungsteinzeit schildert am Schicksal zweier Kinder das Aufeinanderprallen von Jäger- und Bauernkultur.)

U. Creutz, Rund um die Steinzeit,
Berlin
(Vermittelt Kenntnisse von einer Kulturstufe, die mehr als 99% der Menschheitsgeschichte ausmacht.)

P. Gouletquer, Die Welt der Urmenschen,
Ravensburg

J.C. Grund, Die Höhle über dem Fluß,
Bayreuth
(Eine abenteuerliche Erzählung aus der ausgehenden Altsteinzeit.)

D. Lornsen, Rokal, der Steinzeitjäger,
Stuttgart
(Abenteuererzählung aus der Welt der Jäger am Ende der Altsteinzeit.)

W. Schlichtenberger, Im Tal der schwarzen Wölfe,
München
(Erzählung aus dem Leben eines Steinzeitjägers.)

M. Tesch, Im Schatten des roten Mondes,
Freiburg
(Erzählung aus dem Übergang von der Stein- zur Bronzezeit.)

A. Zitelmann, Bis zum 13. Mond,
Weinheim
(Die Geschichte des Mädchens Quila vor etwa 20000 Jahren.)

Alte Hochkulturen

Allen, So lebten die alten Ägypter,
München
(Eine Reise ins Jahr 1400 v.Chr.)

Carter, Ich fand Tut-Ensch-Amun,
Würzburg

I. Heyne, Kara, der Sklave aus Punt,
Freiburg
(Das Schicksal eines afrikanischen Sklaven im Pharaonenreich.)

H. Kischkewitz, Das Ägypten der Pharaonen,
Berlin.

T.H. Naef, Der Schreiber des Pharao,
München
(Ein Fischerjunge wird oberster Schreiber des Pharao.)

F. Stephan-Kühn, Viel Spaß mit den alten Ägyptern!
Würzburg

R. Majonica, Das Geheimnis der Hieroglyphen,
München

Die Welt der Griechen

D. Rößler, Mykene — Burg des Agamemnon,
Berlin
(Die Lebenswelt der homerischen Griechen in Wort und Bild.)

K. Allfrey, Die Trojanerin,
Stuttgart
(Eine junge Trojanerin, deren Mann im Krieg getötet wurde, wird als Sklavin an den Heerführer der Feinde verkauft.)

H. Baumann, Der große Alexanderzug,
Stuttgart
(Die Eroberungszüge Alexanders des Großen.)

P. Briant, Alexander, Eroberer der Welt,
Ravensburg
(Die Lebensgeschichte Alexanders des Großen.)

P. Musiolek/P. Rößler, Stadt der Athene,
Berlin
(Athen unter Perikles.)

C.W. Weber, Segel und Ruder,
München
(Schiffe und Schiffahrt in der Welt der alten Griechen.)

R. Carstensen, Griechische Sagen. Die schönsten Sagen des klassischen Altertums,
München

R. Sutcliff, Wettkampf in Olympia,
Bonn

Das Römische Reich

Amery, So lebten die alten Römer,
München

R. Carstensen, Römische Sagen, München

Kellner, Die Römer in Bayern,
München

E. Bulwer-Lytton, Die letzten Tage von Pompeji,
Würzburg
(Der Untergang der antiken Stadt Pompeji beim großen Vesuvausbruch.)

H. Sienkiewicz, Quo vadis?
Würzburg
(Im Mittelpunkt dieses historischen Romans steht der wahnsinnige Kaiser Nero und seine grausame Christenverfolgung.)

M. Corbishley, Die Welt der Römer,
Nürnberg

R. Etienne, Pompeji, die eingeäscherte Stadt,
Ravensburg
(Untergang und Wiederentdeckung der vom Vesuv verschütteten römischen Stadt.)

J.C. Grund, Feuer am Limes,
Bayreuth
(Erzählung über den Zusammenprall von Alemannen und Römern 250 n.Chr. am Rätischen Limes.)

F. Stephan-Kühn, Viel Spaß mit den Römern!
Würzburg

H.D. Stöver, Die Akte Varus,
Würzburg
(Roman über die Schlacht im Teutoburger Wald.)

H.D. Stöver, Große Gegner Roms, München
(Hannibal, Mithradates, Spartakus, Vercingetorix, Arminius.)

L. Wallace, Ben Hur, Würzburg

Die Zeit der Völkerwanderung

G. Beyerlein, Die Keltenkinder,
Würzburg

F. Dahn, Ein Kampf um Rom,
Würzburg

J.C. Grund, Reiter aus der Sonne,
Bayreuth
(Spannende Erzählung aus der Zeit der Hunneneinfälle.)

H. Schreiber, König Attila, Wien

Bildnachweis:

Archivi Alinari, Florenz (3); Archiv für Kunst und Geschichte, Berlin (1); Erich Baumann, Ludwigsburg (1); Bavaria Verlag, Gauting (1); Bayerisches Landesamt für Denkmalpflege, Nürnberg (1); Robert Berger, Köln (1); Bibliothèque Nationale, Paris (1); British Museum, London (1); Deutsche Presse-Agentur, Frankfurt (4); GFW-Verlag, Düsseldorf (1); André Held, Ecublens (1); Institut für Urgeschichte Archaelogica Venatoria e.V., Tübingen (1); Foto Löbl, Bad Tölz (1); Josef Mang, Weißenburg (1); Enrico Mariani, Como (1); Gemeinnützige Stiftung Leonhard von Matt, Buochs (2); Lucien Mazenod, Paris (2); Museé de Acropole, Athen (1); Alfons Neudecker, Bamberg (1); Prähistorische Staatssammlung, München (1); Republic of Greece, Athen (1); Rheinisches Landesmuseum, Bonn (1); Römisch-Germanisches Zentralmuseum, Mainz (1); Scala, Antella (1); Foto Schafgans, Bonn (1); Wilkin Spitta, Regensburg (1); Staatliche Antikensammlung und Glyptothek, München (1); Staatliche Landesbildstelle Saarland, Saarbrücken (1); University of Chicago, Chicago (1); V-Dia Verlag, Heidelberg (1); Verlagsarchiv, Bamberg.

Erläuterungen zu den Tafelbildern:

Frühzeit: Modell der Kartsteinhöhle bei Weyer, Kreis Schleiden, Nordrhein-Westfalen; Rheinisches Landesmuseum, Bonn. In der oberen Fundschicht wurden die Überreste der Homo-Sapiens-Art, in der unteren Schicht von Neandertalern entdeckt (S. 8/9).

Ägypten: Seneb und seine Familie. Statuengruppe aus bemaltem Kalkstein, um 2475 v. Chr (Höhe 34 cm). Seneb war trotz seiner Kleinwüchsigkeit ein hoher Beamter im Palast des Pharao, seine Frau Senetitis Hofdame. Die Kinder werden in der im alten Ägypten üblichen Weise, nackt und mit dem Zeigefinger im Mund dargestellt (S. 23).

Griechenland: Abschied eines Kriegers. Griechische Vase, entstanden um 430 v. Chr., in den Anfangsjahren des peloponnesischen Krieges (Höhe: 44 cm). Ein junger Krieger verabschiedet sich von seinen Eltern und seiner Schwester. Er ist mit Helm, Schild, Lanze, Schwert und Leibschutz ausgerüstet. Er hält in seiner Hand eine Trinkschale, die ihm seine Schwester gefüllt hat, um daraus zu trinken und den Göttern zu opfern (S. 39).

Römisches Reich: Porträt eines Ehepaares, Wandgemälde aus einem Haus in Pompeji, vor 79 n. Chr. Da das Haus mit einer Bäckerei verbunden war, nimmt man an, daß es sich um einen Bäcker und seine Frau handelt (S. 79).